苏·区·振·兴·八·周·年

U0828520

国家部委对口支援政策的成功实践研究

——以吉安、抚州苏区为例

A Study on the Successful Practice of the Counterpart Support Policy of the National Ministries and Commissions
—A Case Study of Ji'an and Fuzhou in Jiangxi

刘善庆◎主编 刘善庆 龚苡慧 周 琪 张萍娥◎著

赣南苏区

经济管理出版社
ECONOMY & MANAGEMENT PUBLISHING HOUSE

图书在版编目（CIP）数据

国家部委对口支援政策的成功实践研究．以吉安、抚州苏区为例 / 刘善庆主编；刘善庆等著．— 北京：经济管理出版社，2020.6
ISBN 978-7-5096-7156-6

Ⅰ．①国…　Ⅱ．①刘…　Ⅲ．①区域经济发展—经济政策—研究—中国 ②经济援助—经济政策—研究—中国　Ⅳ．① F127

中国版本图书馆 CIP 数据核字（2020）第 093460 号

组稿编辑：丁慧敏
责任编辑：丁慧敏　张广花　韩峰　张莉琼
责任印制：黄章平
责任校对：王纪慧

出版发行：经济管理出版社
（北京市海淀区北蜂窝 8 号中雅大厦 A 座 11 层　100038）
网　　址：www.E-mp.com.cn
电　　话：（010）51915602
印　　刷：唐山昊达印刷有限公司
经　　销：新华书店
开　　本：710mm × 1000mm/16
印　　张：13.75
字　　数：233 千字
版　　次：2020 年 9 月第 1 版　2020 年 9 月第 1 次印刷
书　　号：ISBN 978-7-5096-7156-6
定　　价：59.00 元

目　录 · CONTENTS

第一章 绪论

第一节 研究背景、目的和意义

一、研究背景

《国务院关于支持赣南等原中央苏区振兴发展的若干意见》（以下简称《若干意见》）于2012年6月28日以国发〔2012〕21号文正式下发，文件要求“加大政策扶持力度”，实施“对口支援政策”，加强人才、技术、产业、项目等方面的对口支援。2013年，《国务院办公厅关于印发中央国家机关及有关单位对口支援赣南等原中央苏区实施方案的通知》（以下简称《通知》）（国办发〔2013〕90号）下发，从加大人才技术支援、加强业务指导与支持、帮助解决发展难题、支持中央企业开展帮扶活动几项任务开展帮扶工作。关于时间安排：《通知》要求对口支援工作期限初步确定为2013~2020年，2020年以后根据实施情况另行研究。关于支援单位：《通知》提出国家发展和改革委员会、中共中央组织部牵头，中央宣传部、中共中央统一战线工作部（以下简称“中央统战部”）、教育部、科技部、工业和信息化部、国家民族事务委员会（以下简称“国家民委”）、公安部、民政部、司法部、财政部、人力资源和社会保障部、国土资源部、环境保护部、住房和城乡建设部、交通运输部、水利部、农业部、商务部、文化部、卫生和计划生育委员会、人民银行、审计署、国有资产监督管理委员会、海关总署、税务总局、工商总局、质检总局、新闻出版广电总局、体育总局、安全监管总局、食品药品监管总局、统计局、林业局、旅游局、法制办、台办、银监会、证监会、保监会、粮食局、能源局、国防科工局、烟草局、铁路局、民航局、文物局、扶贫办、供销合作总社、开发银行、农业发展银行参加，共计52个支援单位。关于结对原则：《通知》对赣州市18个县（市、区）原则上各安排两个支援单位进行对口支援。关于结对安排：《通知》指出，在具体对口支援安排上，充分考虑支援单位职能优势与受援地的比较优势和发展需要。国家发展和改革委员会、中共中央组织部为对口支援工作牵头部门，负责对口支援工作的组织协调和统筹指导，并结合自身职能全面开展对口支援工作，不再安排具体对口支援关系。其他支援单位对口支援吉安、抚州市特殊困难县（区）的结对安排如下①：税务总局——吉州区；旅游局——青原区；住房和城乡建设部——吉安县；国防科技工业局——吉水县；中国人民银行——新干县；铁路局——永丰县；工商总局——泰和县；林业局——万安县；文化部——黎川县；中国农业发展银行——南丰县；国家民委——乐安县；文物局——宜黄县；中央统战部——广昌县。

上述文件下发后，支援单位、江西省、吉安市、抚州市及其下属各苏区县积极行动，开展对口支援工作。但是，具体情况如何？效果如何？形成了哪些经验做法？目前为止，尚未发现系统的研究文献。

2018年，本书作者申报的《革命老区对口支援战略的驱动机制、效果评价与路径优化研究》获得国家社科规划办批准立项（批准号：18BGL212）。为开展课题研究，课题组开展了走遍赣州、吉安、抚州苏区的实地调研（详细调研情况见本章第二节相关部分），实地了解国家部委在吉安、抚州苏区开展的对口支援情况，亲身感受了这项政策在这些地区的成功实施所带来的巨大变化。

二、研究目的、意义

在《国家部委对口支援政策在赣南苏区的成功实践研究》一书中，笔者认为，党的十九届四中全会审议通过了《中共中央关于坚持和完善中国特色社会主义制度、推进国家治理体系和治理能力现代化若干重大问题的决定》（以下简称《决定》），《决定》准确把握了我国国家制度和国家治理体系的演进方向

① 根据《国务院关于机构设置的通知》（国发〔2018〕6号），文化部、国家旅游局重组，设立文化和旅游部，工商总局与质检总局等机构重组，设立市场监督管理总局，国家林业局功能调整后，更名为国家林业和草原局。

和规律，全面回答了在我国国家制度和国家治理上，应该“坚持和巩固什么、完善和发展什么”这个重大政治问题，开启了国家治理新征程，开辟了新境界，注入了新动力。《决定》首次集中概括了以党的领导制度为统领的中国特色社会主义制度和国家治理体系在13个方面的显著优势，“坚持全国一盘棋，调动各方面积极性，集中力量办大事的显著优势”就是其中之一。国家部委对口支援赣南等原中央苏区就是集中力量办大事的重要体现，充分体现了社会主义制度的优越性。因此，需要对此进行系统的研究，集中反映国家部委在赣南等原中央苏区实施对口支援工作的实际情况。基于同样的理由，本书专门研究国家部委在吉安、抚州对口支援实践。

2013年以来，担负对口支援吉安、抚州苏区县的国家部委机关把老区振兴发展放在心上，把责任扛在肩上，在充分调查研究的基础上，摸清实情、找准症结，抓住吉安、抚州相关县（区）最突出的困难、最薄弱的环节，发挥自身优势，从政策、项目、资金和人才等方面，全方位量身定制扶持政策措施，快速将党和国家的关怀转化为援建县（区）人民看得见、摸得着的实惠，使援建县（区）在较短时间内发生了巨变。

同时，本书也希望通过系统总结国家部委对口支援吉安、抚州苏区县（区）的经验做法，为全国其他革命老区振兴发展提供借鉴。

第二节　研究内容和方法

一、主要研究内容

作为国家社科基金项目“革命老区对口支援战略的驱动机制、效果评价与路径优化研究”（批准号：8BGL212）的中期成果，本书研究主要集中在三个方面。一是国家部委对口支援主要政策举措分析。具体包括对口支援政策出台前后各支援单位到受援地的实地调研情况，以及支援单位出台的对口支援政策措施主要内容。二是对口支援实施情况研究。具体包括国家部委对口支援项目、资金的落实情况分析。三是对口支援主要成效分析。主要从直接效果、间接影响、溢出效应等方面分析援建县所发生的巨大变化。

全书共分四章，其中，第一章为绪论，第二章研究国家部委对口支援抚州苏区的情况，第三章、第四章研究国家部委对口支援吉安市苏区县的情况。为便于章节安排，将吉安市所辖对口支援县分成两章，即吉泰走廊（第三章），具体包括吉安县、吉水县、泰和县、吉州区、青原区五个对口支援县（区）；非吉泰走廊，具体包括万安县、新干县、永丰县。

本书四章的撰写情况如下：龚苡慧撰写了第二章第一节、第二节，张萍娥撰写了第二章第三节，周琪撰写了第四章第一节、第二节，刘善庆撰写了第一章、第二章第四节和第五节、第三章以及第四章第三节。红色原野调研社部分同学参加了资料收集（包括照相、录音、文本收集、深度访谈、问卷调查等工作），全书由刘善庆统稿。

二、数据来源与研究方法

（一）主要数据来源

1. 实地调研

为满足国家社科基金项目“革命老区对口支援战略的驱动机制、效果评价与路径优化研究”研究之需，课题组开展了一系列实地调研，其中就包括对吉安、抚州所有对口支援县的实地调研。2019 年 7 月，前往吉安实地调研，实地走遍了吉安市，即吉州区、青原区、井冈山市、吉安县、泰和县、万安县、遂川县、永新县、永丰县、吉水县、峡江县、安福县、新干县、井冈山经济技术开发区、吉安高新技术产业开发区、庐陵新区 16 县（市、区）。

2019 年 8 月走遍抚州市所有苏区县（区），即南城县、黎川县、南丰县、崇仁县、乐安县、宜黄县、金溪县、资溪县、广昌县、抚州高新区 10 县（区），收集了国家部委对口支援的大量研究资料。

2. 座谈会

座谈会是收集研究资料的好渠道。首先分别在吉安市、抚州市召开了座谈会，由两市发展和改革委员会（苏区办）主持，相关部门参加。其次在调研所到的县（市、区）召开，一般由所在县（市、区）振兴办负责组织，工业和信息化、发展和改革、商务、文化旅游、交通、农业、水利、林业等相关部门参加。由于吉安市、抚州市发展和改革委员会（苏区办）事先进行了周密安排，各县（市、区）发展和改革委员会（苏区办）接到通知后，均做了充分准备工作，提供了丰富的书面资料。座谈会一般由县领导主持（少数县由发展和改革委员会主任主持），相关部门报告2013年对口支援工作开展以来的相关情况，收集了丰富的文字资料和电子资料。

调研组也对企业负责人及其部门负责人进行深度访谈，进一步补充相关资料（数据）。与此同时，调研组对承担对口支援工作的国家部委多数挂职干部分别进行访谈，丰富了研究资料。

3. 政府网站等

本书所需的数据、资料主要是通过实地考察、座谈会以及问卷调查、深度访谈等方式收集，江西省发展和改革委员会（苏区办）、吉安市发展和改革委员会（苏区办）、抚州市发展和改革委员会（苏区办）也提供了相当丰富的文字资料。除此之外，网络收集也是重要的资料收集方法。本课题组进入了吉安市、抚州市政府及其下属各县（市、区）政府官网，收集了政府工作报告、政府公报、计划规划、统计数据等大量研究资料。

（二）研究方法

本书主要采取了调查法、文献研究法、经验总结法。

调查法是科学研究中最常用的方法之一。它是有目的、有计划、有系统地收集有关研究对象现实状况或历史状况的材料的方法，该方法主要是综合运用观察、谈话、问卷等科学方式，对研究对象进行有计划的、周密的、系统的了解，并对调查收集到的大量资料进行分析、比较、归纳、总结。2012年，苏区振兴研究院开始在吉安市、抚州市进行实地调研。2019年7月、8月进行的调研，是苏区振兴研究院自成立以来首次进行全域调研，本次调研走遍了吉安市、抚州市下辖的所有苏区县（市、区），通过实地观察、深度访谈、问卷调查等方法，收集了大量资料。

文献研究。本书的文献数据主要来自三个方面，一是平时积累。由于长期从事江西革命老区经济社会发展研究，在工作中积累了相当数量关于江西省尤其是赣南苏区振兴发展方面的文献资料。二是图书、期刊等，这部分文献主要通过江西师范大学图书馆及其网络资源获得。三是实地调查收集的文献、数据。如上所述，2012年，苏区振兴研究院在吉安市、抚州市进行实地调研，采取了多种形式、多种途径收集研究文献，这些文献包括文字材料、图片、视频、音频等，其中文字材料除了问卷调查、深度访谈记录、年度工作总结等各种形式的资料外，还包括装订成册的年鉴、统计年鉴、县志等正式文本或电子文本。本书就是依据这三方面的数据、资料展开的。

经验总结法。总结推广先进经验是人类历史上长期运用的较为行之有效的方法之一。该法是通过对实践活动中的具体情况，进行归纳与分析，使之系统化、理论化，并上升为经验的一种方法。国家部委对口支援被广泛认为是对原中央苏区振兴发展作用最明显的政策，在支援原中央苏区振兴发展工作中，国家部委以及受援地的苏区各县（区）都积累了相当多的经验做法。作为全国高校百强智库、江西省重点智库，江西师范大学苏区振兴研究院的宗旨是立足原中央苏区经济社会的发展需要，开展苏区振兴的基础理论与应用对策研究，为原中央苏区的振兴发展提供智力支持和社会服务，有义务和责任及时总结这些经验做法，并向全国推广，从而助力全国其他革命老区振兴发展。

第二章 国家部委在抚州苏区的对口支援研究

人杰地灵的抚州市，有着光荣的革命历史，老一辈革命家曾多次在这里领导和指挥武装革命斗争。《若干意见》和《通知》实施多年来，开辟了黎川、南丰、乐安、宜黄、广昌等原中央苏区人民的幸福通道。原国家文化部、中国农业发展银行、国家民委、文物局、中央统战部积极响应，抚州市认真落实，抚州苏区振兴工作得以扎实推进：广昌、乐安县成功脱贫摘帽，抚州市苏区群众获得感、幸福感进一步增强。南丰蜜橘、白莲等特色农业优势进一步显现。文化旅游、现代服务业蓬勃发展，产业和生产要素向城市集聚。生态文明建设深入推进，环境治理和保护进一步加强，抚河流域生态保护与综合治理工程加快实施，国家生态产品价值实现机制试点和全国首批流域水环境综合治理与可持续发展试点扎实开展，绿色发展优势巩固提升。教育、医疗卫生、文化体育、就业和社会保障事业发展得到改善，基层社会管理服务水平进一步提高。在国家部委的温情帮扶下，抚州振兴发展充满活力，对口支援成效凸显。

第一节　国家文化和旅游部在黎川县的对口支援研究

《国务院关于支持赣南等原中央苏区振兴发展的若干意见》出台，把黎川县列入赣南核心圈的发展布局，将陶瓷、油画产业列入苏区振兴发展规划。根据《中央国家机关及有关单位对口支援赣南等原中央苏区实施方案》中对口支援结对安排，由原国家文化部对口支援黎川，随后，原国家文化部相关司局先后深入黎川乡镇、企业、文化艺术创作基地进行广泛调研，黎川文化大步向前的生动格局正在形成。

一、黎川县基本县情

黎川位于赣闽边际、武夷山脉中段西麓，东南与福建省光泽、邵武、建宁、泰宁四县市毗邻，西北与抚州市南城、南丰、资溪三县接壤，面积达1709平方千米，辖15个乡（镇）和1个省级工业园区，人口达25万，呈“七山一水分半田、半分道路和庄园”的地理格局，是江西东大门、海西“桥头堡”。

黎川基本县情可概括为五个方面。一是底蕴深。黎川始建于三国吴太平二年（公元257年），距今已有超过千年的历史，这赋予了黎川丰富独特的旅游资源和灿烂的文化，有十里明清长街、洲湖船形古屋、福禄寿禧四大古寺等众多历史遗迹。二是文风盛。仅宋朝、元朝、明朝、清朝时期，黎川学子考中举人达497人、进士达196人，孕育了抚州首位状元张渊微、北宋著名思想家李觏、清朝五部尚书陈孚恩、世界针灸学会创始人鲁之俊、中国工艺美术大师杨厚兴等先贤名士。三是基因“红”。黎川是全国34个中央苏区“全红县”之一。中共闽赣省委、省苏维埃政府和省军区在黎川湖坊成立。中共闽赣省委、省苏维埃政府旧址被评为国家AAA级景区。四是生态美。黎川县森林覆盖率达68.94%，是江西省园林县城、江西省森林城市、国家级生态示范区和国家重点生态功能区。岩泉国家森林公园被誉为“天然氧吧”，千年古香榧群宏伟壮观，丹霞玉湖碧波荡漾，东华山水秀美如画，会仙峰雄奇险峻，徐霞客到黎川游览后，驻足数日，流连忘返，2017年入选全国第三批徐霞客游线标志地。五是前景广。交通区位较好，福银高速横贯东西，向莆铁路穿境而过，鹰梅铁路黎川站也已列入国家铁路建设中长期发展规划和江西省“十三五”规划；黎川是由赣入闽的东大门，且地处武夷山、龙虎山、大金湖、大觉山黄金旅游圈，区位优势得天独厚；发展政策优越，同时处于海西经济区、原中央苏区振兴发展战略区、西部政策延伸区三大战略叠加平台，是原国家文化部和江西省政协对口支援县；产业基础良好，是中国日用耐热陶瓷产业基地、中国香榧之乡、中国民间文化艺术之乡（油画）、全国电子商务进农村综合示范县。

二、国家文化和旅游部在黎川县的实地调研及对口支援政策分析

（一）国家文化和旅游部在黎川县的实地调研

为充分了解黎川情况，制定有针对性的帮扶方案，2013年11月8日，原国

家文化部派出公共文化司副司长陈彬斌一行深入黎川，就公共文化服务体系建设情况进行调研。其一行先后实地考察了黎川县油画城、新落成的图书馆、博物馆、艺术剧院、（当时正在建设中的）油画创意园及潭溪乡河塘村文化大院、湖坊乡综合文化站、湖坊乡湖坊村文化大院、闽赣苏维埃旧址、红军广场。调研组对黎川县在公共文化服务体系建设中取得的成效给予了肯定，并希望黎川县继续加大对基层文化建设的投入，不断提升文化场馆硬件水平；不断加大培训力度，提高基层公共文化从业人员业务素质，造就一批基层文化骨干。

2015年1月24日，原国家文化部副部长董伟深入黎川，就对口援建工作以及文化产业发展情况进行调研。其一行先后来到黎川县古城保护性改造工程和油画创意产业园实地考察，详细了解古城改造推进情况和下一步改造计划。他指出，黎川县要充分结合古城的历史文化特征，突出历史文化定位，恢复与保存古迹胜景，将历史文化与现代生活有机融合，让古城焕发新活力。在油画创意产业园展厅，种类繁多的油画作品引起董伟浓厚的兴趣，他在一幅幅油画前驻足品鉴，赞叹不已，对黎川广大油画家饱含深情创作的作品给予充分肯定。在观赏油画作品的同时，董伟认真听取了黎川县油画产业发展情况汇报，并充分肯定了黎川油画产业发展的良好势头，指出黎川要继续加大对油画产业的扶持力度，提升油画文化内涵，促进油画产业抱团发展，不断提高油画产业整体实力，做大做强“江西油画之乡”的品牌。调研中，原国家文化部时任副部长强调，黎川要继续发挥文化底蕴深厚、文化资源丰富的优势，进一步研究和探索新形势下加快文化产业发展的途径，增强文化产业的活力。要牢牢把握文化产业发展的重要机遇，进一步加快推进产业创新，推动全县文化产业大发展、大繁荣。

2015年12月15日至16日，原国家文化部党组成员、中央纪委驻原文化部纪检组长王铁率原国家文化部调研组深入黎川县调研对口支援工作情况。其一行先后到县艺术剧院、图书馆、博物馆、油画创意产业园、古城保护性改造工程、九州陶瓷、潭溪乡河塘村文化大院、河塘村群众文化活动中心、湖坊乡综合文化站、闽赣省苏维埃政府旧址、华山镇洲湖船形古屋等地实地考察，了解原国家文化部对口支援黎川两年来文化援建的成果以及存在的主要困难。在随后召开的调研座谈会上，省、市、县分别汇报了对口支援以来黎川县文化工作的开展情况及当前遇到的主要困难。其充分肯定了黎川县文化建设取得的进步，认为黎川县在推动文化改革发展方面积极作为，将文化建设工作纳入县委、县政府目标管理考评，每年设立500万元文化建设专项基金，安排200万元油画专项资金，初步构建了县、乡、村三级公共文化服务网络，“黎川舞白狮”成为国家级非物质文化遗产项目，油画创意产业园年交易额达1.5亿元，文化产业发展势头良好。挂职干部组织协调有力，确保了上下联通，充分发挥了“桥梁”纽带作用，极大地提升了当地文化建设意识，增强了当地的文化自觉、文化自信，使黎川文化建设形成可持续发展态势。要针对当前黎川文化建设面临的问题，及时向原国家文化部党组反映，制定有针对性的政策规划，加大支持力度。就做好下阶段对口支援工作，调研组强调：原国家文化部要发挥组织优势，加强协调和业务指导，建立定期会商机制，细化对口支援项目和工作目标的落实，同时发挥好挂职干部的作用，继续将黎川作为基层文化有关工作先行先试的试点县，在政策实施、项目安排、资金投入等多方面给予重点倾斜。同时黎川县要继续发挥好主体优势，立足县情和现实基础，着眼长远，统筹利用好项目和资金，强化文化建设造血功能，走可持续发展道路；要提高文化建设的自觉性和主动性，使黎川文化建设更加扎实有效地推进、发展。

2016年4月9日至10日，原国家文化部党组书记、部长雒树刚带队到黎川县调研考察文化建设工作。他强调，要进一步深化文化体制改革，优化文化资源配置，加快文化产业发展，促进文化事业繁荣，为实现与全国同步全面建成小康社会而努力奋斗。对口支援工作进展如何是调研组此行考察调研的重点内容。2016年4月9日晚，在原国家文化部对口支援黎川县文化建设工作座谈会上，市委书记代表市委、市政府和400万抚州人民对文化部门给予抚州和黎川的关心支持表示衷心感谢。他表示，原国家文化部两年多来的支援，给黎川等地在经济社会文化等方面带来了极大的便利，老区人民获得感越来越强，深深体会到党中央对老区人民的深情关怀，深刻认识到要改变贫穷落后的面貌、与全国人民同步进入全面小康更要靠其自身，更加坚定了老区人民自力更生、艰苦奋斗的决心。县长聂仕雄在会上就黎川县经济社会及文化工作情况作了汇报，并表示将以此次调研为契机，围绕“实行一个工程，构建四个体系”总体思路，更加振奋精神、真抓实干，全力打好文化强县攻坚战，力争黎川县文化建设走在江西省前列，确保在2019年之前实现文化小康。调研组一行听取了有关汇报，对黎川县文化建设工作所取得的成绩给予了充分肯定，就县里提出的有关请求现场办公，一一回应，并对进一步做好对口支援工作提出了明确要求。调研组一行表示，原国家文化部将进一步健全会商交流机制，做好支援方和受益方的信息对接工作，确保支援项目的针对性。同时将进一步健全分工协作机制，细化工作内容与目标，确定任务的时间表和路线图，切实把责任落实到位，进一步健全督查机制，按季度检查各项对口支援黎川工作的进展，确保对口支援任务按质按时完成。调研组一行强调，要充分发挥挂职干部在对口支援工作中“桥头堡”、纽带、信息员的作用，给予挂职干部各个方面的后援支持。同时，黎川要发挥主体作用，主动作为，强化“造血”功能，找准优势，着眼长远，统筹利用好黎川项目资金，快速地把文化产业发展起来。

调研组一行十分关心基层文化建设工作，在黎川县期间，其一行还先后深入湖坊乡综合文化站、闽赣省苏维埃政府旧址、潭溪乡河塘村文化活动中心、古城保护性改造工程、油画创意产业园等地考察。在湖坊乡综合文化站，其一行与基层文化工作者亲切交谈，详细了解基层文化工作现状和面临的实际困难。在潭溪乡河塘村文化活动中心，村民们围坐在一起或看电视、或看报、或打牌，享受着文化建设带来的欢乐和幸福。调研组一行希望黎川县在加强现代公共文化服务体系建设时，再加一把劲，让文化惠民工作更上一层楼。

2016 年 9 月 24 日，原国家文化部党组成员、部长助理于群到黎川县调研。其一行先后实地考察了油画创意产业园、古城老街。油画创意产业园总投资约 2 亿元，占地约 35 亩，建筑面积近 5 万平方米，建有油画创意大楼、油画公司写字楼和画师宿舍楼，是集油画创作、生产、展览、销售、艺术交流及相关绘画用品生产、销售为一体的油画生产基地、展示平台、流通中心。该园采取“协会 + 商会”“公司 + 画师”和“内建基地 + 外建窗口”的运营模式，实行优惠政策，鼓励创新创业，吸引了深圳、厦门、福州等一批黎川籍油画师与公司签订合作协议，实行抱团发展。通过实地察看、听取情况介绍，其一行对近年来黎川县油画产业发展取得的成绩给予了充分肯定，并指出发展油画产业，全力打造油画生产基地，黎川县委、县政府要有点子、有思想。黎川县要继续争取各级的支持，加大地方政策扶持，主动邀请一些知名的油画专家来黎川写生、培训，并积极组织油画企业走出去，从而提升黎川油画品牌的知名度和影响力。于群在详细了解古城老街历史背景后认为，黎川古城老街为保存较好、体量较大、文化底蕴深厚的历史街区，古城老街的重修，按照清朝乾隆年间的形制，通过能工巧匠精心施工后，重现了昔日的胜景，展现了黎川当年的辉煌，延续了人们对历史的记忆。调研组一行指出，古城老街在改造的同时，要尊重历史文化和传统建筑风格，突出特色和优势，在充分挖掘保护本土文化的同时，按照修旧如旧的原则进行修复打造，力争把古城老街打造成集文化、旅游、商贸为一体的集散地。

原国家文化部各级领导在黎川的实地调研简况（部分）如表 2–1 所示。

表 2-1 原国家文化部各级领导在黎川的实地调研简况（部分）

时间	调研简况
2015 年 10 月 14 日	原国家文化部恭王府管理中心主任、中国非物质文化遗产生产性保护系列活动组委会主任孙旭光到黎川县考察文化旅游产业。其一行先后到湖坊乡闽赣省苏维埃政府旧址、东华山水景区、明清老街、油画创意产业园，实地考察黎川县文化旅游产业发展情况。湖坊乡闽赣省苏维埃政府旧址，是江西省十大红色旅游胜地之一，集革命传统教育与文化旅游于一体。东华山水景区为国家 AAA 级旅游景区，景区有洪门文化的船屋古建筑群、天然暖水温泉、红军故居等特色旅游观光点，集红、古、绿三色旅游资源于一体，景色宜人。位于黎滩河畔的明清老街有着数百年的历史，保存有大量完好的明清时期建筑，是黎川县经济和文化的发祥地。考察中，孙旭光指出，黎川有着悠久的历史遗迹和优秀的红色、绿色、古色相关旅游资源，文化底蕴丰富、特点鲜明，对于文化旅游产业发展有着良好的基础，是文化、旅游发展的一块宝地。希望黎川县抓住机遇，充分依托现有资源，不断寻求创新，着力在包装、打造、宣传、服务上下足功夫，放大文化旅游优势，挖掘更多亮点，把文化旅游产业进一步做大做强。在黎川县期间，其一行还参观了康舒陶瓷和环球陶瓷
2016 年 4 月 27 日至 30 日	黎川县油画在第 11 届中国（义乌）文化产品交易会（以下简称“文交会”）进行展出。2016 年 4 月 27 日，原国家文化部党组成员、部长助理兼办公厅主任于群在县委副书记、副县长崔明峰的陪同下，视察了黎川县油画展区。在黎川县油画展区中，种类繁多的油画作品引起了其一行浓厚的兴趣，还同黎川县油画师进行了细致的交谈，询问他们油画创作、经营情况及当前展出的情况。当听到黎川县油画在展览中深受广大观众及客户的喜爱，在文交会上大放光彩时，其一行鼓励油画师们再努力，再提高，进一步加强创新，不断提高自己的艺术品位和创作水平，提升黎川油画整体品质与内涵，同时要充分利用国内外各类参展平台，扩大黎川油画的知名度和影响力，在全国乃至世界打响“油画之乡”品牌，获取经济社会效益的双丰收。据了解，义乌文交会创办于 2006 年，自创办以来，规模不断扩大，累计参会专业采购商超过 70 万人次，是我国文化产品交易（出口）、文化产业展示、文化信息交流、文化项目合作的一个重要平台。此次文交会上，来自 15 个国家和地区、19 个省市的近 1300 家单位和企业展示着前沿的文化产业理念、技术和成果。黎川县组织油画企业和油画师，精选了 500 余幅油画作品参加了此次展出
2016 年 9 月 7 日	原国家文化部文化市场司副巡视员刘鲁平到黎川县就文化市场建设进行专题调研。其一行实地考察了黎川县东华山水景区、油画创意产业园、明清老街，并走访了部分城区网吧。在东华山水景区，其一行参观了船形古屋，详细了解古宅的历史文化背景及景区的接待能力情况，希望黎川县进一步优化景区的资源配置，提高服务能力和水平。在参观了油画创意产业园和走访了部分城区网吧后，刘鲁平强调，公共文化活动要切合老百姓现实需求，要充分调动文化志愿者和社会力量，有效拓宽公共文化产品和服务的供给渠道。在明清老街，刘鲁平参观明清古建筑群，饶有兴致地了解芋糍等民间美食，要求积极挖掘、保护好当地的传统文化资源，使之传承有序，光彩再焕。调研期间，刘鲁平对黎川县文化产业发展取得的成绩给予了充分肯定，要求黎川县坚持文化事业和文化产业并重，经济效益和社会效益相统一，加强项目的策划、包装和推广力度，打造一批具有黎川特色的文化品牌。文化部门要坚持问题导向、需求导向，加强文化市场建设，创新管理体制和运行机制，广泛开展群众喜闻乐见的文化活动，把促进基本公共文化服务标准化、均等化的重要改革任务落实到位，让文化产业成为发展生力军、支柱性产业

续表

时间	调研简况
2017年10月23~27日	原国家文化部2017年文化青年走基层江西团到黎川县调研文化精准扶贫工作。调研团一行先后深入图书馆、博物馆、油画创意产业园、古城老街以及湖坊乡、华山镇、西城乡等地，实地调研黎川县公共文化建设、文化产业发展和文化精准扶贫等情况，并走访慰问了贫困户。在调研总结会上，调研团总结了5天来的调研感想，表示这次调研对黎川扶贫工作的责任态度以及工作实效印象深刻，从黎川的扶贫工作中感受到了浓厚的亲情和友情；纷纷表示将把这难得的经历和丰硕的收获带回去，在以后的挂点帮扶中更好地回报黎川，回报基层
2017年12月20~21日	中国国学中心副主任李文亮率考察组到黎川县调研考察。其一行先后实地调研考察了古城老街、湖坊乡闽赣省委旧址、图书馆、博物馆、张恨水剧院、油画创意产业园、孔庙、九州陶瓷、华山镇洲湖村、同胜文化旅游休闲度假区，详细了解了黎川县文化旅游事业发展情况。李文亮要求，黎川县要以习近平新时代中国特色社会主义思想为指导，认真贯彻落实党的十九大精神，要以满足人民群众日益增长的美好生活需要为出发点、落脚点，高度重视文化建设，不断加强文化设施和服务网络建设，加大公共文化产品和服务的供给，使广大人民群众的精神文化需求不断得到满足

资料来源：笔者收集整理。

（二）国家文化和旅游部对口支援黎川县的主要政策分析

2014年7月，国家文化和旅游部出台《对口支援黎川县文化建设工作方案》，充分发挥部门优势，结合工作职能和江西省抚州市黎川县实际情况，切实抓好对口支援工作，从建设有特色的文化艺术创作基地、打造文化旅游产品、加快油画和陶瓷产业发展、加强文化遗产保护、提升基层公共文化服务能力、注重文化人才培养等方面支持黎川的文化建设，努力构建人才、技术、产业、项目“四位一体”的对口支援工作格局。具体如下。

1. 支持黎川逐步建设有特色的文化艺术创作基地

黎川风景秀丽，素有“钟灵毓秀，黎明山川”之誉。黎川文化产业基础较好，陶瓷、油画产业已初具规模，特别是油画产业已成为“江西油画之乡”“江西民间文化艺术之乡”及“江西省文化产业示范基地”。原国家文化部将组织艺术家、美术家、作家、摄影家等赴黎川进行创作、采风、开展培训、举办展览、讲座、慰问演出等；协调中国国家画院和中国油画学会、中国艺术摄影学会在黎川设立创作基地、采风点或基层联系点，不断提高黎川的知名度。力争3~5年，共同把黎川打造成为具有一定影响力的国内文化艺术创作基地。

2. 支持黎川打造文化旅游产品设计、生产、加工基地

以市场为导向、以资源为依托，充分挖掘黎川丰富的“红色、绿色、古色”文化旅游资源，积极推动文化与旅游产业深度融合，支持黎川开发、设计、生产、销售富有黎川特色和文化内涵的旅游产品，包括以油画、工艺陶瓷、根雕、竹编为主的工艺品系列；以灌芯糖、香榧、南丰蜜橘、白茶、擂茶为主的生态饮食系列；以茶树菇、草菇、香菇、小山笋为主的山珍系列；以瓷煲、日用陶瓷为主的旅游日用品系列。力争3~5年帮助黎川打造成为江南具有影响的旅游产品设计、生产、加工基地。

3. 支持黎川油画、陶瓷产业发展

黎川油画、陶瓷产业均具有一定规模和较好基础，鼓励、支持黎川条件成熟的文化企业申报国家文化产业示范基地和中央财政文化产业发展专项资金，推动和加快黎川文化产业的发展。指导、支持黎川申报中国民间文化艺术之乡。支持黎川油画、陶瓷在中国美术馆、海外中国文化中心等地举办展览活动，充分利用中国（深圳）国际文化产业博览交易会、中国义乌文化产品交易会等平台，为黎川文化企业提供项目合作与产品推介支持，进一步扩大黎川油画、陶瓷产业的影响力和品牌竞争力。

4. 指导、支持黎川文化遗产保护

指导黎川舞白狮等项目申报为国家级非物质文化遗产代表性项目，在项目保护、传承人培养、设立非物质文化遗产展示馆等予以政策和资金等方面倾斜。指导做好闽赣省革命根据地旧址等革命旧址、旧居中的文物保护工作，指导黎川将洲湖船屋、张氏家庙、孔庙等部分省级文物保护单位申报国家重点文物保护单位。指导黎川洲湖村申报国家级历史文化名村。指导黎川明清老街重点古建制定维修规划、维修施工等。

5. 支持黎川增强基层公共文化服务能力

积极与国家发展和改革委员会、财政部等部门进行沟通，争取尽快建立分工机制，加大支持县级文化设施建设力度，分步骤、有计划地推进农村文化设施建设工作，加快支持黎川村文化活动室、社区文化活动中心（室）场所建设及设施配置。为黎川县图书馆、文化馆和乡镇综合文化站补充更新一批设备。

指导黎川申报公共文化服务体系示范项目。支持黎川文化市场技术监管服务平台、文化市场执法队伍建设。

6. 黎川文化人才培养

原国家文化部提供一定的经费支持，在举办的“三区”人才、基层文化队伍及各类艺术创作、文化产业经营人才等培训班中，适当安排黎川县有关人员参加；每年有计划地选送一批画师、技师赴中国艺术研究院、中国国家画院等培训、进修。鼓励、支持黎川优秀画师、技师申报国家级工艺美术大师。

7. 加强对黎川的宣传

协调中央媒体支持，充分发挥中国文化传媒集团所属报纸、杂志、网站、手机报等媒体优势，对黎川基层文化建设、文化遗产保护、油画产业、陶瓷产业发展和画师、技师等进行宣传。在恭王府举办黎川摄影宣传展览。

对口支援是一项双向性工作，需要支援部委和受援县的鼎力配合。黎川县成立了以县委书记为组长的县承接原国家文化部对口支援领导小组，全面负责统筹协调黎川县对口支援工作，并制定《黎川县承接文化部对口支援力争文化建设走在全省前列工作方案》，分解策划文化产业发展项目 24 个；结合黎川县情，精心编报苏区振兴发展项目，先后完成《黎川县苏区振兴发展项目汇编》，内容包括陶瓷、油画、旅游、农村危房改造、老城区提升改造和原中央苏区革命遗址保护等 21 项规划，共汇编黎川县苏区发展项目 150 个，总投资达 380 亿元。

为认真贯彻落实省委书记强卫在《文化部对口支援黎川县文化建设工作方案》上所作“黎川县要认真抓好‘方案’的落实，力争黎川县文化建设走在江西省前列”的批示精神，有效承接原国家文化部对口支援，全面加强黎川县文化建设，打造黎川文化名片，构筑与人民群众的文化需求相适应的文化服务体系，城乡文化协调发展，文化软实力显著增强。按照黎川县“十三五”规划纲领与思路，建设“生态黎川、文化黎川、智慧黎川、幸福黎川”，切实有效地推进黎川县文化建设攻坚工作，现结合实际，于 2016 年制定出台了《关于推进文化建设攻坚工作的方案》，大力推进文化建设，建设“文化黎川”。具体措施共计以下七条。

第一，成立文广新局文化建设攻坚工作领导小组。由局主要领导任组长，分管副局长任副组长，机关各股室负责人及下属单位负责人为成员的文化建设攻坚工作领导小组，具体负责全县文化建设攻坚工作的组织实施。

第二，打造地方特色文化品牌，推动黎川油画产业发展。走政府引导、画企主导的发展道路，创新运营发展模式，继续夯实油画产业发展基础，争取在油画产业有较大的发展。一是根据黎川县文化建设实际，争取邀请有关专家对黎川油画产业现状进行研究、科学论证，指导我县制定出台完善的，具有前瞻性，战略性、指导性和可操作性的《油画产业发展规划》。二是恳请原国家文化部鼎力支持、倾力帮扶，帮助黎川县为实现“文化建设走在江西省前列”的发展目标，制定出台2016年及今后一段时期的《支援黎川文化建设扶持意见》。三是做响“油画之乡”品牌。发挥油画行业龙头企业带动作用，鼓励一批中小微型油画企业成长，形成一个富有活力的油画企业群，大幅度提高油画产品生产能力、生产质量，制定油画生产地方品质等级标准，加强油画品质检验工作。加强油画品牌创建工作，提高黎川油画品牌的知名度。加强油画人才培养工作，继续壮大人才规模，针对油画人才专业结构和年龄结构，提高人才的细分专业化水平与技能，形成可持续、富有竞争力的油画专业人才队伍。发挥原国家文化部对口援建优势，积极构建全国性油画会议、论坛等常态化机制，积极开展油画相关公益活动。加强政府在油画产业协调、规范管理、资金补贴等方面的工作机制，提供良好的发展环境。四是促进油画与其他产业融合发展。延展油画产业链条，推动油画创意、生产、销售、展会一体化发展。加强黎川全国油画产品集散功能中心建设，充分发挥流通、集散带动作用。促进油画相关创意产业的发展，开发油画动漫等相关产品。加强油画产业与旅游业融合发展，增强油画创意园游购娱功能，完善油画制作过程的观赏性，增强游客参与油画欣赏与制作的体验、学习感。加强油画与陶瓷产业的融合发展，提高陶瓷产品设计水平，增强陶瓷产品的油画艺术性品位。发挥油画产业引领作用，带动影视、文化、体育产业发展。五是加强油画产品营销创新。改变等客上门的被动营销方式，组建专业营销机构与队伍，加大油画营销工作。积极与专业文化产品出口企业形成战略联盟，积极开展面向欧美的油画生产服务外包业务，争取在“十三五”时期有较大的突破，形成黎川服务贸易的重要突破口。实施“互联网+油画”计划，积极参与“淘工厂”，推动油画在线化、定制化生产，积极推动油画电子商务的发展。

第三，完善公共文化服务设施。完善公共文化基础设施建设。全面建成黎川县文化馆、图书馆、乡镇综合文化站、村级文化活动室“两馆一站一室”公共文化服务体系。扩大黎川县图书馆规模，增设陶瓷、油画两个特色阅览室，增设电子阅览设备。做好县博物馆布展陈列工作，突出红色文化革命苏区的展览，使博物馆具备免费开放标准。对艺术剧院进行现代化提升，增设移动剧院演出活动车，提高文化活动下乡的质量，更好地完成各项公益性演出项目。在现有的公共文化服务设施基础上，县城文化馆，按照国家二级文化馆评定准则，根据原国家文化部关于文化馆免费开放的需要，对原文广局办公场地、旧图书馆进行维修改造，并添置配套设施，通过二级文化馆评定；县城社区（1万人口以上）建设一个建筑面积达60平方米以上的综合文化活动室，一个以上文体小广场（累计面积不低于600平方米）；配置一套简易音响设备，一套全民健身路径器材，利用有线、无线、卫星等技术方式实现广播电视全覆盖。乡镇综合文化站配置一套简易音响设备，一套全民健身路径器材，一套应急广播系统（含山洪等灾害预警功能）。利用有线、无线、卫星等技术方式实现广播电视全覆盖。行政村建有一个建筑面积100平方米以上的综合文化活动室，一个600平方米以上的文体广场；配置一套简易音响设备，一套全民健身路径器材，一套应急广播系统（含山洪等灾害预警功能）。利用有线、无线、卫星等技术方式实现广播电视全覆盖。

第四，有效实施文化民生工程。一是县图书馆、文化馆、博物馆等公共设施免费对外开放；实施以县图书馆、文化馆为总馆，乡镇综合文化站为分馆，行政村（社区）综合文化活动室为服务点的总分馆制，逐步实现图书借阅“一卡通”。二是县图书馆每年组织一次本辖区内的全民阅读活动，每月举办1次以上文化讲座；县文化馆每月组织开办2次群众文艺活动，举办1次公益性艺术培训；县博物馆每年举办2个专题展览，每月举办1次讲座。三是乡镇每年开展1次综合文化活动和2场单项性文体活动，举办6次公益性艺术培训；建公共阅报栏（屏）；乡镇承办省、市、县三级院团4场公益性送戏下乡演出。四是行政村（社区）每年开展2次单项性文体活动；建有“身边好人榜”（含社会主义核心观24字基本内容和村规民约、社区业主公约等）和公共阅报栏（屏）；行政村举办县级院团1场公益性送戏下乡演出，每月放映1场数字电影。五是农村中小学每学期免费放映2部爱国主义教育电影。六是县广播电视台按规定转播上级台重要新闻节目，保障每天播出有自办当地新闻节目；乡镇、村广播站（室）平时主要转播上级台节目和自办少量当地新闻信息节目，突发事件发生时发挥应急广播作用。七是资源技术标准。①县图书馆人均藏书量不少于0.6册，年购书经费达8万元，2020年人均年增图书藏量不少于0.06册，数字资源达4TB，整合数字资源不少于6TB，县图书馆需配有1~2台盲人专用阅读设备；县图书馆、文化馆建有网站，电子阅览室电脑终端达50台以上；县博物馆建有网站；县广播电视台采编播设备实现数字化，电视摄像机、非线编辑系统、硬盘播出系统达到高清标准。②乡镇综合文化站藏书达3000册以上，报刊达6种以上，公共电子阅览室电脑终端达10台以上。③行政村（社区）农家书屋藏书达1200种、1500册以上，报刊达5种以上，公共电子阅览室电脑终端达2台以上（社区10台以上）。

第五，加强基层文化骨干人才培训。充分利用原国家文化部的资源，积极参加原国家文化部组织的“三区”人才、基层文化队伍及各类艺术创作、文化产业经营人才，争取原国家文化部支持，特别是每年有计划地选送画师赴中国艺术研究院、中国国家画院等国家专业院校培训、进修；加大对现有从业人员的培训，重点加大对优秀紧缺人才、文化业务骨干等人员的培训。同时县文化馆每年举办4期乡镇（场）社区业余文艺骨干培训班。

第六，积极争取和筹措文化活动有关项目帮扶资金。争取原国家文化部和江西省、抚州市有关部门的指导，支持黎川油画创意产业园申报国家文化产业示范基地、特色文化产业项目、中央文化产业发展和文物保护单位专项资金等项目，推动黎川县文化建设、油画产业加快发展。

第七，加强文化遗产保护。一是重点做好闽赣省苏维埃革命旧址、洲湖船屋、张氏家庙、黎川孔庙等文化遗产保护工作。争取将洲湖大夫第、闽赣省苏维埃政府旧址申报成为国家重点文物保护单位。推动洲湖船屋申报中国传统村落、古城老街申报中国历史文化名街工作。做好资福宋代古塔、寿昌寺、妙法寺、福山寺等宗教文化遗产的保护工作。开展黎川县历史文化遗产普查工作，重点发掘各乡镇的历史文物古迹和苏区革命遗迹。对洵口张氏家庙完成修缮、验收工作；黎川孔庙完成招标、修缮、验收工作。对邓氏家庙、潘家大屋、畅园等6处苏区革命旧址旧居进行招标准备、修缮工作。二是传承民俗文化遗产。大力保护各类非物质文化遗产，保持民俗文化形式多样性，对双扶船、龙进农家、道情话文、龙舟竞渡、双狮戏球、踩高跷民俗文化形式等进行文字资料、图片、影像资料的编辑整理工作，支持非遗传承人和民间艺人的文化活动。重点做好国家级非物质文化遗产黎川舞白狮的保护与传承，进一步发掘黎川舞白狮的文化价值，形成新的文化名片。组织黎川民俗文化节，鼓励民众参与传统民俗活动，形成民俗文化传承发展的土壤。重点做好市级“非遗”项目，黎川灌芯糖、樟村板凳龙的保护与传承，进一步发掘其文化价值，做好文字资料、图纸、影像资料的编辑与整理工作，争取将黎川灌芯糖申报为省级、国家级“非遗”项目，将樟村板凳申报为市级、省级“非遗”项目。三是推动文化资源挖掘与作品创作。充分挖掘黎川历史文化名人史迹典故和红色文化，进行研究整理并开展广泛宣传推介。依托历史文化、红色文化资源，创作反映黎川历史文化特色的文学、影视作品，推出有深度、有影响的文化精品。

三、国家文化和旅游部对口支援政策在黎川县的实施状况及成效分析

（一）国家文化和旅游部对口支援政策在黎川县的实施状况分析

1. 积极推动黎川县公共文化事业发展

原国家文化部 2014 年 1 月开始对黎川对口援建，先后组织国内画家、词曲作家、摄影家到黎川进行创作采风活动，举办了油画艺术展，出版了画册，谱写了旅游歌曲，使黎川的知名度大大提高，并且通过公益演出、捐赠书籍等活动，推动了黎川的公共文化事业发展。

第一，丰富群众精神食粮。2014 年 11 月，中国儿童艺术剧院开展“温暖童心——优秀儿童剧走进江西省黎川县”公益演出，5 场经典童话剧《青蛙王子》吸引了 4000 多名黎川小朋友到现场观看。中国儿童艺术剧院是原国家文化部直属的国家艺术院团，这是国家级艺术剧院首次走进黎川。2015 年 12 月 15 日，中国儿童艺术剧院又携益智趣味儿童剧《小卡车·变变变》在黎川县艺术剧院进行了 3 场“温暖童心——优秀儿童剧走进江西省黎川县”公益演出。由该团与日本道化剧团合作的“变变变”系列《小卡车·变变变》短小精悍却又充满想象力，上半场是广受儿童喜爱的颇具启发性和趣味性的“变变变”部分，下半场着重讲述了一个以小卡车为主线的趣味故事。在一个多小时的演出中，中国儿童艺术剧院的演员们连演带舞，配合默契，奇妙的想象力和创作力让孩子们大开眼界，新鲜、有趣、充满中国特色和异域风情的元素与引人入胜的故事情节及精妙入迷的表演，引起了孩子们的阵阵笑声，让他们真正享受了精彩绝伦的视觉盛宴。2016 年 1 月 11~12 日，中央歌剧院 2016 年“深入生活　扎根人民”开场戏走进黎川县，并先后在湖坊乡红军广场、潭溪乡、县城明清老街、社会综合福利院巡演，为该县群众带来了一场视听盛宴。持续开展“深入生活　扎根人民”主题实践活动在 2016 年的首次演出。2016 年 1

月12日晚及13日上午，中央歌剧院大型音乐舞蹈史诗《复兴之路》音乐会在黎川县艺术剧院连续演出两场。全县2000多名干部群众观看了演出。整场演出以时间为线索、以重大历史事件为载体，通过《山河祭》《热血赋》《创业图》《大潮曲》《中华颂》5个篇章，将革命浪漫主义的气质与高雅艺术巧妙结合，艺术地再现了中国共产党建党90多年历史的辉煌及中华民族自1840年鸦片战争之后多年的伟大复兴之路。广大观众在感受中国多年复兴之路种种变化的同时，抚今思昔，触摸幸福，激发了爱党、爱国、爱社会主义的强烈情感，深受黎川县干部群众喜爱。2016年5月9日，中国儿童剧院再一次携两部优秀儿童剧《红缨》《小吉普·变变变》走进黎川县进行公益演出。此次中国儿童剧院在黎川县进行公益演出19场，不仅在剧场演出，还走进学校、幼儿园，使黎川县少年儿童不出校门就可以欣赏到来自国家剧院高水平的文化大餐。2016年10月23日，国家京剧院演员走进黎川县开展“深入生活、扎根人民”慰问基层百姓京剧专场演出。国家京剧院在黎川开展京剧专场演出，当天上午在黎川一中礼堂内，为师生开展京剧知识讲座，下午在黎川艺术剧院开展慰问演出。2017年10月17日，国家京剧院党委副书记魏丽云率慰问演出团来黎川县开展喜迎党的十九大“深入生活、扎根人民”慰问演出，800余人共同感受国粹经典，领略大家风范。来自国家京剧院的青年演员、京剧名家和黎川县京剧票友轮番登台表演，为观众带来了《杜鹃山》《红灯记》《智取威虎山》《党的儿女》等15段传统剧目和现代京剧的经典唱段。台上，演员们精湛熟练的表演技艺、洒脱精彩的身段技法、婉转悠扬的唱腔赢得了观众阵阵热烈掌声。大家在与艺术家的近距离接触中，尽享国粹京剧的悠久历史和艺术魅力。2018年1月26日晚，原国家文化部2018年“文化迎春、艺术为民”新春慰问演出走进黎川县，500余名干部群众齐聚张恨水艺术剧院，共同欣赏了由国家话剧院演出的话剧《向上走向下走》。据了解，《向上走向下走》是2017年服务基层演出活动剧目，首演于2010年，已在全国演出100多场，近10万名观众观看演出。该剧先后荣获2010年原国家文化部优秀剧目、最佳编剧、最佳表演，2011年北京市优秀小剧场剧目奖等奖项。在黎川县期间，演出团还深入社会综合福利院、明清老街及湖坊乡、潭溪乡慰问演出，受到群众的热烈欢迎。2018年9月20日，在中华民族传统佳节中秋节即将到来之际，中央民族乐团演员一行，来到黎川县进行慰问演出。演员们冒着炎热高温深入黎川城乡，和当地群众一起欢度中秋佳节。原国家文化部作为该县对口支援革命老区文化建设的主体，邀请了中央歌剧院、中国儿童艺术剧院等国家级演出团队深入黎川开展专场演出活动。据统计，中央歌剧院在黎川演出6场，中国儿童艺术剧院演出19场，总观看人数达3万多人次。

除了各种演出活动外，原国家文化部还积极协调各方为黎川提供图书报刊等编码产品，丰富图书馆藏。如2015年10月13日，在县图书馆举行中国文化信息协会和北京万国经典书城向黎川县捐赠价值50万元图书仪式。此次图书捐赠不仅是两家单位积极履行社会责任的具体表现，更是落实原国家文化部对口支援黎川的生动实践。这批图书的投入，极大丰富了黎川县图书馆的馆藏，缓解部分学校藏书严重不足的问题，更为重要的是，对今后提高黎川县教师教学水平、增强学生综合能力、开阔师生眼界、丰富师生课余文化生活起到极大的促进作用。中国文化信息协会会长黄河浪、秘书长唐俊凯分别向黎川县图书馆、实验小学等捐赠了图书。

第二，做好优秀传统文化传承工作。2014年下半年，原国家文化部组织专家对各地申报的2014~2016年“中国民间文化艺术之乡”候选单位进行了集中评审和实地抽查。根据专家集中评审和实地抽查结果，并经审定，初步确定了441个（江西省13个）县市拟评为“中国民间文化艺术之乡”，黎川县（油画）榜上有名。据黎川县志记载，舞白狮晚清时在黎川县盛行，每逢春节贺岁，舞狮活动尤甚。民间认为，狮子头大如筛、口大如盆、眼似铜铃、十分凶狠，有“兽中之王”之称。舞狮者头扎白毛巾，着中式对襟宽边上衣，下着灯笼裤。领舞人所持之球，系铁丝扎制，外蒙红绸，中心装一横轴，下用马蹄形的木柄将球悬空支起，稍一颤动，球就不停地转动。狮头和球中心装上狮灯，舞动起来流光溢彩。整套动作急缓相间，以地面文争为主，并不突出武斗，寓意和谐文明。在原国家文化部支持下，黎川舞白狮从全国各地申报的1111个项目中胜出，入围第四批国家级非物质文化遗产代表性项目名录。邓氏家庙等6处红色遗址被作为全国重点文物保护单位扩展项目列入中央资金支持名单，张氏家庙、孔庙得到省级文物保护经费支持，2个古村申报中国传统古村落；黎川油画惠民项目被列为原国家文化部公共文化服务示范项目。截至2016年，黎川得到国家和省级2000余万元项目资金支持。

第三，加强黎川形象宣传工作，提升黎川县知名度。在原国家文化部的帮助下，中国艺术摄影学会的摄影家走进黎川开展“黎明山川、梦里江南”采风活动，中国音乐家协会组织姚明和孟文豪等国内知名词曲作家到黎川创作采风，大力推介黎川旅游和油画；邀请知名艺术家创作、演唱旅游歌曲6首。协调央视《新闻联播》《走遍中国》《乡村大世界》《每日农经》等栏目分别对黎川县进行专题报道。

第四，高度重视人才培养工作。大力实施油画人才培养工程，通过采取“请进来、走出去”的方式，大力培养油画人才。一是规模化培训。由原国家文化部协调，中国美术学院与黎川县签署了《关于支持黎川县文化人才培养、文化产业发展的合作备忘录》，充分发挥中国美院学科队伍和人才培养的优势，通过联合开展人才教育培养、创意设计等工作支持黎川社会、经济、文化发展，每年为黎川开设1~2期油画研修班，在黎川设立“教学实践基地”“研究创作基地”，进一步提高黎川画师的绘画技艺和创作水平，推动黎川油画产业向更高层次发展。2015年9月，23名黎川土生土长的农民油画师前往中国美术学院，接受为期3个月的油画培训，这是黎川县选派农民画师赴中国美院学习培训的首期。2016年10月10日，黎川县选派25名油画师赴中国美术学院参加第二期油画短训班，培训时间为3个月，培训以基础理论、课堂讲座、讨论、专业实践相结合，采取脱产、面授、集训的教学方式进行。2017年10月10日，中国美术学院黎川县油画短训班（第三期）开班仪式在中国美术学院举行。二是不断加大人才交流力度。如2017年7月20日至22日，原国家文化部人事司副司长王太钰率队青年拔尖人才国情研修班到黎川县研修。研修班一行先后到油画创意产业园、图书馆、潭溪乡芦陂村新农村建设点、九州陶瓷、金尚陶瓷、省级历史文化街区——明清老街、全县首届国学经典诵读电视大赛现场，通过现场教学、座谈交流、观看赛事的方式，实地了解黎川县实际及基层文化发展情况。此次在黎川的研修，既是青年人才了解基层、了解国情很好的机会，也是与当地学者交流，给了黎川画师一次很好的交流学习机会，在交流中互相学习、借鉴、启发，从而进一步提升黎川画师创作水平，真正树立“黎川油画”的文化品牌。2017年6月28日，中俄油画名家“画说抚州”黎川行签约座谈会举行。中俄油画协会的50多名油画名家欢聚黎川，共绘油画发展新蓝图。希望通过油画这个载体，实现中俄两国油画师的联合作战、抱团发展，将黎川油画推向全国、引向世界，进一步推广和展示油画艺术的独特魅力。这次活动既是黎川县与中俄油画名家的签约会，也是中俄油画名家之间的一场交流座谈会。会议现场，中俄油画协会的50多名中俄油画名家与江西开拓文化产业投资有限公司签署协议，正式入驻黎川县油画创意产业园。

2. 大力支持文化产业发展

帮助当地发展好一个产业比单纯给资金的意义更大。如何推动黎川文化产业发展提质创新成为原国家文化部对口支援工作的重中之重，为此，原国家文化部主要从黎川油画、旅游两个方面发力。

第一，大力扶持黎川油画产业发展。结合原国家文化部工作职能、黎川实际及基层文化需求，首先要提高黎川油画产业知名度，扩大黎川油画影响力，提高画师执业水平，促进黎川油画产业做大做强。

黎川油画产业始于20世纪80年代，兴于20世纪90年代中末期。当时，前往深圳大芬村从事油画行业的黎川画师有近千人，占据“大芬油画”从业人数近一半。为促进油画产业发展，该县以原国家文化部对口支援为契机，确立“创世界油画基地，建文化产业名地”的目标定位，把油画作为重点产业进行打造，大力开展校县合作，邀请著名画家现场教学，培养油画人才，推动画工、画师向画家、大师转变，油画从商品向作品、艺术品升级。在原国家文化部及江西省文化部门的推动下，黎川油画创意产业园的建设和招商工作进度加快，2014年7月，建筑面积达5万余平方米的油画创意产业园一期如期建成投入使用，吸引100余位画师、10余家公司入驻，“抱团发展”油画产业。2014年12月，黎川油画南昌艺术馆、常德艺术馆开馆，黎川油画“基地＋窗口”的经营模式正在形成。

在原国家文化部推动下，江西省画院、江西省美术家协会组织40余位油画、国画家开展了“美丽中国・秀美江西——艺术家走进黎川采风活动”，黎川油画参加了中国义乌文化产品交易会（以下简称“义乌文交会”）、2014年俄罗斯伏尔加河沿岸联邦区江西特色商品展等活动，取得了较好的销售业绩。目前，黎川县被原国家文化部评为中国民族民间文化艺术之乡（油画）。借助原国家文化部提供的平台和资源，黎川油画产业走出去力度不断加大，除了中国进出口商品贸易交易会（以下简称“广交会”）、中国（深圳）国际文化产业博览交易会（以下简称“深圳文博会”）、义乌文交会等国内知名展会，还先后在泰国曼谷、韩国首尔举办黎川油画精品展，昔日的小城油画也逐渐走出国门，国际影响力稳步提升。2017年，央视《朝闻天下》《文化十分》栏目对黎川油画进行了专题报道。黎川县还被中国美院授予2017年唯一的教学实践基地。

2015年10月18日，“黎明山川　梦里江南”——中国江西黎川油画精品展在泰国曼谷中国文化中心开幕。曼谷中国文化中心主任蓝素红主持开幕式，中国驻泰国大使馆文化参赞陈疆、泰国国家美术馆馆长阿查拉、泰国文化部艺术发展学院副院长查伦萨、泰中文化联合会会长吴令平、泰国留学中国校友总会主席廖锡麟、泰国辽宁商会会长康丹等出席开幕式。该画展由曼谷中国文化中心和黎川县人民政府主办，旨在庆祝中泰建交40周年，促进中泰文化交流。展出了黎川最具艺术影响力的老中青三代油画家的58幅代表性作品。

2016年1月10日上午，由江西省书法院、黎川县委、县政府共同主办的闽赣书法名家邀请展暨闽赣书法院特聘书法家首展在黎川县举行。福建省与江西省中国书法家协会代表及北京与江西文化知名人士、特邀江西省书法家代表、县书法爱好者及书法网、《江西日报》等媒体代表近百人参加开幕式。展览主题鲜明、内容丰富、形式多样、质量上乘，既加强了闽赣两省艺术家的交流互动，又激发了书法爱好者学好书法的热情，有力地促进了黎川县文化事业发展。

第二，积极扶持黎川旅游业发展。黎川县地处江西省中部偏东，武夷山脉中段西麓，山水风光迤逦，素有“钟灵毓秀，黎明山川”美誉，境内有闽赣省苏维埃政府旧址、团村战役旧址和岩泉国家森林公园、洲湖船形古屋、十里明清老街等一批红色、绿色、古色旅游资源。在黎川，旅游是发展潜力巨大的绿色产业，但起步较晚。近年来，该县紧紧抓住被列入国家原中央苏区振兴发展意见和原国家文化部对口支援黎川等重大历史机遇，以“文化建设走在江西省前列”为发展目标，充分发挥独特的自然生态优势和丰富的旅游资源优势，大力打造“江西新的旅游目的地”，加快发展旅游文化产业，加快经济发展升级，全力推进文化强县、旅游强县建设。

强化旅游策划。2014年，黎川县领导听取原国家文化部调研组的意见，在旅游营销推介上下足功夫，策划了“八个一”宣传营销活动，即一句旅游口号、一条手机旅游短信、一段手机旅游彩铃、一首旅游歌曲、一套旅游名片、一次旅游摄影采风、一本旅游画册、一组旅游摄影作品展，全面宣传推介黎川及其旅游资源。如今，该县旅游项目建设加速，古城老街修缮改造项目已开工建设；以闽赣省旧址为中心的闽赣苏区小镇初具雏形；与日本时代株式会社签订了总投资20亿元的东华山水旅游综合开发项目框架协议。

加大旅游产品推介。由原国家文化部恭王府管理中心、抚州市人民政府指导，黎川县人民政府、抚州市旅游局主办的“黎明山川　梦里江南——江西黎川旅游文化精品展”，2015年5月11日在北京恭王府景区东大院开展，展览将持续到5月24日。这是全国首个县级单位进入恭王府景区展览。根据《文化部对口支援黎川县文化建设工作方案》，原国家文化部下属单位恭王府管理中心（AAAAA级景区）免费提供景区场地给黎川县举办展览。展览分为情系黎川、温暖黎川、印象黎川、视觉黎川、彩绘黎川、体验黎川、寻找黎川、不忘黎川8个主题。为呈现一个立体的黎川，展区现场设立了LED显示屏，循环播放着黎川风光宣传片。而现场制作的擂茶、有机茶、灌芯糖，更是将特有的黎川美食搬到了北京，让游客品尝到最原汁原味的黎川客家味道。活动共展出油画作品、陶瓷作品及摄影作品等展品200多幅（件），展现了在《国务院关于支持赣南等原中央苏区振兴发展的若干意见》政策春风下，在原国家文化部倾情对口支援下，黎川苏区振兴发展的重大成就，展现了黎川陶瓷、油画等特色文化发展的新成果，展现了黎川旅游的新形象。开幕式及展览期间，黎川邀请了江西电视台、《江西日报》、抚州电视台、《抚州日报》、黎川电视台，以及中央平面媒体、网络媒体等30多家媒体采访、报道。充分运用新媒体“山水黎川画中游”“风雅黎川”等微信平台广泛传播。根据展示进程制作了6期精美的微信、彩信，及时跟进宣传。一时间，黎川旅游文化精品展成为网络热点，黎川的关注度、美誉度大增，不少黎川人惊讶之余倍增自豪感。

打造乡村旅游品牌。助力樟溪乡中洲村入选第五批中国传统村落。中洲村位于千年古村樟村（今樟溪乡）的桃溪河畔。380多年前，明代旅行家徐霞客来到樟村，将樟村描绘为“聚落阛阓街市”，即繁华和人烟稠密的地方。中洲村古厅、古巷、古桥、古祠众多。“人在村中走，如在画中游”，巷巷相通，屋屋相连，如入迷魂阵似的棋盘。2017年中洲村列入江西省首批省级传统村落，2019年6月列入第五批中国传统村落名录。按照《住房城乡建设部办公厅关于做好第五批中国传统村落调查推荐工作的通知》（建办村〔2017〕52号）要求，在各地推荐上报基础上，经传统村落保护和发展专家委员会审查，并向社会公示，将2666个村落列入中国传统村落名录，中洲村位列其中。

3. 挂职干部积极作为

在原国家文化部对口支援黎川工作中，挂职干部积极作为，架起了助推文化惠民的“连心桥”。2016年，6名原国家文化部干部来到黎川县挂职工作，他们把黎川当作自己的“第二故乡”，倾情助力黎川振兴发展。黎川县图书馆藏书量少，少儿读物十分缺乏，原国家文化部下派到黎川的挂职干部在调研时了解这一情况后，利用自己的人脉资源，协调中央人民广播电台《中国之声》

和江西出版集团组织开展“读一本好书，助梦想启航”少儿图书捐赠活动，两家单位为该县图书馆捐赠了1万多册优秀少儿读物。在其努力下，原国家图书馆、原国家新闻出版广电总局还向该县图书馆各捐赠了2.5万册图书，使该县图书馆藏书量增加了1倍多。该县图书馆馆长肖丹莉提到，现在来图书馆借阅图书的青少年络绎不绝，借阅量比原来多了1倍多。

为了尽快完成角色转变，尽早投入到实际工作中，原国家文化部挂职干部周广明以实践为师、以群众为师，不断加强学习，深入开展调研。其一方面认真研读了《黎川县志》等大量史料，全面了解黎川历史沿革和风土人情；另一方面深入基层走访调研，下基层、走乡镇、入企业，切实了解社情民意。不到一个月时间，其足迹就踏遍了黎川县15个乡镇，完全融入全新的工作中。

精心谋划协调，助力黎川“文化建设走在江西省前列”。周广明认为，文化援建的关键是提高当地的积极性、主动性，增强当地的文化自觉、文化自信，借助外部的平台、资源、资金、人才支持，使当地文化建设形成可持续发展态势。其结合原国家文化部工作职能、黎川实际及基层文化需求，明确工作重点，积极向部领导及有关司局领导和单位汇报、沟通、对接，研究起草了对口援建实施方案。2014年7月，原国家文化部《对口支援黎川县文化建设工作方案》出台。江西省、抚州市及黎川县高度重视，省委书记强卫和省委常委、秘书长、抚州市委书记龚建华分别作出重要批示。黎川县迅速成立了以县委书记为组长、周广明为常务副组长的承接原国家文化部对口支援领导小组，负责统筹协调对口支援工作。周广明全程参与制定了《黎川县承接文化部对口支援力争文化建设走在全省前列工作方案》，明确了力争黎川在深化文化体制改革、公共文化服务、特色文化提升、产业发展融合、文化发展投入5个方面走在江西省前列的奋斗目标，从而全面奏响了黎川县建设文化强县的战略序曲。

认真组织实施，对口支援工作次第“开花结果”。在周广明的主持主导下，黎川县精心策划了文化建设发展项目24个。2015年新年伊始，其努力付出也已渐入丰收季：《美丽中国，秀美江西——艺术家黎川行写生作品展》在南昌成功举办，《黎明山川、梦里江南》旅游画册印制完成，完成了《黎川山水歌》《画上黎川》等旅游歌曲制作，原国家图书馆原国家新闻出版广电总局援助黎川图书馆的5万册图书和中央人民广播电台《中国之声》、江西出版集团援助的1万册优秀少儿出版物对全县读者开放，黎川舞白狮成功入选国家级非物质文化遗产名录，被评为中国民间文化艺术之乡（油画）。

（二）国家文化和旅游部对口支援黎川县的主要成效分析

国家文化和旅游部一系列有力举措，以文化“软实力”促进当地经济社会“硬发展”，为黎川苏区振兴打下了坚实的基础，让黎川人感受到股股暖流，乐享文化建设带来的丰硕成果。

1. 文化自信不断增强

在中央和国家有关部委鼎力支持、倾力帮扶下，《黎川县苏区振兴发展项目汇编》编制完成，内容包括《2012—2020年黎川陶瓷产业基地规划》《油画产业发展规划》《旅游产业发展规划》等；《黎川县承接文化部对口支援力争文化建设走在全省前列工作方案》明确提出，力争使黎川在深化文化体制改革、公共文化服务、特色文化提升、产业发展融合、文化发展投入5个方面走在江西省前列。2014年起，黎川每年设立500万元文化建设专项基金，将文化建设工作纳入县委、县政府目标管理考核，作为评优评先的一项指标，文化的地位越来越重要，干部群众的精神面貌为之一变，充满强烈的自信。

2. 文化旅游产业充满活力

原国家文化部对口支援以来，以油画为主，歌曲、陶瓷、摄影、旅游齐发展的黎川文化旅游产业焕发出欣欣向荣的经济活力。

第一，油画产业做大做强。黎川专门组建了油画产业发展办公室，出台了《关于加快黎川油画产业发展的若干意见》，在税收、资金、基地建设、人才培训、油画销售等方面予以扶持。根据画师状况，黎川制定“壮大基础人才规模，提升现有画师创作水平，培养未来领军人才”的分层次人才培养计划。2015年9月，黎川县政府与中国美术学院正式签订《关于支持黎川县文化人才培养、文化产业发展的合作备忘录》。黎川油画创意产业园自2014年7月开园以来，入驻画师300余人、油画公司23家，年交易额达1.5亿元；积极推动油画经营企业采取“内建基地+外建窗口”的经营模式，黎川油画南昌艺术馆正式营业，黎川被评为中国民间文化艺术之乡（油画）、省级现代服务业集聚区。目前遍布全国各地的3000名从事油画行业的黎川籍画师画匠、装裱工、经销商等，仅黎川画师队伍中已有江西省美协会员17名、抚州市美协会员56名，每年创产值3亿余元。

在数量增长的同时，黎川油画品质实现了飞跃。该县画师们主动“破茧而出”，进入自我发挥、自我表现阶段，创作出有构思、有含义、有情感的油画艺术作品，已从低端的临摹复制走向自我创作，实现“画师”向“画家”的转变。创作的油画作品销往美国、英国、法国等20多个国家和地区。县内百余名农民画师通过画油画走上了致富路，每位油画师每年画油画的收入达8万~10万元。

油画产业的发展，带动了黎川县装裱、电商、快递、旅游、餐饮等多个产业的发展。黎川油画产业迅猛发展，文化品牌效应优势明显，黎川油画已成为一张闪亮的文化名片，黎川因此获得了“中国民间文化艺术之乡（油画）”“江西油画之乡”“江西省文化产业示范基地”等荣誉称号。

第二，农旅融合，富了村民美了村庄。在原国家文化部的积极帮扶下，黎川充分依托优势山水资源与特色农业产业，因势利导，将生态农业建设与休闲观光旅游结合起来，促进农旅深度融合，“以农兴旅，以旅富农”，引导农民建立各种农庄、茶庄、果园、家庭农场，打造极具田园风格的旅游项目，推动农业产业链延伸，一批批农庄主不断涌现。日峰、潭溪、荷源、德胜、宏村等乡镇开发了种植、养殖、采摘等农业旅游项目50多个，初步形成了以观光生态农业开发基地为主体的生态游、以体验乡村生活情趣为主的农家游、以展现现代农业技术为主的科普游、以休闲农庄为主体的度假游、以采摘体验为主的果园风景游等农业旅游产品，推动农业从第一产业向第三产业转型升级。聚龙湾是该县农旅深度融合的典型代表，是一个集现代化养殖、旅游观光、生态农业为一体的原生态养生娱乐的农业观光休闲基地，被评为江西省AAAA级乡村旅游点。此外，华山镇洲湖村被评为“中国乡村旅游模范村”。黎川玉湖风景区、鑫成生态园、黎川船屋茶庄被评为“中国乡村旅游金牌农家乐”，成为黎川乡村旅游的名片，是人们周末休闲度假的首选。

湖坊乡是闽赣省革命委员会旧址所在地，该乡利用丰富的红色资源，先后建设了红军广场、红军戏台、红军街道，打造红色文化旅游，每年接待县内外游客达5万余人次。游客们听红色故事、接受红色教育，还品尝了当地有名的特色农产品。

依托绿色、生态的农业产业和乡村特色资源，黎川做足“土”的文章，充分挖掘黎川香榧、有机水稻等亮点产业和船屋白茶、湖坊草菇、德胜笋干等农特产品，促进了农业产业转型升级，使百姓持续增收致富。

3. 文化建设蔚然成风

授人以鱼不如授人以渔，原国家文化部对口援建黎川最重要的是提升当地文化建设的意识，增强当地的文化自觉、文化自信，使当地文化建设形成可持续发展态势。原国家文化部的对口支援，极大地调动了黎川加强文化建设的自觉性、主动性，加大文化投入、发展文化产业、提升公共文化服务水平，逐步凝聚成黎川人的共识。潭溪乡荷塘村就是黎川在对口支援带动下，文化建设蔚然成风的一个缩影。在潭溪乡荷塘村文化大院，前去看书、读报、看电视的群众很多，操作简单、内容丰富的文化共享工程一体机成为群众围观的热点。荷塘村村支书提到，这里本来是明后期建的李氏家庙，历代为教学所用，文化氛围浓厚。据介绍，经过充分调研，黎川县旅游部门积极组织策划内容为“一句旅游口号、一条手机旅游短信、一段手机旅游彩铃、一首旅游歌曲、一套旅游名片、一次旅游摄影采风、一本旅游画册、一组旅游摄影作品展”的“八个一”旅游宣传营销活动，全面宣传推介黎川旅游资源。中国艺术摄影学会组织摄影家前来采风，拍摄照片制作成《黎明山川 梦里江南》旅游画册；中国音乐文学学会组织陈晓光、宋青松、姚明和孟文豪等国内知名词曲作家到黎川采风，创作了《黎川山水》《黎川我的家》《香榧的思念》等十几首旅游歌曲，并选择其中5首邀请国家一级演员拍摄音乐短片，通过举办“唱响黎川”旅游歌曲汇演、全民健身活动广场舞展示、公共场所播放等群众喜闻乐见的方式，唱响热爱黎川、建设黎川的正能量。

第二节　国家民族事务委员会在乐安县的对口支援研究

一、乐安县基本县情

乐安县位于江西省中部腹地，抚州市西南部，县城距省会南昌市164千米、抚州121千米。东邻崇仁县、宜黄县；东南连赣州市的宁都县；西南接吉安市的永丰县；西北靠新干县；北毗宜春市的丰城市。设9镇7乡、辖176个村委会，是中国生态旅游大县、中华民族文化生态名县、全国绿色农业示范县、江西省十大特色美景县、江西省和谐平安县、赣中地区极具投资潜力县。

多彩乐安，具红色、绿色、古色“三色”之美。乐安是一块红色的圣地，老一辈无产阶级革命家曾在这块红土地上留下光辉足迹。乐安是一块绿色的翡翠，境内气候温和，光照充足，森林覆盖率达69.78%。乐安是一座千年的古邑，建县于南宋绍兴十九年（1149年），境内古村古迹众多、非物质文化遗存丰富，“千古第一村”流坑村是全国重点文物保护单位、中国首批历史文化名村、中国首批传统村落，乐安傩舞被列入国家非物质文化遗产名录，小吹会（古代宫廷音乐）、装故事（民俗活动）、罗陂庙会、蛋雕被列入省级非物质文化遗产名录。

璀璨乐安，是宜业、宜居、宜游“三宜”之地。乐安创业投资环境不断优化，是投资创业的福地。昌宁、抚吉两条高速从南北、东西两个方向穿境而过，工业园区已落户工业企业110家，机械电子、生物医药、轻纺鞋服、食品加工等产业规模日益扩大。美丽城乡建设加速推进，县城区面积达11平方千米，人口达11.5万，城市绿化覆盖率达到40%，创建国家级生态乡镇1个、生态村1个，省级生态乡镇3个、生态村6个。乐安县旅游资源丰富，旅游产业快速发展。以“千古第一村”——流坑古村、“千年古樟林”——牛田古樟林、“千尺飞瀑群”——金竹飞瀑、“千仞道仙山”——大华山“四个千”景点为代表，全县已拥有1个国家AAAA级景区、4个国家AAA级景区，6个江西省乡村旅游点，2个三星级农家乐。2016年，全年游客接待量和旅游综合收入分别增长38%和40%。

奋进乐安，承国贫县、苏区县、罗霄山脉县“三县”之泽。乐安县是国家扶贫开发工作的重点县、原中央苏区县和罗霄山脉特困片区县，是江西省11个“三项政策全覆盖县”之一。同时，乐安还先后列为享受西部开发政策重点县、中国生态旅游大县等。

二、国家民族事务委员会在乐安县的实地调研及对口支援政策分析

（一）国家民族事务委员会在乐安县的实地调研

自2013年国家民委对口支援乐安县以来，领导高度重视，多次深入乐安县的乡镇村寨慰问调研。2014年1月7日至8日，国家民族事务委员会时任

副主任带领慰问组，前往国家民委对口支援赣南原中央苏区江西省乐安县，开展元旦春节送温暖慰问活动，并在金竹乡调研了当地群众增收产业的培植情况，和地方干部共同现场研究扶持群众发展增收产业的具体措施。

2014 年 1 月 8 日上午，慰问组在乐安县召开座谈会，与江西省民族宗教事务局（以下简称民宗局），抚州市委、市政府，乐安县委、县政府共同研究国家民委对口支援乐安发展规划和 2014 年支持金竹畲族乡发展的项目。在听取乐安县县委书记关于乐安县相关情况的汇报后，其对乐安县近年来经济社会各项事业发展给予充分肯定，指出乐安是一个具有光荣传统、资源丰富、大有作为的地方，取得的成绩来之不易，经验弥足珍贵。国家民委将严格执行《国务院关于支持赣南等原中央苏区振兴发展的若干意见》，落实好《国家民委对口支援江西省乐安县工作方案》，认真履行好对口支援职责，深怀革命感情，积极帮助乐安县协调促进经济社会发展重大项目的落实，结合国家民委的职能支持乐安县金竹畲族乡加快民生改善和发展步伐，打造和发展一批特色优势产业，促进当地少数民族群众增收致富。

2018 年 1 月 4 日，国家民委党组成员、副主任石玉钢一行深入乐安县就对口支援工作进行调研。其一行十分关心民族文化传承和少数民族特色村寨建设工作。他来到金竹民族中学现场观摩了畲族民歌舞蹈进校园活动开展情况。石玉钢表示，民族文化的传承要从学校教育抓起，要积极探索、遵循民族学校办学的特殊规律，走差异化、个性化、民族化的办学道路。在吓通民俗文化示范村建设现场，石玉钢详细了解少数民族特色村寨的规划建设、建筑风格和整体打造情况。他要求，少数民族特色村寨建设既要传承和发展本地民族民俗文化，又要充分利用当地独特的生态资源带动旅游产业发展，在体现民族特色、展示民族文化等方面发挥积极作用。

座谈会上，石玉钢对乐安县近年来经济社会建设和原中央苏区振兴发展所取得的成绩给予充分肯定。他指出，农耕文明是中华文明的基因，乐安作为传统农业大县，要深入贯彻落实党的十九大和中央农村工作会议精神，大力实施乡村振兴战略，加快推进城乡融合发展。他表示，国家民委将充分发挥自身优势，全力做好对口支援乐安的工作，在推进民族团结进步、支持民族地区发展、生态文明建设等方面积极与有关部委做好协调、沟通工作，为乐安县与全国同步全面建成小康社会做出应有贡献。

2018 年 10 月 15 日至 19 日，国家民委党组副书记、副主任刘慧赴江西，就民族工作创新推进等进行调研。刘慧充分肯定了江西省民族工作取得的成效和经验。她指出，江西省委、省政府一直把民族工作作为关乎全省大局的一项重要工作来研究部署，相关经验在全国民族工作战线都产生了较大影响。民族团结进步创建工作也开展得有声有色，搭建了各民族交往交流交融的互助平台。相信江西能够再接再厉，推动民族工作再创辉煌，为民族地区铸牢中华民族共同体意识及实现中华民族伟大复兴不断贡献力量。

国家民族事务委员会各级领导在乐安县的实地调研情况（部分）如表2–2所示。

表2–2 国家民族事务委员会各级领导在乐安县的实地调研情况（部分）

时间	调研简况
2017年5月8~10日	大连民族大学副校长段晓东一行深入乐安县，就传统文化保护与开发、民族建筑保护与民族村寨建设、旅游产业发展、油茶产业发展、县城区规划建设等情况进行调研，并开展项目对接工作。座谈会上，乐安县委书记彭银贵首先代表县委、县政府对其一行来乐安县调研表示热烈欢迎，并简要介绍了该县地理区域、城乡规划、文化特色、产业布局等情况。希望大连民族大学专家学者结合地区经济社会发展实际，对乐安县传统文化保护与开发、民族建筑保护与民族村寨建设、产业发展、城乡规划建设等工作提供智力支持，促进科研成果的转化，双方合作实现共赢。其一行介绍了大连民族大学建设发展情况，并提到大连民族大学是国家民委直属普通高等学校，也是全国唯一以工科和应用学科为主的民族高等学校。学校秉持为少数民族和民族地区服务的办学宗旨，在干部培训、教育合作、科技支持等方面做出了积极贡献。希望双方密切配合，加强交流，细化合作项目，共同为民族地区经济社会发展做出努力 调研期间，其一行先后深入乐安县龚坊镇高氏油茶基地、湖坪乡湖坪村、金竹畲族乡金竹飞瀑景区和北港景区、牛田古樟林、“千古第一村”——流坑村、县住建局等地，就乐安县油茶产业、旅游产业、民族建筑保护与民族村寨建设、传统文化保护与开发、县城区规划建设等工作进行了详细了解，并结合实地调研情况，在流坑管理局召开传统文化保护与开发研讨会，对乐安县今后发展方向提出了宝贵意见。经过深入沟通和研讨，双方决定在少数民族村镇建设，畲族语言、畲族歌舞和竞技体育保护传承、流坑古建筑艺术整理挖掘、傩文化保护传承、特色食品开发、干部培训、县城规划建设等方面开展广泛深入的合作
2017年6月29~30日	经济发展司副巡视员王海青在江西省赣州市参加深入推进赣南等中央苏区振兴发展工作会议后，赴乐安县金竹畲族乡等地调研
2017年9月21~23日	国家民委文化宣传司副司长李志伟率《人民日报》《光明日报》、中央人民广播电台、《中国青年报》、民族画报社、《中国民族报》等中央媒体的记者，深入乐安县开展“中央媒体民族地区走基层”采访活动，对乐安县原中央苏区振兴发展、脱贫攻坚、秀美乡村建设、生态环境保护、少数民族特色村镇保护和乡村旅游工作等方面的好经验、好做法进行集中采访报道

续表

时间	调研简况
2019 年 1 月 10 日	国家民委经济发展司司长张志刚一行深入金竹畲族乡开展春节扶贫慰问走访并实地考察了乡村公路、蓝科进公祠、吓通畲族特色村寨等对口支援项目，就扶贫项目、红色文化、特色旅游等工作开展调研。其一行首先来到金竹畲族乡流舍村蓝科进公祠参观红色畲乡展览，其一行认真观看了乐安宣传片和橱窗里的红色畲乡图文史实资料。并指出，金竹畲族乡有丰富的历史文化资源，要切实保护文化遗存，传承文化之魂，弘扬红色文化，把当地民族文化、历史文化资源整合好，推动文化旅游产业发展。在吓通畲族特色村寨，其一行详细询问景区游客数量、旅游产品开发和农家乐、民宿经营情况和当地群众的生产生活情况。经过精心设计和施工的金竹畲族乡大通彩绘村，房屋外墙上一幅幅色彩绚丽、形象生动的彩绘吸引了其一行的目光。其认为少数民族特色村寨建设既要传承和发展本地民族民俗文化，又要充分利用当地独特的生态资源带动旅游产业发展，不断深入挖掘民族文化内涵，着力打造民族文化精品，不断壮大村集体经济，加强农村基础设施，在体现民族特色，展示民族文化，帮助少数民族群众脱贫致富等方面发挥积极作用
2020 年 1 月 15~16 日	国家民委经济发展司副司长冯常海一行来到乐安县，开展春节走访慰问并进行调研活动。其一行来到金竹畲族乡，给金竹民族学校的师生们捐赠价值 20 万元的图书。并鼓励学生们好好学习，增强本领。随后，其一行来到大通彩绘村、流舍村蓝科进公祠实地调研 其一行还调研了吓通村少数民族特色村寨建设及湖坪乡红军标语博物馆，并对基层老党员等进行慰问

资料来源：笔者收集整理。

在对口支援政策实施期间，乐安县委、县政府多次前往北京，加强对口支援沟通对接工作。如 2017 年 2 月 16 日，乐安县委书记彭银贵一行赴国家民族事务委员会汇报经济工作及对口支援工作。国家民族事务委员会副主任罗黎明、陈改户等领导先后接见了彭银贵一行，并听取了乐安县经济工作及对口支援工作情况汇报。其一行首先代表乐安县委、县政府感谢国家民委长期以来对乐安县的大力关心和帮扶，并汇报了近三年来乐安经济社会发展情况以及对口支援工作情况、存在的困难与问题。其一行指出，三年来，乐安县借助中央和省市扶持政策的春风，特别是在国家民委倾力帮扶下，大力实施“绿色崛起，跨越赶超”发展战略，围绕“古村生态旅游知名县、绿色工业活力县、现代农业精品县、生态文明建设样板县、公共服务民间投资示范县”的总体思路，通过全县上下的共同努力，全县整体综合实力稳步提升，发展基础和发展支撑不断夯实，实现了对口支援工作的良好局面。上述成绩的取得，凝聚了国家民委对乐安县的倾情关爱和挂职干部付出的大量心血。其一行还就招携至金竹瀑布公路建设经费、金竹“生态旅游特色乡镇”建设经费问题提请国家民委给予对口帮扶支援。罗黎明在听取彭银贵的工作情况汇报后，对近年来乐安县经济社会发展所取得的成绩给予了充分肯定，称赞乐安经济发展潜力强劲，并表示，对口支援乐安县是党中央、国务院赋予的一项重大政治任务，关心、支持、帮助乐安县发展是国家民委职责所在，义不容辞。今后，国家民委将一如既往地在政策、项目、资金和技术等方面，积极支援帮扶乐安县经济社会发展，做好帮扶支援工作。同时，对于乐安县在经济社会发展中遇到的困难和问题，国家民委将认真研究、尽力帮助协调解决。对于下一步的对口帮扶工作，一是全力沟通协调交通部门，推动乐安县招携至金竹瀑布公路项目尽早落地、实施；二是积极争取把金竹畲族乡纳入“国家重点特色小镇”行列，加快当地生态旅游产业发展；三是为乐安县毛竹、油茶产业发展争取国家项目扶持资金，促进特色产业发展；四是积极为乐安县新闻宣传工作沟通协调，架起与中央媒体的交流平台，扩大乐安的对外宣传，提升乐安的知名度和美誉度。

随后，国家民委副主任陈改户也接见了彭银贵一行。陈改户指出，乐安县要切实用足、用活、用好一系列支持原中央苏区加快发展的优惠政策；进一步鼓足干劲加快苏区基础设施建设，增强发展后劲和“造血”功能，提高群众的生产生活水平。陈改户表示，国家民委将全力做好对口支援乐安的工作，围绕乐安“跑项争资”、生态旅游发展等方面工作，积极与有关部委做好协调、沟通工作。

（二）国家民族事务委员会对口支援乐安县的主要政策分析

2013 年 12 月 17 日，国家民委正式出台了《国家民委对口支援江西乐安县工作方案》（以下简称《方案》），《方案》提出对口支援乐安县工作的总体要求是：高举中国特色社会主义伟大旗帜，以邓小平理论、“三个代表”重要思想、科学发展观为指导，全面贯彻落实党的十八大和党的十八届三中全会精神，紧紧围绕各民族“共同团结奋斗、共同繁荣发展”的民族工作主题，按照《意见》确定的目标任务，统筹兼顾，加强协作，以提升乐安县自我发展能力为重点，通过国家民委、江西省、抚州市和乐安县的共同努力，2020 年，力争使乐安县民生得到进一步改善，特色优势产业以及文化、教育等社会事业加快发展，民族团结进步事业深入开展持续推进，为乐安县与全国同步全面建成小康社会提供重要支撑。

《方案》提出对口支援乐安县的工作机制是：建立国家、省、市、县四级民委负责制，明确责任，整合资源，加大支持和协调力度，共同做好对口支援乐安县工作。国家民委对口支援工作办公室经济发展司负责对口支援乐安县的日常工作。国家民委机关各部门、直属各单位按照本方案要求，结合各自职能和工作实际，认真落实好各项具体支持措施；每年初提出本部门对口支援计划，同时对上一年工作完成情况进行总结，及时送对口支援工作办公室经济发展司汇总下达。对口支援工作办公室要及时总结对口支援乐安县工作经验，不断改进工作、完善政策措施，确保工作取得实效。

对口支援乐安县的政策举措是：从支持经济发展和民生改善、支持开展民族团结进步创建活动、支持少数民族文化事业发展、支持教育发展和人才培养、支持加强干部人才队伍建设五个方面制定帮扶方案。具体内容如下。

1. 支持推进经济发展和民生改善

从政策措施、项目安排、资金投入等方面加大对乐安县的支持力度。支持乐安县培育和发展特色优势产业，鼓励指导发展民族特需商品生产。重点抓好“一村一品”工程，帮助各族群众改善生产生活条件，共享改革发展成果。加大对乐安县少数民族特色村寨保护与发展工作支持力度。根据乐安县经济社会发展需要，积极协调国家民委相关委员单位，争取对乐安县予以政策和项目支持，合力破解制约乐安县经济社会发展的重大难题，使乐安县自我发展能力进一步巩固提高。每年安排相应的民族工作经费，重点支持乐安县金竹畲族乡发展。定期组织赴乐安县调研慰问。

2. 支持开展民族团结进步创建活动

全面正确贯彻落实党的民族政策和法律法规，切实保障少数民族群众合法权益。支持乐安县开展民族团结进步创建活动。培植和树立民族团结进步示范典型，推动民族团结进步创建活动更加广泛深入开展。

3. 支持少数民族文化事业发展

指导帮助乐安县开展少数民族文化的发掘、整理、保护工作。支持发展少数民族文化产业。支持乐安开展对内对外文化交流和举办重大文化活动。支持当地民族文化人才培养。

4. 支持教育发展和人才培养

争取教育部的支持，加大对乐安县教育事业的扶持力度，帮助改善学校办学条件，提升教育水平，加快培养本地经济社会发展亟须的人才。结合当地实际情况和需求，指导委属院校在人才培训、专家咨询、技术服务等方面给予支持。

5. 支持加强干部人才队伍建设

加强乐安县党政领导干部和人才的培训工作，在干部培训名额方面向乐安县倾斜，为提高干部素质提供更多机会。开展国家民委与乐安县干部的双向挂职交流。

在制定上述政策的同时，国家民委还多次召开专题会议，总结前期工作经验，制定新的工作计划，不断完善对口支援举措。如2018年5月9日，国家民委定点扶贫工作领导小组全体会议在北京召开，国家民委副主任石玉钢主持会议并讲话。

国家民委主任巴特尔对会议作出重要批示，强调国家民委各部门、各单位要以习近平新时代中国特色社会主义思想为指导，认真落实党中央、国务院关于脱贫攻坚的重大决策部署，牢固树立“四个意识”，坚定“四个自信”，强化责任担当。

三、国家部委对口支援乐安县的实施状况及成效分析

国家民委及时按照中央有关要求制定对口支援方案，积极协调、多措并举、积极推进、整合资源、加大投入，并在资金、项目、人才培养、智力支持上给予了大量倾斜，大力支援乐安建设发展。

（一）支持产业发展，不断改善民生

第一，积极支持乐安县民生事业发展。受多种因素制约，乐安县教育、医疗等民生事业发展相对滞后。针对这一现状，国家民委通过开展“中华民族一家亲”活动、协调“彩虹路民族青少年艺术教育公益基金”、清华大学附属医院等为乐安送医、送教、送书，捐助艺术教室和大批药品。据不完全统计，国家民委先后捐赠了价值30多万元的报刊书籍、价值10多万元的教学设备，并拨付民族教育资金90万元，较好地改善了乐安县尤其是少数民族地区的教学条件。与此同时，国家民委“中华民族一家亲”文化下基层活动也走进乐安县。活动期间，来自清华大学附属医院的专家在乐安县人民医院开展义诊，服务1061人次。西北民族大学组织学校第一附属医院心脑血管、内分泌、消化

系统、康复医学专家组赴江西省乐安县开展对口支援工作，接待门诊患者近100人。

第二，安排资金支持乐安县发展产业，改善民生。以旅游开发为契机，围绕“山上办银行、工业兴畲乡、文化创特色、和谐促发展”的战略目标，做大做强做活扶贫产业。协调国家部委加大支持力度，帮助联系重大项目落户，从国家民委机关经费中划拨款项支持工作，倾斜安排少数民族发展资金。国家民委在安排少数民族发展资金上向江西省倾斜，并从民族工作经费中安排资金，用于扶持乐安县金竹畲族乡油茶、毛竹产业发展和文化广场建设。仅2014年，国家民委就投入400余万元资金，用于改善乐安各族群众生产生活条件。近年来，国家民委直接投入资金3000余万元，一批少数民族特色村寨、特色产业项目陆续建成并发挥效益。

2018年10月9日，乐安县政府与中南民族大学签署《乐安县人民政府中南民族大学战略合作协议》。根据协议，双方将在人才培养、科研合作、技术服务、成果推广、咨询服务、文化研究等方面开展广泛合作。充分发挥中南民族大学的人才、科研、信息优势和乐安县的资源、区位优势，加强民族高校与地方的合作，加快科研成果转化运用，助力乐安县打好“三大攻坚战”。

（二）开展民族团结进步创建活动

民族团结进步创建活动是强基工程、百年工程和亮点工程。国家民委安排资金用于支持金竹畲族乡开展民族团结进步创建、民族普法等工作。中南民族大学免费帮助金竹畲族乡规划设计畲族文化广场项目。近年来，在国家民委和当地民族工作部门的帮助下，乐安县金竹畲族乡整合资金200余万元，把畲族特色村寨建设与特色民居保护、特色产业培育、民族文化传承和民族团结进步相结合，以吓通村、徐庄村等建设、保护和发展为示范典型，引领民族地区经济社会快速发展。2020年1月，在各地民委推荐的基础上，经过初审、专家评审、复核、公示并经国家民委委务会议批准，决定命名北京市怀柔区汤河口镇小梁前村等595个村寨为第三批“中国少数民族特色村寨”，乐安县金竹畲族乡流舍畲族村吓通村小组入选。国家民委要求，要以此次命名为契机，再接再厉，不断深化民族团结进步教育，推动各民族文化的传承保护和创新交融，进一步增强各族群众对中华文化的认同，把少数民族特色村寨打造成各民族共同团结奋斗、共同繁荣发展的示范窗口。

乐安县望仙乡徐庄村“特色民居保护、特色产业培育、民族文化传承、民族团结进步”四位一体，开展保护性开发建设，村庄面貌焕然一新。在徐庄村少数民族特色村寨建设过程中，体现民族团结的传统民居得到保护和发展，有效激发了各族同胞共创美好家园的热情。

（三）加强人才培训

国家民委一方面派驻挂职干部支持乐安发展，先后派出3名优秀干部到乐安县挂职；另一方面安排当地干部到北京培训学习，为乐安培训干部和专业人才近400人次，有效提升了干部和专业人员素质，为乐安苏区振兴发展提供了智力支撑。

加大教育、卫生健康领域人才培训力度。国家民委“中华民族一家亲”文化下基层活动走进乐安，来自清华大学附属医院专门安排了5场专家授课，对100多名来自乡镇卫生院、村卫生室的医护人员进行专题培训，有效地提高了基层医务人员的专业技术水平。2018年11月，西北民族大学组织学校第一附属医院心脑血管、内分泌、消化系统、康复医学专家组赴江西省乐安县开展对口支援工作。专家组开展了临床诊疗示范、教学查房、病案讨论等帮扶活动，举办了“2017年国家基层高血压防治管理指南解读”“眩晕患者规范化问诊和体格检查”两场学术讲座，培训医师80人。

2019年7月10日，在国家民委的组织下，“中华大家园”主题教育夏令营活动在北京正式开展，乐安县金竹畲族乡三位学生参加了此次活动。

此次活动，在丰富假期生活的同时，帮助孩子们认识自己、欣赏自己、爱护自己，提高自信心，感悟生命，对孩子们的成长具有长远意义。

（四）加大宣传力度，支持乐安文化事业发展

中央媒体民族地区走基层活动，大力宣传了乐安县脱贫攻坚、促进绿色崛起所取得的成绩，激发了畲族和汉族人民共创美好家园的热情。利用国家民委在北京的资源优势，成功举办了电影《大傩·董春女》启动仪式、《千古第一村——流坑图片展》等活动，扩大了乐安对外形象。

2017年2月18日，由北京唐亚影业有限公司承制，乐安县首部本土创作、拍摄的电影《董春伎》启动仪式新闻发布会在北京民族文化宫举行。国家民委文化宣传司副司长李志伟，中国人民对外友好协会文化交流部副主任季伟，江西省驻京办副主任高延平，亚环传媒总裁魏永刚，影片《董春伎》总制片人冯坤，编剧孙铎等社会各界嘉宾、主创人员，以及《人民日报》、新华社、《光明

日报》、《经济日报》、中央人民广播电台、中央电视台、《中国青年报》、中新社等30多家媒体记者出席本次新闻发布会。电影《董春伎》的开拍得到了国家民委和对外友协各位领导的亲切关心和大力支持。同日，由乐安县委、乐安县人民政府主办“千古第一村——流坑图片展”在北京民族文化宫正式开展。国家民委文化宣传司副司长李志伟，中国人民对外友好协会文化交流部副主任季伟，江西省驻京办副主任高延平，以及30多家媒体记者出席开幕式。此次流坑古村图片在北京展览，乐安县从环境布局、建筑风采、匾联书迹、人文盛况、民俗活动五个方面，共选取了180余张图片，全面展现流坑古村环境之胜、古建之韵、文化之厚、人文之盛、风情之醇、乡愁之浓，为各界全面了解流坑古村、了解乐安、了解乐安文化提供了一个很好的平台。

2017年9月21~23日，国家民委文化宣传司副司长李志伟率《人民日报》、《光明日报》、中央人民广播电台、《中国青年报》、民族画报社、《中国民族报》等中央媒体的记者，深入乐安县开展“中央媒体民族地区走基层”采访活动，对乐安县原中央苏区振兴发展、秀美乡村建设、生态环境保护、少数民族特色村镇保护和乡村旅游工作等方面的好经验、好做法进行集中采访报道。

（五）援县促市

自国家民委对口支援抚州市乐安县以来，联系多所委属高校与江西省抚州市开展校地合作，推进民族乡村经济社会发展。如抚州市民宗局与大连民族大学建立了长期战略合作关系，双方发挥各自优势，在民族团结进步创建、民族地区经济发展、民族中小学校教育、少数民族特色村寨规划建设、城市少数民族管理服务等方面团结协作。抚州市资溪县民宗局与大连民族大学函签“畲族语言数字保护及教育终端应用研究”项目合同，投入经费9.9万元，目前，畲族语言数字保护及教育系统共采集畲族词语876个，系统功能从儿童畲语教学升级到该县乌石镇新月畲族乡村旅游应用，系统设备全部交付新月畲族村使用。2019年6月，金竹畲族乡与大连民族大学建筑学院签订协议，首批10名学生赴该乡大通村实习，为民居进行修复设计；与中南民族大学签订协议，就流舍畲族村畲族特色村寨进行设计，并设立学生实习基地。下一步，抚州市民宗局将继续与民族高校在畲族传统文化传承、少数民族干部和人才培养、民族地区产业发展等方面继续开展合作。

综上所述，国家民委高度重视对口支援乐安工作，针对乐安发展实际，结合民族工作特点，出台了《国家民委对口支援江西乐安县工作方案》，从经济、文化、教育、干部、民族等方面，加快推进了乐安县民族地区基础设施建设和民族经济产业发展，提高了少数民族群众的生产生活水平，民族地区面貌焕然一新，加强对乐安振兴发展的帮扶，全县经济社会保持平衡较快发展。

第三节　国家文物局在宜黄县的对口支援研究

按照《中央国家机关及有关单位对口支援赣南等原中央苏区实施方案》的安排，由国家文物局对口支援宜黄县。

一、宜黄县基本县情

宜黄县地处江西省中部偏东、抚州市南部，距抚州市 60 千米，距省会南昌 150 千米。县域总面积 1944 平方千米，辖 12 个乡镇、2 个垦殖场和 1 个省级工业园区，139 个行政村 8 个居委会，总人口 24 万。地形地貌特征以山地、丘陵为主，概况为“八山半水一分田、半分道路和庄园”。宜黄县先后获得了中国百佳最具投资潜力县、江西省生态县、江西省森林城市、江西省和谐平安县、江西省最佳优化民营经济发展环境县等多项荣誉称号，是国家重点生态功能区、江西省第二批生态文明先行示范县，县城凤冈镇入选全国重点乡镇。

宜黄县山水神灵，资源丰富，物产众多，是历史上著名的“夏布之乡”。宜黄县农副产品独具特色，优质“华南虎”大米、“红妹子”豆腐乳、红薯粉丝、香菇、云耳、白莲、百合、三笋等享有盛誉。森林资源得天独厚，森林覆盖率达 75.1%。是全国退耕还林项目试点县、全国首批百家电气化达标县、江西省山区综合开发示范县、江西省杂交水稻制种基地县和江西省重点林业县，特别还是世界濒危动物华南虎种群繁衍栖息的地方，现被列为省级华南虎保护区。全县耕地面积 27.2 万亩，人均耕地 1.23 亩；境内水系发达，有宜水、黄水等 5 条水系，水蕴藏量 11.78 万千瓦，小水电可开发量达 7.9 万千瓦，现有中型、小型水电站 89 座，总装机容量达 5.2 万千瓦，年发电量达 2 亿度，其中观音山、下南两座中型水电站，年发电量分别达 1600 万度、

1300万度；山林面积231万亩，人均10.1亩，林水蓄积量650.9万立方米，可年产商品木材8万立方米。毛竹面积近40万亩，毛竹蓄积量5367万根，年产商品竹300万根、鲜笋1万多吨。还有许多珍贵的动植物资源，如国家级珍贵保护动物华南虎、云豹、苏门羚、水鹿等，有大片的原始天然落叶灌木林、芭茅、红豆杉群落、野生荔枝树群落和红豆杉、柳杉、香樟等38种珍贵树种。

红色的沃土，文物资源丰厚。是中央苏区第四次反围剿的主战场，著名的黄陂战役、东陂战役就发生在这块红色的土地上，老一辈无产阶级革命家多次在这里进行革命实践活动。已出土的文物显示，早在新石器时期我们的祖先就在这里刀耕火种，繁衍生息。第二次国内革命战争时期，革命先辈们为中华人民共和国的建立，曾在这里浴血奋战，至今保存有大量的历史文物和革命遗址。根据第三次全国文物普查统计，全县共有文物169处，其中古建筑139处、古遗址3处、古墓葬3处、石窟寺及石刻4处、近现代重要史迹及代表性建筑19处、其他文物1处。有国家、省、市县级文物保护单位49处，全国重点文物保护单位1处（谭纶墓），省级文物保护单位1处（大司马牌坊）、市级文物保护单位7处、县级文物保护单位40处；江西省历史文化名镇1处。申报江西省第六批文物保护单位4处（棠阴古建筑群、迎恩塔、红一方面军总部会议旧址、本寂禅师墓），经专家论证确定江西省文物保护单位4处。馆藏文物130件，其中三级文物11件。悠久的历史，孕育了宜黄人文的灿烂辉煌。曹洞宗祖庭之一的曹山寺为海内外佛教所敬仰，飞梁半天的马祖第一道场石巩寺奇诡如梦，乃天下一绝。棠阴古镇建筑群落，奥妙无穷，被誉为明清建筑“博物馆”，抗倭名将谭纶、禁烟名臣黄爵滋、佛学宗师欧阳竟无彪炳千古。

现代产业正在崛起。工业发展脊梁挺起，是“全省塑料制品产业基地”，塑料产业特色小镇进一步形成；有抚州市唯一电镀集控中心，汽车零部件产业及电子信息产业进一步做大做强；生物医药、建材化工等产业进一步集聚。宜黄县工业园区主营业务收入迈入江西省百亿元园区行列，先后获得江西省循环经济试点园区、江西省资源节约与环境保护先进集体、江西省发展升级十佳产业园区等多项殊荣。农业发展高质高效，杂交制种产销规模连续13年居江西省第一，特别是春季杂交制种产销规模全国第一，被誉为“春制之都”，是“国家级杂交水稻种子生产基地”；毛竹种植面积56.63万亩，毛竹产业前景广阔，被列入江西省“竹类特色产业项目实施县”；食用菌产业规模居江西省第

一、全国前列；烟叶种植面积平均稳定在2万亩左右，成为富民富乡的优势产业；规划建设中的集特色种养、休闲观光为一体的2万亩现代农业示范园，将打造完美绿色生态空间。积极打造电商特色小镇，诸多产业融合发展，电子商务新业态逐步呈现，不断形成闪光点和增长点。

二、国家文物局在宜黄县的实地调研及对口支援政策分析

（一）国家文物局在宜黄县的实地调研

为更加充分了解宜黄县县情，做好对口支援工作，2014年5月9日下午，国家文物局党组成员、副局长童明康率调研组一行来宜，就宜黄县文物保护情况进行调研。调研组一行先后实地考察了国家重点文物保护单位——谭纶墓、江西历史文化名镇——宜黄县棠阴古镇。调研组充分肯定了宜黄县在文物保护方面取得的成绩。童明康指出文物保护是一项长期而艰巨的工作，各级各部门要认清文物保护工作的复杂性和任务的繁重性，加强文物保护与合理化利用的联系，实现文物保护的有机传承。并希望宜黄在现有基础上，进一步完善文物保护机构，深化研究保护措施，切实保护好具有重要历史研究价值的文物，发挥文化独特作用，推动城市的整体发展。

2014年5月14日至15日，国家文物局副局长顾玉才一行先后到谭纶墓、棠阴古镇进行调研。顾玉才强调，要根据宜黄的实际情况，积极探索不同的保护、展示和管理方式；要确保文物经费及时足额拨付项目单位，切实提高文物保护经费使用效能。

2016年5月29日至31日，国家文物局党组副书记、副局长顾玉才率调研组赴江西省宜黄县，调研对口支援宜黄县苏区建设工作，出席在宜黄县举办的“2016年全国文物行政执法人员培训班（江西片区）”开班仪式。调研期间，顾玉才副局长深入宜黄县苏区红色革命遗址和谭纶墓、棠阴古建筑群、曹山本寂禅师墓、欧阳竟无故居等多处文物保护单位，实地了解苏区红色遗址维修工程和文物保护利用工作，会见了抚州市委书记肖毅、副市长刘菊娇，与江西省文物局和宜黄县委、县政府专题召开了对口支援座谈会，全面了解宜黄县工作需求和对口支援项目实施情况。顾玉才强调，对口支援宜黄县，是国家文物局贯彻习近平总书记关于江西工作重要指示精神，落实国务院《关于支持赣南等原中央苏区振兴发展的若干意见》的重要举措。国家文物局对此高度重

视，及时研究政策措施、制订对口支援方案、明确具体任务，支持安排文物保护项目。2014 年以来，在国家文物局和宜黄县委、县政府共同努力下，已取得了可喜成绩。对口支援苏区发展，是一项长期任务，国家文物局将密切结合宜黄县发展实际需求，充分发挥部门优势和挂职干部作用，继续加大支持力度。顾玉才指出，宜黄县要针对地方实际，进一步加强和改进文物保护利用工作，创建“县域文物保护利用示范区”；夯实各项文物基础工作，确保文物安全，为文物保护传承和利用提供坚强保障；加快文物保护工程实施进度，建立高效工作机制，确保各项工程项目按工期完成，并尽快在宜黄县经济社会发展中发挥应有作用；密切沟通、积极对接，创新务实、积极作为，使对口支援工作取得更大成果。

2017 年 4 月 9 日至 10 日，国家文物局副局长宋新潮一行到宜黄县就对口支援和文物保护工作进行调研。宋新潮来到曹洞宗祖庭——曹山宝积寺调研，观看了祖庭宣传片。宋局长对曹山宝积寺文物保护工作进行了充分肯定与支持，并对寺院在现代科技方面的应用宣传表示高度赞扬。

2018 年 6 月 27 日，国家文物局党组副书记、副局长顾玉才一行到宜黄县考察文物保护工作。顾玉才一行先后来到曹山景区、欧阳竟无故居、谭纶大司马牌坊等地实地考察，详细了解宜黄县文物保护、修缮和开发利用等情况。考察中，顾玉才对宜黄县文物保护和开发工作给予充分肯定。他指出，宜黄县有着深厚的历史文化底蕴，文物古迹较多，这些文物古迹在传承历史文明、建设先进文化、服务经济社会中发挥着不可替代的重要作用，要在科学保护、修缮的基础上，予以合理利用。顾玉才要求，要进一步加大文物保护力度，强化措施，完善机制，进一步利用好现有的文物资源，把宜黄县打造成文物保护利用示范县。要充分发挥文物保护惠及民生和带动地方经济社会发展的作用。要充分发掘文物的文化内涵，摸索最合适文物展示的方式，确保优秀的传统文化得到完整的保护、继承和发扬。

2019 年 1 月 13 日至 14 日，国家文物局党组成员、副局长关强一行深入宜黄县调研。13 日晚，关强同志召开座谈会，听取了市县两级的文物保护工作情况，就如何进一步做好博物馆建设、革命文物保护利用、考古遗址发掘、第八批国家文物保护单位申报等进行交流指导。关强肯定了宜黄县近年来在文化遗产保护方面的工作成绩，他指出宜黄历史悠久，红色文化积淀深厚，要进一步保护利用好革命文物，不断挖掘历史文化的现代内涵，把文物保护与旅游、教育等有机结合，让文化遗产焕发新活力，服务社会经济发展。14 日，关强一行首先实地考察了第八批国保拟申报点“棠阴古建筑群”，详细了解了相关文物单位历史背景及保护情况，提出了许多极具指导性可操作性的意见和建议。随后，来到二都镇中学参加了国家文物局牵线搭桥引进社会资助、由思源天明公益基金捐赠的天明博爱美术教室启动仪式，并观摩现场教学。

2015 年 3 月 10 日，江西省文化厅副厅长、文物局局长徐琳琳一行深入宜黄县，就进一步落实国家文物局对口帮扶宜黄文物保护工作开展调研，并召开座谈会。徐琳琳首先给予国家文物局挂职干部张磊同志高度评价，并感谢他为宜黄乃至江西省文物保护方面做出的积极贡献。徐琳琳指出，2014 年，宜黄县在国家文物局和江西省、抚州市文物部门的大力关心和支持下，以原中央苏区振兴发展为契机，积极在“古色”和“红色”资源上做文章，共争取到谭纶墓保护展示项目、革命遗址维修保护等各类文保项目资金 3830 多万元，实现了历史性突破。徐琳琳表示，江西省文物局对协助国家文物局对口帮扶宜黄县工作高度关注，积极支持，局主要领导及相关处室领导多次到宜黄县实地调研、现场指导，并在江西省有限的文保经费中对宜黄县予以倾斜。在今后的工作中，江西省文物局将进一步加大对宜黄县文物保护工作的支持力度，积极探索文物合理利用的多种有效途径和合适方式，切实保护好这一大批具有重要历史研究价值的文物，在项目和资金帮扶方面适当给予倾斜，促进宜黄县文保事业向保护与利用并重的纵深发展。

座谈会强调，宜黄县委、县政府要进一步加快项目建设进度，以让文物活起来为标准，积极发掘利用好文物资源，使之融入社会，惠及民生。同时，务必按法制规范程序的要求，严格项目资金管理，确保项目扎实稳步推进。

在国家文物局不断深入宜黄实地调研的同时，宜黄县领导也主动加强与国家文物局的沟通对接。2013 年 9 月 24 日，由宜黄县委书记许中伟陪同抚州市委书记龚建华等领导，拜访了国家文物局，国家文物局副局长董保华、童明康会见并认真听取了汇报，他们表示将尽最大可能给予宜黄人力、物力及项目上的支持。2015 年以来，县主要领导经常亲临跑项争资工作第一线，主动向上沟通、衔接和汇报项目争取工作。全国“两会”期间，县主要领导率各相关单位负责人赴北京，就衔接申报宜黄县国家综合利用“双百工程”示范基地、国家重点生态功能区、宜黄县发展生态文化旅游产业、革命旧居旧址等项目，分别拜访了国家发展和改革委员会环资司、投资司、规划司及国家文物局文物保护与考古司等领导，汇报了项目进展情况。

（二）对口支援宜黄县的主要政策分析

国家文物局将本部门与宜黄县独特的优势结合起来，研究对口支援思路，探索有效的方式，2014年4月正式出台了《关于对口支援宜黄振兴发展的实施方案》（以下简称《实施方案》）。《实施方案》主要包括国家文物局对口支援宜黄县工作的重要意义、基本原则、重点内容以及保障措施，在加大对宜黄县文物保护工作的扶持力度，重点围绕加大不可移动文物保护力度、支持宜黄县文博单位建设、加强文博人才队伍建设、推动文化遗产相关产业发展4个方面给予支持。具体如下。

1. 加大不可移动文物保护力度

继续加大对文保单位的保护力度，积极挖掘其他不可移动文物潜在价值，提升保护级别，纳入帮扶渠道。重点支持谭纶墓、棠阴古镇等文保单位的保护与利用，持续支持抚河流域先秦时期遗址考古调查和棠阴夏布手工业遗产考古调查工作，提升文化遗产在宜黄县社会经济发展中的地位和作用。

2. 支持宜黄县文博单位建设

支持宜黄县博物馆建设，在政策咨询、方案评审、展陈提升等方面提供帮助；结合第一次全国可移动文物普查，支持宜黄县摸清可移动文物家底，拓宽藏品来源渠道，增加藏品数量和种类。

3. 加强文博人才队伍建设

选派优秀文博专家到宜黄县进行技术指导、开展讲座和业务培训；利用国家文物局培训资源，做好宜黄县文博单位管理和技能人才的培训工作。注重培养文物保护一线青年人才，加快培养文博人才队伍。

4. 推动文化遗产相关产业发展

全面贯彻文物工作方针，建立健全严格规范、引导有序的文物利用制度，探索文物利用的新形式、新途径。鼓励棠阴古镇、宜黄戏、宜黄禾杠舞等文物资源在国家政策支持下，与产业和市场相结合，参与创造物质财富和精神财富，实现文物有效传承和持续发展。大力发展红色旅游，提升红色旅游景区文物保护和利用水平。积极争取文化产业发展专项资金支持文物博物馆相关文化产业发展。

出台《实施方案》的同时，国家文物局制定了对口支援宜黄县工作三年目标（2014~2016年），提出到2016年，县域经济发展能力得到明显增强。全县GDP达到60亿元以上，财政收入达到9亿元，农民人均纯收入达到12000元以上，以交通、水利为重点的基础设施建设取得突破性进展；生态建设和环境保护取得明显成效，环境质量总体保持稳定，森林覆盖率达78%以上；以塑料、机械制造、现代纺织为主的特色优势产业体系初步形成；城镇化进程显著加快，城镇化率达50%左右；基本公共服务水平和均等化程度明显提升，高中阶段毛入学率达到西部地区平均水平，覆盖城乡居民的基本医疗卫生体系和社会保障体系建立，城乡居民收入基本达到西部地区平均水平。

三、国家文物局对口支援宜黄县的实施状况及成效分析

对口支援工作开展以来，国家文物局充分发挥国家部委优势，以炽热的感情、高度的责任感，通过项目带动、人才、智力帮扶，坚持"输血"与"造血"相结合，形成帮扶宜黄苏区振兴发展的强大合力。伴随着文物和文化工作的大力推进，宜黄"古色""红色"资源迸发活力，经济社会发展迎来了"第二个春天"。

（一）国家文物局对口支援政策在宜黄县的实施状况分析

2014年以来，国家文物局对口支援宜黄县，在政策、资金和人才方面全力帮扶。

1. 加大支持力度，加强文物保护

在国家文物局的倾力帮扶和挂职干部的积极争取下，宜黄禾杠舞被评为第四批国家级非物质文化遗产；神岗傩舞被评为第四批省级非物质文化遗产；棠阴镇民主村、解放村、建设村被列入第三批中国传统村落名录。在经济建设和城市化进程中，小县城许多文化遗产很容易遭到破坏，自国家文物局对口支援后，宜黄县文物不仅加强了保护，更得到了活化。通过帮扶，宜黄县真正将保护传承文化遗产与经济发展相结合，与城市建设相结合，着力打造文化宜黄，造福宜黄人民。

为了对优秀的历史文化遗产进行保护和继承，2014年宜黄县申报棠阴古

建筑群、棠阴迎恩塔、东陂红一方面军总部会议旧址、凤冈本寂禅师墓、南源乡仁和仙桥为省级文物保护单位，并均已通过江西省文物局的审核。多个保护项目获得资金支持，谭纶墓保护展示项目获得中央财政支持3100万元；谭纶墓安防项目获资金503万元。宜黄县红色革命遗址维修保护项目获得中央财政支持1428万元。棠阴古镇内的民主村、建设村和解放村等中国传统古村落获得中央财政支持900万元。棠阴夏布手工业遗产考古调查和抚河流域史前遗址考古调查项目获得中央财政支持1000余万元。除了国家文物局，宜黄县还得到了江西省文物局的鼎力帮扶。

为贯彻落实中共中央办公厅、国务院办公厅《关于实施革命文物保护利用工程（2018—2022年）的意见》，2018年3月18日，中央宣传部、财政部、文化和旅游部、国家文物局正式公布了第一批革命文物保护利用片区分县名单，计15个片区、645个县（其中重复列入102个）。革命文物保护利用片区的确定，按照集中连片、突出重点、国家统筹、区划完整的原则、以新民主主义时期的革命史实为基础、以党史文献和中共党史研究最新成果为参考、以革命文物为依据。此次江西省列入分县名单的共有11市86县（市、区），分别划入井冈山片区、原中央苏区片区、闽浙赣片区、湘鄂赣片区、湘赣片区5个片区，占全国总数的15.8%。宜黄县榜上有名。

截至2017年10月，为深入贯彻《国务院关于支持赣南等原中央苏区振兴发展的若干意见》，近年来，国家文物局安排赣南等原中央苏区革命遗址保护项目700余项，累计安排专项资金逾12.8亿元。其中为对口支援的宜黄县安排8000余万元，包括国保单位修缮保护与展示利用项目，以及20余处革命遗址保护项目。

2. 加强县文博人才队伍建设，解决发展难题

为了加强县文博人才队伍建设，国家文物局系统多位专家来到宜黄进行技术指导和业务培训。同时，宜黄县也选派文博单位管理人员参加国家文物局举办的全国县级文物行政管理部门负责人培训班。通过培训，拓宽了文博干部的视野，提高了文物保护意识和文物管理能力。

2016年5月31日上午，国家文物局在宜黄县举办“2016年全国文物行政执法人员培训班（江西片区）”开班仪式，国家文物局副局长顾玉才出席。他在讲话中鼓励参加培训的全体学员珍惜机会，学有所成、学有所用。他希望江西省文物行政执法工作者认真贯彻习近平等党中央领导同志关于文物工作的指

示精神，全面落实全国文物工作会议部署和要求，牢记使命担当，坚持问题导向，明确目标任务，切实增强做好文物行政执法工作的紧迫感和责任感；客观分析形势，找准问题“短板”，进一步提高执法水平，强化执法工作；完善执法体制，落实执法责任，加大省级文物行政部门执法督查力度，全面落实市县文物行政执法职能；坚持预防为主，监管视角前移，严格执行文物保护单位执法巡查制度，最大限度在事前避免违法行为的发生；维护法律权威，树立执法地位，严格查处文物违法案件，做好行政执法与刑事司法、责任追究的衔接，以法治思维、法治方式推动江西全省文物工作再上新台阶。

3. 挂职干部积极作为

2013 年 8 月，《中央国家机关及有关单位对口支援赣南等原中央苏区实施方案》出台，确定国家文物局对口支援宜黄县，2014 年，国家文物局派文物保护与考古司考古处处长张磊到宜黄县挂职。自张磊到宜黄县挂职后，宜黄县文化工作便呈现如此新气象。

2014 年，张磊率队赴原国家文化部争取宜黄禾杠舞非遗项目，并成功入选第四批国家级非物质文化遗产名录，这是宜黄县继 2006 年宜黄戏申报成功以来，非遗工作的又一次重大突破。2015 年，张磊率队赴国家发展和改革委员会争取将宜黄县纳入国家重点生态功能区规划。在张磊积极推动下，宜黄县棠阴镇建设村、解放村、民主村成功列入中国传统村落。根据相关政策，被认定为中国传统村落的村庄，将优先安排基础设施和公共服务设施建设项目，积极引导居民开展传统建筑节能改造和功能提升。在延续传统生产生活方式的基础上，适度发展特色产业，增加村民收入。这对于宜黄县新型城镇化建设、新农村建设及苏区振兴发展都具有重要的推动作用。同时，他还积极推动宜黄县文物保护制度建设，将文物保护工作纳入乡镇目标管理考评体系。

按照“立足宜黄，放眼抚州，胸怀江西”的工作思路，张磊充分利用自身熟悉文物工作的优势，积极发挥桥梁纽带作用，大力推动金溪县竹桥古村和乐安县流坑古村的保护工作，并协助景德镇、九江、赣州、吉安、南昌、鹰潭等地文物部门研究文物保护项目，江西省内其他市县文物保护项目也得到国家文物局大力支持。仅两年，江西省年度项目经费由 2.9 亿元跃升为 6 亿多元，连续两年居全国第二。

(二)国家文物局对口支援宜黄县的主要成效分析

在国家文物局的倾力支持下，宜黄县对口支援成效明显，苏区振兴合力进一步增强。

第一，在项目支持方面，在国家文物局和江西省、抚州市文物部门的大力关心和支持下，宜黄县争取重点文物保护项目取得突破性进展，国家文物局实施项目带动助力苏区振兴。指导宜黄县申报了棠阴镇蝙蝠厅、红四军教导团旧址修缮等 11 个革命遗址维修保护项目，目前已通过国家文物局、江西省文物局审批。棠阴镇民主村、解放村、建设村被列入第三批中国传统村落名录；宜黄县禾杠舞被评为第四批国家级非物质文化遗产；神岗傩舞被评为第四批省级非物质文化遗产；谭纶墓保护展示项目、革命遗址维修保护项目共获 2014 年国家重点文物保护专项补助资金 3253 万元。与此同时，江西省考古研究所组建了宜黄考古工作队，分步实施谭纶墓考古调查，曹山寺遗址、石巩寺遗址考古调查工作，以及抚河流域先秦遗址和棠阴夏布手工业遗产考古调查工作，等等，这些项目的实施，必将对宜黄县文物保护工作产生深远影响。

第二，在加强文博人才队伍建设方面，国家文物局挂职干部充分发挥自身资源优势，积极推进宜黄县与江苏省南京市、辽宁省沈阳市等地开展文化艺术交流、文化遗产保护和文化产业发展等合作事项。苏区文物保护工作得到较大改观、文保人才业务水平得到较大提升。

第三，在加大不可移动文物保护方面，一是支持文物单位和文化遗产保护。大力开展文物单位重点保护工作，2013~2017 年，对全县国保 1 处、省保 10 处和市县保护 36 处文物单位开展了不同程度的抢救修复工作，文物保护工程实现了全覆盖；传承和弘扬国家非物质遗产——宜黄戏和禾杠舞，放大这两张最富特色和魅力的文化名片效应，2017 年，两个非遗文化双双走向了全国，打响了宜黄品牌。

二是支持国家和省级历史文化名城、名镇、名村和历史文化传统街区保护。大力开展对省级历史文化名镇的保护工作，宜黄棠阴镇列入了首批省级历史名镇和国家级、省级环境优美乡镇，棠阴古建筑群被国内建筑学者誉为“明清建筑史的缩影”。2015 年，在国家文物局的大力支持和帮助下，棠阴镇的建设、解放、民主三村被评为全国传统村落。

三是申报了棠阴新石器时代晚期至商代城址（锅底山）考古挖掘调查项目，获得国家文物局批准，并安排经费，目前，考古发掘取得初步成果。

2016年底，有关人士在宜黄锅底山环壕聚落遗址区域发现部分早期陶片和石器遗物，引起了国家文物局和江西文物部门的高度重视。经国家文物局批准，2017年下半年，江西省文物考古研究院与抚州市文物博物管理所、宜黄县文物管理所联合组队，对该遗址展开了考古调查、勘探与发掘工作。考古发现，该遗址由台地、城墙、壕沟及外壕堤4个部分组成，遗址分布面积约为4.2万平方米。此次发掘的区域位于台地的西北角、北壕沟和西壕堤，发掘面积达360平方米。通过发掘发现，该遗址文化堆积较厚，分为4层，约有2米。发掘清理的遗迹主要有墙基、柱洞、灰坑等，出土遗物主要为石器及陶器。石器分锛、斧、镞等，陶器有罐、鼎（足）、豆、鬶、盉等。陶质分印纹硬陶与夹砂陶，印纹硬陶主要为灰色、红色，纹饰较为丰富，常见的有方格纹、菱格纹、席纹、绳纹、交错绳纹、雷纹、篮纹等。夹砂陶的陶色有浅灰色、浅黄色、红色，均为素面。

解剖表明，城墙、壕沟、壕堤均为人工形成。从地层叠压关系及包含物分析，专家推断其为新石器时代晚期。通过调查，考古人员还发现锅底山环壕遗址周边分布有太坪村、屋沿山、炮沿山、塔前山、杨家山、菜籽山、下寮山、辽家山、朱单界9处同时期山冈坡地遗址，说明该区域已形成了以锅底山遗址为中心的新石器时代晚期到商周时期聚落群。这些遗址、遗迹和遗物的发掘和出土，证明早在新石器时代晚期，宜黄就有人类在此繁衍生息、生产生活，并创造和延续文明。

2017年12月24日，“江西《抚河流域先秦遗址2014~2017考古调查项目》结项暨业务委托评审会”在江西省宜黄县召开，来自中国社会科学院考古研究所、中国文物信息咨询中心、北京大学、西北大学、武汉大学和湘、浙、粤、皖等南方考古院所的专家，听取了江西省文物考古研究院对项目情况的介绍，具体承担单位西安弘道文化遗产保护工程有限公司的汇报，并复核了项目组的工作验收单、检查了项目承担单位提供的成果材料后，认为该项目目标明确，组织规范，科学实施，成果显著，一致同意通过验收并结项。专家们对锅底山环壕聚落遗址的价值、重要性、发掘工作给予肯定。一致认为，对新石器时代晚期文化遗址的考古发掘在江西尚属首次，具有重要学术意义。此次考古极大地推动了江西及南方片区先秦时期的考古发掘及研究工作进一步深入，为建立抚河流域先秦文化编年序列奠定了良好的基础，为厘清樊城堆文化的发展脉络及下限问题提供了珍贵的实物资料。另外，对了解长江中下游区域文明模式，确立其在中华文明多元一体格局中的地位和作用提供了新的思路和视野。

第四节　中共中央统一战线工作部在广昌县的对口支援研究

按照《中央国家机关及有关单位对口支援赣南等原中央苏区实施方案》的安排，由中央统战部对口支援广昌县。

一、广昌县基本县情

广昌县位于江西省东南部，武夷山西麓，建县于南宋绍兴八年（1138年），因“道通闽广、隶属建昌”而得名。东与福建省建宁县接壤，西连宁都县，南接石城县，北毗南丰县。距向（塘）莆（田）铁路南丰站56千米，距省会南昌260千米，距京九线赣州站227千米，距浙赣线鹰潭站200千米，距厦门市580千米，距广州市710千米。全县总面积1612平方千米，辖6镇5乡1场129个行政村和1个省级工业园，总人口达25万。

中国白莲之乡。广昌白莲最早始种于唐朝仪凤年间，距今已有1300多年历史，为历代“贡品”，是国家地理标志保护产品。年种植面积达9万亩，年产量达900万公斤，年产值超过5.4亿元。因搭载航天卫星太空育种，培育的“太空莲”品质独一无二，面积和产量均居全国县级榜首，成为全国最大的白莲科研生产中心、集散中心和价格形成中心。特别是盛夏时节，广昌县成为花的世界、花的海洋，呈现的是“接天莲叶无穷碧，映日荷花别样红”的美好景象。因此，广昌县也有“中国最美的田园风光”之称，也是中国民间文艺家协会（以下简称中国民协）命名的“中国莲文化之乡”。

抚河的发源地。广昌县作为江西第二大河抚河的源头，山清水秀，风光旖旎，生态优美，全县林地面积有172万亩，森林覆盖率达66%，植物品种繁多，其中名贵珍稀树种就达185种。走进广昌县，犹如进入天然氧吧、生态公园，令人赏心悦目、心旷神怡。

中国物流第一县。广昌县有5万多人从事物流业，在全国100多个大中城市开办5000多家物流企业，年营业额达300多亿元，创造了“广昌物流通天下”的奇迹。2006年，广昌县被中国物流行业协会和中国物流诚信联盟授予“中国物流第一县”荣誉称号。

中央苏区的北大门。苏区时期，广昌县是全红县，是中央苏区的北大门，也是第五次反“围剿”的主战场，著名的高虎脑战役为红军主力和中央机关的战略转移赢得了宝贵的时间。广昌县留下了老一辈无产阶级革命家光辉的战斗足迹。毛泽东同志曾吟下了饱蘸激情、气壮山河的《减字木兰花·广昌路上》这一光辉词章。

中华恐龙的南方故乡。先后两次出土了鸟臀类恐龙化石，填补了我国白垩纪晚期古生物发展史的空白，被称为“中华之最”。此外，广昌县有“异人异书”之美誉的明末清初天文、数学、兵学大家揭暄，其所著的《揭子兵法》博大精深，是在继承《孙子兵法》等军事思想上的创新和发展，被誉为兵学瑰宝。广昌县历史古迹繁多，保存完好，有古朴典雅、巧夺天工的明清古建筑群；有流传了600多年，已列入国家非物质文化遗产名录，被誉为中国戏曲声腔“活化石”的“广昌孟戏”。

二、中共中央统一战线工作部在广昌县的实地调研及对口支援政策分析

（一）中共中央统一战线工作部在广昌县的实地调研

《国务院关于支持赣南等原中央苏区振兴发展的若干意见》（以下简称《若干意见》）和《国务院办公厅关于印发中央国家机关及有关单位对口支援赣南等原中央苏区实施方案的通知》（以下简称《通知》）出台后，中央统战部把广昌县作为统一战线支援革命老区扶贫开发工作县，先后派出18个调研组深入广昌县农村、厂矿企业、教育医疗服务机构展开全方位密集调研；仅2014年、2015年，中央部委，江西省、抚州市领导及专家、学者、民营企业家、侨领侨商就有50余批千余人次到广昌县考察调研，帮助广昌县制定发展战略，开展项目论证，进行产业规划，提出有价值的意见和建议300余条。

2014年5月21日至22日，中央统战部常务副部长张裔炯率领调研组一行深入广昌县，就对口支援广昌县工作开展调研。张裔炯一行先后深入广昌县甘竹镇樟树村蔬菜种植基地、驿前古镇、高虎脑“同心·振兴”示范点、莲花科技博览园和赤水镇、头陂镇等贫困山村调研，深入了解广昌经济社会发展

状况、红色革命历史和苏区振兴发展情况，并走访慰问了部分贫困群众，为他们送去大米、食油和棉被等物品。22日上午，调研组在广昌县行政中心会议室召开对口帮扶座谈会，详细听取广昌苏区振兴工作情况汇报。张裔炯对广昌县推进苏区振兴发展所取得的成绩给予了充分肯定。他指出，对口支援广昌县要重点做好三个方面的工作。一是基本任务要明确。要紧紧围绕民生开展工作，加快民生工程建设，切实改善民生。要多支援广昌县迫切需要而又能做到的工作。二是加大对口帮扶力度。责无旁贷当好联络员，加强与中央各部委的联系，积极协调各种关系，努力探讨解决相关问题的办法。三是多组织活动推动广昌县发展。对外加强宣传，对内加快项目引进。全力以赴，多引进一些有实力的企业。要少说空话，多办实事，多借鉴当年中央统战部牵头建设贵州毕节试验区的成功经验，帮助广昌县人民早日脱贫致富。同时，希望广昌县能结合实际，抢抓机遇，加快发展，早日实现全面建成小康社会的目标。

中央统战部对光彩事业高度重视，为考察光彩事业落实情况，先后多次前往广昌县实地调研。2015年3月1日，中央统战部光彩事业指导中心主任余敏安深入广昌对中国光彩事业抚州（广昌）行进行了筹备情况调研活动，调研组在抚州市政府常务会议室召开了中国光彩事业抚州（广昌）行筹备工作汇报座谈会，听取情况汇报后，余敏安对中国光彩事业抚州（广昌）行筹备工作给予充分肯定。余敏安要求，下一步要搞好项目对接，认真谋划一批好项目、一批大项目、一批短平快项目，汇集成册，有针对性地开展对接。要打造优质服务环境，树立敢于担当的意识，切实提高办事效率，确保中国光彩事业行活动在抚州市圆满举办。会后，余敏安一行还深入广昌县视察。余敏安表示，一定要认真谋划，积极行动，深入对接，把“中国光彩事业抚州（广昌）行”这个“造血”式扶贫“蛋糕”做大，切实抓好落实，确保活动顺利开展、取得实效，造福于老区人民和贫困群众，为抚州市同全国同步实现2020年全面实现建成小康社会的宏伟目标而共同努力。

2015年6月4~5日，中央统战部五局巡视员、中国光彩会副秘书长戚建美率考察组深入广昌县，考察组一行先后察看了该县甘竹镇龙溪小学、洙溪小学，头陂镇羡地小学，赤水镇沈留小学，塘坊乡横山小学、张坊小学、熊坊小学，实地了解在建小学建设情况以及拟建小学旧址和新址选址规划情况。随后在县行政中心618会议室召开座谈会暨捐赠仪式。同年11月28~29日，中央统战部光彩事业指导中心主任、中国光彩会副秘书长余敏安率领由中央统战部和全国各地客商企业家上百人组成的考察团，到广昌县开展中国光彩事业抚州（广昌）行活动。考察团一行先后到广昌县甘竹镇龙溪村、工业园区企业、高虎脑“同心·振兴”示范点了解苏区振兴项目援建及广昌县工业发展等情况，并向高虎脑红军烈士纪念碑敬献了花篮，接受原中央苏区红色革命传统教育。由中央统战部协调360万元资金援建的龙溪村小学、甘竹镇光荣敬老院和龙溪村海联卫生室已建成并投入使用，大大改善了村民们的就学、就医和养老等基础设施条件。在修建一新的龙溪村小学校园里，爱心企业广东公正拍卖有限公司向该校百余名学生每人捐赠了一个书包；中央统战部光彩事业指导中心干部捐出部分工资款资助该校13名困难学生入学，并鼓励学生们好好学习，长大后成为国家有用之才。考察中，余敏安对苏区振兴对口支援广昌县实施的各个项目建设情况表示满意。他指出，中央统战部高度重视对口支援广昌县工作，并把“中国光彩事业抚州（广昌）行”活动作为2015年的一项重点内容，充分发挥统一战线联系广泛、人才荟萃、智力密集的优势，为广昌县振兴发展出谋划策、献智出力。此次中国光彩事业抚州（广昌）行活动既是统一战线支持革命老区加快发展的一项重要举措，也是引导动员广大民营企业在我国经济发展新常态下积极参与抚州、广昌等原中央苏区建设和扶贫开发的一次光彩行动。2015年以来，中央统战部及中国光彩会共协调各类捐赠资金2653.2万元用于帮助老区人民改善民生。余敏安表示，中央统战部及中国光彩事业促进会将会继续关注广昌县等革命老区发展，积极引导有实力、有信誉、自觉承担社会责任的企业走进广昌县、了解广昌县、认识广昌县、参与广昌县等革命老区的经济社会建设和扶贫开发事业，为助推广昌振兴发展贡献一分力量。

2017年11月30日至12月1日，中央统战部光彩事业指导中心唐显凯深入广昌县视察调研，指导对口支援工作并召开座谈会。唐显凯一行先后来到赤水镇清潭小学、盱江镇青寿村、文会村光伏发电站等中央统战部对口支援项目点，实地视察了各项目点的建设运营情况，认真听取了各项目负责人对项目实施情况的介绍。并参观了江西省统一战线驿前镇高虎脑同心振兴示范点、驿前明清古建筑群，详细了解了广昌县的红色文化和旅游产业发展情况。唐显凯对广昌县在苏区振兴工作上取得的成绩给予了充分肯定，对广昌县的中央统战部对口支援项目点建设完成情况表示满意。他要求，下一步广昌县要在各对口支援项目点的验收工作上，做到科学、细致和完善，确保达到计划的目标。广昌县领导李凯就中央统战部对口支援苏区广昌县振兴发展情况进行了汇报，并希望中央统战部光彩事业指导中心在广昌县的教育事业、乡镇敬老院建设、卫生事业、招商引资、产业扶持、旅游产业等方面的发展给予更多的支持。会上，广昌县教育体育局等相关单位的工作人员先后汇报了中央统战部对口支援项目进展情况。

2018年7月25日，中央统战部光彩事业指导中心主任、中国光彩事业促进会副秘书长余敏安再一次到广昌县调研。余敏安先后来到甘竹敬老院、致纯食品有限公司、利财食用菌有限公司等地，就广昌县光彩事业帮扶项目运行情况以及工业企业发展进行了实地考察，详细了解今后需要帮扶的各类事项。余敏安指出，近年来，广昌县高度重视光彩事业发展，积极创新工作方式，光彩事业发展井井有条、特色鲜明。今后，将一如既往地支持广昌经济社会发展，不断加强公益项目实施和特色产业扶持力度，确保人民群众从中受益，为助力脱贫攻坚做出积极贡献。

在对口支援工作推进中，统战系统各级部门高度重视，江西省委统战部、抚州市委统战部先后多次到广昌实地调研。2017年3月22日至23日，江西省委常委、省委统战部部长陈兴超深入广昌县，就非公有制经济发展和脱贫攻坚工作进行调研，并看望各民主党派成员和无党派人士。陈兴超一行先后深入到高虎脑新农村示范点、新安九年一贯制学校等地考察，详细了解创建工作启动以来发生的变化。在高虎脑新农村示范点，陈兴超向烈士纪念碑敬献花篮，深切缅怀革命先烈的丰功伟绩。陈兴超指出，"同心・振兴广昌示范区"创建工作通过探索运用"统战+"理念，有力地推动了广昌经济社会更好更快发展，让革命老区群众得到了实惠。

2017年10月23-24日，江西省委常委、省委统战部部长陈兴超率省直统一战线成员单位负责同志深入广昌县考察调研。江西省人大常委会副主任、民革省委会主委马志武，副省长、省知联会会长谢茹，省政协副主席、九三学社省委会主委李华栋，省政协副主席、民盟省委会主委刘晓庄，省政协副主席、民建省委会主委孙菊生，省委统战部常务副部长张勇，省委统战部副部长、省民宗局局长曹国庆，省委统战部副部长高鹰群以及省直帮建单位和省属本科院校有关负责人参加活动。抚州市委副书记、市长张鸿星，市委常委、统战部长韦萍，市人大常委会副主任、县委书记许爱军，市政协副主席、农工党市委会主委郑友清以及广昌县领导欧阳巧文、张文贵、洪斌、易忠华、连佩忠等陪同。陈兴超一行考察了腾邦民建头陂镇敬老院、驿前镇卫生院等帮扶项目。看宿舍、入厨房、进医务室……陈兴超亲切走访慰问敬老院老人，为他们送上党和政府的关怀与温暖，祝老人们健康长寿，并叮嘱敬老院工作人员要不断提高工作能力和服务水平，为老年人提供一个洁净舒心的生活环境，让他们老有所养、老有所乐、老有所为。投资达700余万元、宽敞洁净的驿前镇卫生院门诊综合楼已全面竣工并投入使用，从基础设施方面彻底解决了当地群众“看病难”的问题。陈兴超认真察看卫生院诊疗条件，对卫生院的建设水平给予了高度评价，指出医疗卫生是农村群众最关心的民生工程之一，要切实发挥利用好卫生院医疗资源和条件，进一步提高农村群众的医疗卫生水平。陈兴超一行还先后深入驿前镇、赤水镇、盱江镇等地考察指导脱贫攻坚工作，并向驿前镇驿前村、盱江镇青寿村捐赠帮扶项目资金。他强调，基层党组织要切实学习好、宣传好、贯彻好党的十九大精神，把党的十九大精神传达到每一位党员干部和群众，引导当地党员干部群众把思想和行动统一到党的十九大精神上来。要不断加强基层党建工作，发挥好基层党组织在脱贫攻坚中的战斗堡垒作用。

调研中，陈兴超强调，党的十九大是在我国全面建成小康社会决胜阶段，中国特色社会主义进入新时代的关键时期召开的一次十分重要的大会。各地各部门要以党的十九大重要精神为引领，深入学习贯彻习近平新时代中国特色社会主义思想，进一步深入开展“同心·振兴广昌示范区”活动。

表2–3为统战系统各级领导到广昌县的实地调研简况（部分）。

表2–3 统战系统各级领导到广昌县的实地调研简况（部分）

时间	调研概况
2014年4月1~3日	中央统战部办公厅巡视员、副主任申占华率调研组一行深入广昌县，就对口支援广昌县苏区振兴发展工作开展调研。4月1~2日，调研组一行深入广昌县塘坊乡、杨溪乡、驿前镇、赤水镇等地的贫困山村和莲花科技博览园、工业园区、红色革命遗址等地调研，深入了解广昌经济社会发展状况、红色革命历史和苏区振兴发展情况，并走访慰问了部分低收入群众，为他们送去大米、食油和棉被等物品。4月3日，调研组在广昌县行政中心会议室召开对口帮扶座谈会，详细听取广昌县苏区振兴工作情况汇报。申占华对广昌县推进苏区振兴发展所取得的成绩给予了充分肯定。他指出，广昌县结合自身实际，借力国家苏区振兴政策，目前已取得了可喜成果
2017年3月23日	中央统战部研究室六处处长李德兼率调研组深入广昌县就中央苏区时期的统战工作进行调研。调研组一行先后来到高虎脑新村示范点、毛泽东同志旧居、红色群雕园等地实地调研，听取有关情况介绍，重温革命斗争历程。通过实地调研和听取汇报，调研组对广昌县在挖掘、保护、展示党的统一战线历史工作方面给予了充分肯定。调研组指出，广昌县统一战线历史资源丰富，在长期的革命斗争中，广昌县人民在党的领导下，为创立、发展、保卫革命根据地，为保护和巩固红色政权进行了艰苦卓绝的斗争，做出了杰出的贡献。并希望广昌县进一步利用好统战历史资源，扩大统一战线的社会影响，为加强党对统一战线的领导，巩固共同思想政治基础，推动统一战线事业发展做出应有的贡献

续表

时间	调研概况
2017年5月4日	江西省委统战部副部长、省民宗局局长曹国庆率调研组一行深入广昌调研少数民族对口支援工作。曹国庆一行先后来到赤水镇回辛村、盱江镇青寿村等地，实地察看了两村的基础设施建设情况，并听取了少数民族村的基本情况、民族政策落实情况以及群众生产生活情况和存在的困难问题。调研中，曹国庆指出，要深入贯彻落实党的民族政策，创新思路开展对口支援，引领和带动少数民族村因地制宜发展特色产业。要把少数民族群众的冷暖放在心上，想方设法解民忧、顺民心，使少数民族群众真正得到实惠。要进一步弘扬和发展少数民族文化，加强各民族之间的文化交流，在交流中相互了解、学习和借鉴，并加强对外宣传，增进文化间的交流与合作，使各民族文化更加丰富多彩。曹国庆表示，将进一步加大与民族村的对接联系，积极争取少数民族项目资金，协助地方政府，完善民族村的基础设施建设，解决少数民族群众生产生活的实际困难
2017年6月27日	抚州市委常委、统战部部长韦萍深入广昌县驿前镇横路村，就该村脱贫攻坚工作进展状况进行调研。韦萍先后来到该村两位老党员家中，与他们亲切交谈，详细询问了他们身体状况，生活上有什么困难，对组织上有什么要求，真诚祝愿他们身体健康，生活愉快。并代表抚州市委、市政府给两位老党员送去慰问金，感谢两位老党员为党的事业做出的贡献
2017年7月10日	江西省委统战部副部长高鹰群率领省委统战部调研组一行深入广昌县调研。高鹰群一行首先来到广昌县县委组织部，通过召开座谈会的形式，广泛征求对挂职干部的建议和意见，了解挂职干部的履职和工作情况。座谈会上，杨青就第二批省直统战成员有关单位科级干部赴广昌县乡镇挂职情况作了汇报。在认真听取汇报后，高鹰群首先代表省委统战部对广昌挂职单位提供的支持和帮助表示感谢，希望广昌县继续加强对挂职干部日常工作的管理与监督，严格考核考察制度，让挂职干部在提高综合素质的同时，也能为基层建设贡献力量。广昌县领导李凯表示，广昌县会继续做好对挂职干部的培养工作，把挂职干部当自家人，让挂职干部干实事，切实提升挂职干部综合能力。调研期间，高鹰群一行还先后来到广昌县财政局、盱江镇青寿村，检查"同心振兴"建设项目资金的落地、实施情况以及调研水利项目建设情况
2017年9月1日	江西省委统战部宗教处处长廖敏一行深入盱江镇青寿村视察帮扶项目建设情况。在青寿村上堡（畲族）村小组，廖敏认真听取了镇、村干部关于青寿村经济发展等相关工作的情况汇报，详细了解了当前项目实施中遇到的困难与问题，并实地察看了青寿村饮水工程、秀美农村、粮田灌溉和排洪渠道等项目的建设情况。廖敏对青寿村近年来在村容村貌、基础设施建设上取得的成绩给予了充分肯定，对当地"一户一帮扶项目"表示赞赏
2017年9月29日	抚州市委统战部副部长张全明一行深入广昌县开展走访慰问活动。张全明一行来到江西连胜食品有限公司、江西灿辉新能源科技有限公司、江西欧丽达实业有限公司、江西升迪科技有限公司进行调研，并深入各企业车间实地察看企业生产运行情况，与企业负责任人深入交流，认真了解企业产品、用工、销售等成本构成情况。调研中，张全明对广昌县企业在科技创新、新产品研发中所取得的成效给予了充分肯定。同时，希望企业要继续发挥行业优势，以产品的创新，和先进的经营模式加快企业发展步伐，努力推动发展迈上新台阶

续表

时间	调研概况
2017年10月11日	江西省工商联主席雷元江、副主席周爱华率调研组深入广昌县赤水镇大禾村开展扶贫调研。在赤水镇，雷元江与镇、村干部进行了座谈交流，详细了解了大禾村村民生产生活、经济来源等方面情况。期间，雷元江一行还来到该村金银花种植基地、土鸡养殖场等地进行实地考察，详细了解两个基地的发展模式、发展方向以及发展过程中遇到的困难和问题
2018年6月7~8日	江西省委统战部常务副部长张勇前往广昌县调研。张勇在旴江镇新安村文化中心、驿前镇驿前村村委会、水南圩乡瑶前光伏大鹏工程建设点、水南圩乡敬老院及甘竹镇光伏工程建设点等地，详细了解各项目建设进展情况，协调解决项目推进过程中遇到的困难和问题。在相关工作汇报会上，他指出，广昌县各驻村工作队成员和村干部工作扎实，精神饱满。下一步要提高政治站位，在思想上与中央保持高度一致，顺利通过考评验收
2018年7月6日	中央统战部八局局长张明率全国新的社会阶层人士调研组到广昌县调研苏区振兴发展工作。调研组先后来到驿前古镇、姚西新村示范点、高虎脑同心·振兴示范点和头陂腾邦民建广昌苏区敬老院等地，实地考察了广昌县苏区振兴、“红、古、绿”三色旅游开发、统一战线援建项目实施情况。调研组充分肯定了广昌县在中央苏区振兴发展工作中所做出的努力和取得的成效，并表示，通过此次调研对广昌脱贫攻坚、苏区振兴发展和广昌红色革命历史有了更全面深入的了解，将充分发挥自身优势，积极为广昌县招商引资牵线搭桥，带动更多新的社会阶层人士来广昌投资；积极发挥新的社会阶层人士“智囊团”作用，进一步加大“互联网+”助力乡村振兴战略的力度，不断推动广昌县经济社会发展再上新台阶。调研期间，调研组在广昌县电子商务公共服务中心开展了互联网助力乡村振兴培训活动
2018年7月14日	江西省纪委监察委驻省委统战部纪检监察组长廖元柱到广昌县长桥乡、驿前镇走访慰问困难群众并看望省委统战部驻村工作队。驿前镇驿前村是省委统战部挂点村，廖元柱看望了当地干部及驻村工作队成员，详细了解了江西省委统战部驻村工作开展情况及下一步工作打算，并与当地干部座谈，仔细询问了村级班子建设、村集体经济、旅游开发及群众生产、生活存在的困难和问题等情况。廖元柱要求，当地政府要巩固好现有的扶贫成果，把解放干部思想、转变群众观念作为当前工作重点，扎实推进各项工作落实，多为群众办好事、办实事
2018年9月3日	抚州市委常委、统战部部长韦萍率市直有关单位负责同志到广昌县调研降成本优环境工作。韦萍一行先后来到横路村、甘竹镇雯峰生态农业有限公司和县工业园区乐天实业公司，实地察看了广昌县“双返双创”和挂点帮扶企业，并主持召开座谈会。她指出，广昌县开展降成本优环境专项行动取得较好成效，各企业生产经营的态势良好。今后要高度重视政策宣讲，认真协调解决企业及园区在发展中遇到的困难和问题，提升服务企业水平，激发企业创造力和市场蕴藏活力；要全力以赴抓好招商引资和“双返双创”工作，发挥在外企业家等宝贵资源和优势，加强与外埠商会联系，密切与科研院校合作，加强新技术、新产品的自主研发和创新，促进企业做大做强；要高度重视非公企业健康发展和非公经济人士健康成长，教育引导企业家爱国、敬业、创新、守法、诚信、贡献，使企业稳健发展，助推抚州市非公有制经济高质量发展升级

续表

时间	调研概况
2019 年 4 月 11 日	江西省委统战部常务副部长张勇、副部长高鹰群一行深入广昌县调研。张勇一行先后来到盱江镇青寿村，长桥乡上凡村，驿前镇坪背村、驿前村等地，通过实地察看、听取汇报等方式详细了解了该村乡村振兴项目实施情况，并帮助部分村镇解决了农田水利、村史馆改造等项目存在的资金问题和困难
2019 年 7 月 16~17 日	全国政协委员、澳区省级政协委员联谊会会长、澳门福建总商会会长、澳门汇富集团发展有限公司董事长何富强，中央统战部港澳台统战工作局副局长、中华海外联谊会副秘书长仇昱率中华海外联谊会港澳理事国情考察团深入广昌县考察。考察团一行先后深入江西致纯食品股份有限公司、广昌县现代农业示范园、莲花科技博览园、姚西新村、驿前镇明清古建筑群、高虎脑新村示范点、赤水镇卫生院、水南圩乡敬老院、水南圩乡大庄村、长桥乡上凡村海联卫生健康室、香花湾乡村旅游点等地考察，并详细了解部分中央统战部在广昌县援建项目的建设和运行情况，同时对工业、农业和旅游产业发展情况进行考察。在驿前镇贯桥村，考察团向革命烈士纪念碑敬献了花篮并鞠躬，瞻仰了高虎脑革命烈士纪念碑，聆听了高虎脑战役，重温了红色革命历史，深切缅怀革命先烈的丰功伟绩和崇高精神。座谈会上，在听取了广昌县基本情况的汇报和重点产业招商引资的推介后，考察团表示，这次考察，感受到广昌县民风淳朴，环境优美，红色革命历史丰富。通过此次参观访问，考察团成员对广昌县红色革命历史、苏区振兴发展和招商引资环境有了更直观深入的了解，他们将利用自身的人脉资源，积极为广昌县招商引资牵线搭桥，做好苏区广昌县的宣传人、推广人、介绍人，带动更多的海外企业家到广昌县投资兴业 据了解，此次中华海外联谊会共向广昌县捐赠 1000 万元，用于广昌县民生工程建设和人才培养
2019 年 9 月 27 日	江西省委统战部常务副部长陈敏率省委统战部一行深入广昌县调研。陈敏一行来到驿前镇高虎脑革命烈士纪念碑前，庄严肃立，向革命烈士敬献了花篮，怀着崇敬的心情上前整理绶带，并与随行人员一起瞻仰了纪念碑、参观了贯桥村村史馆和红色展厅。座谈会上，其一行在认真听取了驿前镇相关负责同志汇报了该镇的“不忘初心，牢记使命”主题教育，了解了“听党话、感党恩、跟党走”感恩奋进主题教育等重点工作的开展情况
2019 年 11 月 18 日	江西省纪委省监委驻省委统战部纪检监察组组长徐小平一行深入广昌县开展监督检查工作。江西省纪检监察组一行先后来到广昌县财政局，驿前镇贯桥村、驿前村开展监督检查工作。在实地察看和听取汇报后，省纪检监察组一行对统一战线“同心·振兴”项目建设及资金管理给予了充分的肯定。他们表示，此次来到广昌县开展监督检查工作，看到了“苏区”新貌，学习了“苏区精神”，切身感受到了统一战线“同心·振兴广昌示范区”建设工程在助推当地经济社会发展起到的作用，看到了示范区建设给人民群众生产生活带来的巨大变化

资料来源：笔者收集整理。

（二）中共中央统一战线工作部对口支援广昌县的主要政策分析

2014 年 6 月，中央统战部印发了《中央统战部对口支援广昌县工作方案

（2014~2016年）》，确定3年内重点帮助广昌援建学校10所、乡镇敬老院6所、村卫生室104所，援助资金约3000万元。相关帮扶措施具体如下。

第一，重点帮扶项目。提升农村办学条件：帮助10所小学进行危旧教学楼、学生食堂、操场等基础设施改造，协调捐赠图书、电脑、乒乓球桌等教学及文体设备。建设村级卫生室：援建104所村级卫生室，捐赠药品，配备基本诊疗设施，力争通过3年时间实现村级卫生室全覆盖。完善乡镇敬老院设施：帮助6所敬老院通过翻修危旧楼房、庭院、食堂、活动室等，改善敬老院基础设施，协调捐赠电视、DVD机、收音机、助听器等助老设备。

第二，协调政策支持。积极与国务院有关部门沟通联系，争取有关支持地方振兴发展的政策项目落地。协调国家发展和改革委员会、原国家环保部、原国家林业局开展抚河源国家生态补偿试点，争取将抚河源头补充纳入国家重点生态功能区范围；协调商务部等部门推进物流仓储配送中心等项目建设；协调科技部在抚州市设立国家级高新技术产业开发区；协调原国家旅游局支持高虎脑遗址等革命旧址旅游开发；协调国家发展改革委、原国家旅游局支持驿前镇明清古建筑群保护工程。

第三，开展相关活动。一是招商引资活动。组织开展"光彩事业广昌行"等投资考察活动，重点协调农产品深加工、纺织服装和电子信息等就业容量大、符合当地资源禀赋的企业入驻产业园区。支持江西安正利康生命科技有限公司等重点招商项目建设。二是智力支持活动。组织开展实用技术、医疗卫生、教育、基层干部和致富带头人等各类急需人才培训，每年定期举办专题培训班。组织有关方面专家学者参与县域发展规划等的编制论证工作，积极开展科技、文化、卫生"三下广昌"活动。三是宣传推介活动。组织港澳台同胞、海外人士赴广昌参观考察，建立光彩事业广昌联系点，扩大社会影响力和知名度。

第四，干部挂职锻炼。定期选派优秀干部到广昌县挂职，发挥挂职干部在对口支援工作第一线的联络作用。

2012年7月以来，为加快广昌振兴，江西省委统战部研究制定了《江西省统一战线"同心·振兴赣南等原中央苏区广昌示范区"活动五年规划》，确定以建设两镇、两村、两区、两网为重点，从特色产业、民生事业、基础设施、智力帮扶、生态环境5个方面进行帮扶，计划从2012年至2017年为广昌实施100个重大项目。

三、中共中央统一战线工作部对口支援广昌县的实施状况及成效分析

中共中央统一战线工作部对广昌县对口支援工作高度重视，广昌也实现了与统战系统各级部门的无缝对接，民生事业成效明显。

（一）中共中央统一战线工作部对口支援政策在广昌县的实施状况分析

1. 加强智力支持

第一，改善办学条件，广昌后备人才发展得到了切实保障。教育是国之大计，社会进步的重要基石。广昌县委、县政府借助中央统战部、省委统战部帮扶广昌的平台，积极争取爱心企业和社会人士扶持广昌县学校建设。2014~2016年，中国光彩事业基金会发动民营企业家奉献爱心，共捐资1000万元用于支援广昌县改扩建甘竹镇龙溪小学、甘竹镇洙溪小学、甘竹镇答田小学、甘竹镇坪上小学、赤水镇沈留小学、塘坊乡熊坊小学、塘坊乡张坊小学、头陂镇羡地小学、头陂镇塘下小学、赤水镇清潭小学10所小学，总计新建校舍7492平方米、维修改造校舍4856平方米，同时进行了校门、围墙、运动场地等各项附属设施建设，惠及2.32万人，可满足学区内1335名学生的入学需求。近些年来，中央统战部、省委统战部总计帮助广昌争取到爱心企业20余家，捐资4000余万元。

2018年3月21日，中国红十字基金会“亲基金”在大株九年一贯制学校举行“未来教室”[①]交接仪式。中国红十字基金会“亲基金”办公室主任毕海鹰，江西省红十字会人道资源发展中心副主任朱晓玲，江西省台湾同胞联谊会副会长俞红光，东华理工大学党委常委、统战部部长张立亭，抚州市红十字会党组书记、常务副会长娄红玲出席仪式。仪式上，朱晓玲介绍了“未来教室”项目的基本情况，并希望同学们在“未来教室”阅读各种书籍，增长知识，开

① “未来教室”是面向国内经济欠发达地区留守儿童现象突出的学校而发起的公益项目，每间教室援建金额为10万~15万元，包含智能化的电教设备，采用环保材料装修的教室、家居配备、课程设置以及符合目标学生年龄特征的数千册书籍的选购与配送等，可以让学校因地制宜地开展各类课外活动，增加农村学生课外活动和阅读空间，丰富学生的业余生活，帮助农村学生的身心全面成长。

阔眼界，更好地感受红十字会的温暖，充分了解“人道、博爱、奉献”的红十字精神。仪式后，中国红十字基金会“亲基金”组织的志愿者在“未来教室”为孩子们讲解了一堂生动的急救常识课，课堂气氛十分热烈。此次活动由中国红十字基金会“亲基金”联合发起，由江西省广昌供销农商市场开发有限公司捐赠，是该项目在抚州市援建的首间“未来教室”。

第二，加强对家境不富裕的学生的资助。2017 年 12 月 26 日，广东省江西抚州商会助学金集中发放仪式在广昌二中举行。此次共为广昌县 80 名家境不富裕的学生发放了每人 2000 元的助学金。2018 年 9 月 7 日，2018 年“泰豪特优奖学金”暨“民企帮村”活动助学金发放仪式在广昌一中举行，为 20 名受助学生发放了每人 5000 元的“泰豪特优奖学金”，共计发放奖学金达 10 万元。同时还向 6 名学子发放了每年 5000 元的“民企帮村”教育助学金[①]，直至其大学毕业。据了解，“泰豪特优奖学金”是泰豪集团积极投身“同心·振兴原中央苏区广昌示范区”帮扶活动，投入 100 万元在广昌一中设立的爱心公益基金，主要用于资助该校优秀学生完成学业。

第三，加强对专业人才的培训。为了提高广昌县基层卫生医疗机构管理人员的整体素质，2018 年 11 月 21 日，在中央统战部、农工党的大力协调下，2018 年中央统战部支援广昌乡镇卫生院业务骨干培训班在广昌县卫计委举行，来自广昌县各乡镇的卫生院负责人、业务骨干等 120 余人参加了培训。专家们分别讲解了创伤急救处理、慢性病与常见病诊治、中医诊疗技术、医院感染管理实践技能等相关医疗知识。

第四，下派干部挂职。中央统战部下派了三批干部到广昌县挂职。与此同时，江西省统战部、抚州市统战部也派出优秀干部前往广昌挂职，支持广昌发展。这些挂职干部的到来，为广昌不仅带来了人才，还带来了新的精神和作风。广昌县领导以及上级领导也非常关心支持挂职干部的工作。2019 年 12 月 30 日，抚州市委常委、统战部部长韦萍来到横路村看望驻村的市委统战部、市侨联、中国电信抚州分公司“连心”小分队成员，与小分队成员和当地村委会干部进行亲切交谈，详细了解了小分队成员驻村以来的工作、生活情况，并希望小分队队员要以高度的责任感和使命感，继续做好帮扶工作。要以问题为导向，聚

① “民企帮村”活动由广昌县委统战部和县工商联共同实施，2018 年以来，广泛引导民营企业、商会、爱心人士通过“一对一、一对多”等方式自觉自愿帮扶资助，重点对深度欠发达村家境不富裕学生进行对接帮扶。

焦“两不愁三保障”，精准施策，落细落实各项帮扶措施，动态掌握群众生产生活情况，扎扎实实做好帮扶工作，切实解决群众实实在在的困难。2020年1月4日，江西省委常委、统战部部长陈兴超一行看望了江西省委统战部驻驿前村工作队，并嘱咐他们要一如既往扎扎实实做好工作，为当地共奔小康贡献力量。

2. 助力乡村振兴

第一，“千企帮千村”。对广昌县的经济帮扶工作得到了中央、江西省、抚州市各级的高度重视，自“民企帮扶”活动开展以来，广昌县按照“摸清底数、区分类型、找准问题、分类施策”的思路，将47个经济欠发达村的情况推介给民营企业，促成结对。同时，结合广昌县特色，多措并举开展民企帮扶。在2017年2月23日的座谈会上，广昌县领导李凯就广昌县“千企帮千村”实施情况作了详细汇报，县委统战部等部门负责同志及企业代表等就广昌县帮扶开展情况作了发言。在听取汇报后，洪跃平对广昌县“千企帮千村”的实施情况表示赞赏和肯定，并就下一步广昌县“千企帮千村”方面的工作提出了一些指导性的建议。

第二，改善卫生、教育等基础公共服务条件。近年来，中央统战部始终不忘初心、情系老区，多次组织港澳台同胞、海外知名人士到江西考察访问、奉献爱心，累计捐资5000多万元，援建学校、医院、村卫生室等公益项目133个，有力地促进了本地的经济社会发展。以中华海外联谊会对口支援广昌捐赠为例，2019年7月15日，中华海外联谊会对口支援广昌捐赠仪式在南昌举行。此次捐赠总额近1000万元，其中包括世茂集团向广昌捐赠的300万元，用于建设赤水镇卫生院大楼。

2017年6月27日，亿阳集团远程会诊系统捐赠仪式在广昌县举行。此次亿阳集团向广昌县捐赠远程会诊系统对改善广昌县百姓就医条件，提升广昌县医疗卫生整体水平，促进广昌县乃至抚州市医疗卫生事业发展具有重要的意义。亿阳信通股份有限公司副总裁卢寅在仪式上表示，发扬中华民族传统美德、奉献爱心是社会各界义不容辞的责任和义务，公司将充分借助此次捐赠活动，切实发挥自身作用，为共同迈入小康社会奉献爱心、贡献力量。

2017年11月12~13日，农工党江西省委会主委、新余学院院长史可率农工党省会及医疗专家组一行，到广昌县开展杏林春雨行动暨第29届国际科学与和平周活动。在驿前镇田西小学，史可一行参观了该校新建的教室，当看到宽敞明亮的教室、崭新的课桌椅及摆放整齐的书籍时，史可非常高兴，他叮嘱随行工作人员和该校负责人要利用好这些设施，切实提高教学质量，为国家培养更多的优秀人才。在随后举行的国际科学与和平周活动——田西小学图书室捐建仪式上，史可将15000元捐赠资金现场交与该校负责人，并指出，这次捐建图书室活动是贯彻落实党的十九大精神的具体举措，也是同心振兴广昌示范区建设的具体体现。

2018年2月1日，民盟江西省委会、民盟山东省委会到广昌县赤水中学开展“助力天使爱心屋”——关爱留守儿童帮扶活动启动仪式。江西省政协副秘书长、民盟江西省委会专职副主委兼秘书长刘新农，山东省政协副秘书长、民盟山东省委会专职副主委董利忠，抚州市委统战部常务副部长张全明，广昌县委常委、政法委书记赵敏，广昌县政府副县长魏学渊以及山东中磁视讯有限公司相关负责人参加了活动。刘新农代表民盟江西省委会感谢民盟山东省委会及山东中磁视讯有限公司给予广昌留守儿童的无私奉献，祝贺赤水中学“助力天使爱心屋”——关爱留守儿童帮扶活动顺利启动。他表示，下一步，民盟江西省委会将继续帮助改善广昌的教育教学条件，协助沟通交流教学教研等工作，一如既往地关注广昌的变化和发展，为建设“美丽莲乡·幸福广昌”献计出力。参加活动的领导共同为“助力天使爱心屋”揭牌，并参观了“助力天使爱心屋”。

2019年11月19日，抚州市委常委、统战部部长韦萍率抚州市委统战部帮扶人员、洋河股份公司代表一行来到驿前镇开展帮扶活动。在驿前镇中心小学，韦萍和爱心企业家向该校捐赠了乒乓球桌、篮球、羽毛球拍等体育用品，并鼓励学生们要好好学习，锻炼好身体，争取做一名对社会有贡献的人。驿前镇同心奋进超市采取累计积分的形式，遵照“多劳多得、少劳少得”的原则，鼓励群众通过参与环境整治、卫生保洁、敬老爱幼等行为获取积分，该积分可以用来换取生活物品。韦萍和爱心企业家为同心奋进超市捐赠了羽绒被、大米等生活物品，并认真听取了相关负责人的工作汇报，实地了解了同心奋进超市的运营模式。她指出，要依托“同心奋进超市”这个平台，不断拓宽物资来源渠道，使之真正成为连接村民邻里之间、爱心人士与贫困群众之间的桥梁。

2019年12月12日上午，江西省委统战部刘伟旗副部长一行莅临驿前小学，为孩子们带来画笔、蜡笔等慰问物品。据不完全统计，江西省委统战部、江西省工商联共向广昌县捐赠1300万元，用于广昌县各乡镇光伏项目建设。

第三，慰问家境不富裕的农户，帮助其树立信心。各级统战部门经常性开展对困难人员的帮扶活动，其形式主要是发放慰问金以及各种慰问品等，并鼓励他们发奋努力，早日实现共同富裕。例如，2018年2月5日，江西省委常委、统战部部长陈兴超深入广昌走访慰问困难群众、优抚对象、乡镇敬老院和困难企业，为他们送上春节慰问金和慰问品，并把江西省委、省政府的温暖和祝福送到他们心坎里。陈兴超一行先后走访慰问了驿前镇，走访中，陈兴超强调，各级各部门要按照中央和江西省委、省政府的要求，将党和政府的温暖送进千家万户，让人民群众过一个温暖祥和、幸福安康的春节。

2020 年 1 月 3~4 日，江西省委常委、省委统战部部长陈兴超又一次深入广昌县走访慰问城乡困难群众、困难企业、乡镇敬老院和基层扶贫干部，为困难群众送上大米、食用油、棉被等慰问品和慰问金，并带去江西省委、省政府对困难群众的深切关怀和新年祝福。陈兴超一行先后走访慰问了赤水粮管所、驿前镇中心敬老院，驿前镇重灾户、优抚对象等困难群众及驿前村驻村工作队。在驿前镇中心敬老院，陈兴超与老人们一一握手问候，仔细了解老人们的生活情况，给敬老院送上了春节慰问金，并祝老人们新年快乐，健康长寿。他还叮嘱敬老院负责人要用心照顾好老人们的饮食起居，让他们安享晚年生活。驿前镇贯桥村重灾户夫妻俩 2019 年在家种植茶树菇，因接连遭受火灾和水灾，经济损失很大。陈兴超来到他家详细了解情况，并鼓励他们夫妻俩在新的一年里重振信心、勤劳致富。走访中，陈兴超强调，各级各部门要按照党中央和江西省委、省政府的要求，以人民满不满意、答不答应作为衡量工作的标准，认真抓好民生领域重点工作，切实改善困难群众的生产生活条件；要着力解决好“两不愁三保障”突出问题，让老区群众早日过上幸福生活，要始终把困难群众的冷暖疾苦挂在心头，深入开展好走访慰问和送温暖活动，想方设法为群众排忧解难，妥善安排好城乡困难群众的生产生活，将党和政府的关心关爱送到困难群众的心坎上，帮助城乡困难群众过一个幸福温暖、平安祥和的新春佳节。

表 2–4 为抚州市统战部门慰问广昌低收入群众简况。

表 2–4　抚州市统战部门慰问广昌低收入群众简况

时间	概　况
2017 年 4 月 27 日	抚州市委常委、统战部部长韦萍一行深入广昌县驿前镇横路村，走访慰问结对帮扶困难群众。韦萍一行先后来到了困难群众家中。与他们亲切交谈，详细了解了他的家庭生活、生产情况，并鼓励他要积极战胜困难、尽早脱贫；要有自力更生、搞好生产的勇气；要相信在党和政府的帮助和支持下，日子一定会越来越好。随后，韦萍来到“五保户”新安置房中，仔细察看安置住房的结构和设施。当看到“五保户”已经住上了崭新的房子，韦萍表示欣慰，并叮嘱镇、村干部，要切实发挥职能，用实际行动关心困难群众的生活，多了解他们的生活状况和需求，帮助他们解决实际困难，让他们过上幸福的生活

续表

时间	概 况
2018年1月31日	农工党江西省委会主委、新余学院院长史可到塘坊镇淇田村和田腰村走访慰问困难群众。史可先后看望困难群众及留守老人，详细了解了他们近期生活状况和遇到的实际困难，认真核实了他们享受到的各种优惠政策、措施落实情况，并给他们送上了慰问金，勉励他们要以乐观的心态，面对当前的生活。史可指出，村两委要把困难群众的冷暖放心中，积极想办法引进产业。农工党省委会将因地制宜，为淇田村和田腰村在项目争取、基础建设、产业发展等方面出谋划策，提供帮助
2018年2月1日	江西省政协副秘书长、民盟江西省委会专职副主委兼秘书长刘新农一行走访慰问了赤水镇大禾村的困难群众，为他们送去了慰问品和慰问金，致以春节的祝福，并察看了民盟捐助的大禾村灌溉水渠工程建设情况
2018年2月5日	江西科技师范大学党委委员、党委统战部部长徐德培深入该校挂点帮扶村赤水镇回辛村看望慰问困难群众。徐德培一行询问他们的生活生产状况，了解帮扶政策落实情况，鼓励他们一定要坚定信念跟党走，依靠自身的努力过上更好的生活，同时还为他们送去了大米、食用油、棉被等慰问品和慰问金，并致以新年的祝福
2018年2月5日	抚州市委常委、市委统战部部长韦萍深入广昌县走访慰问挂点帮扶村驿前镇横路村困难户，为他们带去党和政府的关怀与温暖，向他们致以新春的祝福，并送去了慰问金和慰问品。在困难户家中，韦萍详细询问了他们的家庭状况、家庭成员健康状况及收入来源，鼓励他们坚定生活信心，努力克服眼前困难
2018年2月5日	江西省政协副秘书长、九三学社省委会副主委肖礼庆、华东交通大学统战部部长熊国良深入广昌县开展走访慰问活动。肖礼庆、熊国良一行先后走访慰问了小港村的困难群众，详细询问了他们的生产生活情况和健康状况，鼓励他们要树立战胜困难的决心和信心，用自己的双手勤劳致富，争取早日脱贫，并为他们送上慰问金和大米、食用油等慰问品。走访时，肖礼庆叮嘱镇、村干部一定要对困难家庭进行深入了解，要让困难家庭中的老人老有所养，老有所乐；要想方设法改变小港村目前的现状，加大关注和支持的力度，帮助他们解决当前生活中遇到的难题，让他们过一个欢乐祥和的春节
2018年2月7日	江西省政协副主席、民进省委会主委汤建人深入广昌县驿前镇南坊村走访慰问困难群众。他指出，要认真细致地做好群众工作，切实让困难群众感受到党和政府的关怀与温暖。汤建人一行先后走访了南坊村的10户困难群众，为他们送上了棉被、食用油等慰问品，以及由“1%工程”捐赠的每户1000元资助金，让困难群众感受到党和政府带来的浓浓关怀与温暖。
2018年11月23日	东华理工大学党委统战部部长张立亭到广昌县塘坊镇北坑村、新民村、官庄村走访慰问困难户。详细询问了他们的生活生产状况，了解帮扶政策落实情况，为他们送去了食用油、木耳、香菇、棉被等慰问品，鼓励他们一定要坚定信念跟党走，依靠自身的努力过上更好的生活。张立亭表示，东华理工大学将围绕广昌长远发展，立足广昌发展实际，结合自身优势，整合各方资源以提高对口帮扶成效，加大对广昌的指导支持力度，帮助广昌振兴发展

续表

时间	概　况
2019 年 1 月 8 日	江西科技师范大学党委委员、统战部部长徐德培到该校挂点帮扶村赤水镇回辛村走访慰问困难户。详细询问了他们的生产、生活情况和遇到的困难，同时鼓励他们要树立对生活的信心，早日渡过难关、走出困境，并为他们送去了大米、食用油、棉被等慰问品和慰问金。走访中，徐德培叮嘱随行的村干部要始终把困难户的冷暖安危挂在心上，帮助困难群众解决生活中的实际困难，让他们切实体会到党和政府的关怀与温暖
2019 年 10 月 19 日	江西省委统战部第三党支部二处处长廖敏率江西省委统战部一行深入挂点村盱江镇青寿村开展主题党日活动。活动中，江西省委统战部第三党支部的党员干部们共同筹措资金为青寿村 10 余户贫困家庭的孩子们购买了书包、科普书籍和文具等学习用品，并亲手将这些礼物送到了孩子们的手中，鼓励孩子们要克服生活和学习上的困难，珍惜学习的机会，自强不息，将来用知识改变命运，回报社会
2019 年 12 月 30 日	抚州市委常委、统战部部长韦萍深入广昌县走访慰问困难群众户。详细了解他们的生产生活、帮扶政策落实等相关情况，并把棉衣、棉被、油米等慰问品和慰问金亲自送到他们手中，叮嘱他们要注意防寒保暖，照顾好自己的生活。鼓励他们要树立乐观的生活态度，勇敢面对各种困难，相信在党和政府的关心下，在驻村小分队的帮助下，日子会越来越好
2020 年 1 月 3 日	南昌师范学院党委统战部部长陈小琼一行深入广昌县赤水镇杨坊村走访慰问困难群众，将慰问金及慰问品送到他们手中，转达了该校党委对杨坊村村民的关心和问候。陈小琼和他们一一握手、亲切交谈，并询问他们生产、生活和家庭收入情况，衷心祝福他们身体健康、生活美好、新年吉祥

资料来源：笔者收集整理。

第四，开展义诊活动，为村民解除疾苦。2017 年抚州市委统战部、市侨联、市电信局组织抚州东南眼科医院的专家到广昌县驿前镇横路村开展“中秋走访慰问暨义诊”活动。此次义诊主要包括视力测试、白内障、青光眼、眼底疾病、眼部干涩不适等各种眼科疾病的诊断和检查，横路村 40 多位老人接受了义诊。眼科专家们为村民进行检查，并根据检查后的不同情况进行症状分析，提出注意事项和治疗建议，向村民传播爱眼护眼保健知识。在家门口能得到医生专业周到的检查、耐心的讲解，又可省去排队的麻烦，免受医院奔波之苦，前来接受检查的村民都觉得很高兴。

2017 年 11 月 13 日，农工党省委会主委、新余学院院长史可率农工党省会及医疗专家组一行分成两组，来到塘坊镇和县妇幼保健计划生育服务中心开展义诊活动。在塘坊镇田腰村和淇田村，医疗专家们走村入户，为他们仔细地检查了身体，并送去了治疗的药品。2019 年，江西省民盟、南昌大学统战部组织南昌大学第二附属医院专家赴赤水镇大禾村开展了送医、送药义诊服务活动。数十名村民现场接受了医学专家专业的检查和诊疗。对于部分年纪较大的慢性病村民，专家检查后，现场制定了有针对性的治疗方案，还现场派发了治疗跌打损伤、慢性心脏病等疾病的相关药品。义诊活动一直持续到中午 12 点才结束，专家们的敬业精神和精湛医术，受到了广大村民的一致好评，整个义诊活动取得了良好的效果。

（二）中央统战部对口支援广昌县的主要特点及成效分析

第一，高位推动。在对口支援工作期间，中央统战部领导、江西省委统战部领导多次前往广昌，检查指导对口支援工作，现场解决问题，确保了对口支援工作顺利进行。2017 年 5 月，时任中共中央政治局委员、中央统战部部长孙春兰同志深入广昌实地考察中央统战部对口支援工作和江西省统一战线“同心·振兴示范区”项目，对广昌县苏区振兴工作取得的成绩给予了充分肯定，亲笔批示将广昌的经验做法在全国统战系统进行交流推广，并对广昌苏区振兴发展寄予了殷切期望。

第二，创新对口支援模式。中央统战部层面，在广昌实施光彩事业，江西省统战部层面实施了“同心·振兴广昌示范区”项目。

光彩事业是中央统战部对口支援广昌县的重大项目。它以消除贫困为宗旨，以民营企业为主体，以项目投资为主要形式，以“义利兼顾、以义为先”为核心理念，以共同发展为基本目标。光彩事业以项目投资为中心，开发资源、兴办企业、培训人才、发展贸易，并通过包括捐赠在内的多种方式促进贫困地区的经济发展和教育、卫生、文化等社会事业的进步。在光彩事业的推进过程中，多家民营企业积极响应号召，温情帮扶广昌。

坚持“同心”联动。江西省委统战部创建了“同心·振兴广昌示范区”，通过探索运用“统战 +”理念，广泛发动民主党派、高校等各级统战部门积极参与帮扶广昌县活动，组织实施了产业、金融、教育、医疗、就业等一系列扶贫项目，为实施脱贫探索了新路子，创造了统一战线参与扶贫开发新模式，有力推动了广昌经济社会更好更快的发展，让革命老区群众得到了实惠。为了推动这项工作顺利进行，江西省委常委、省委统战部部长陈兴超先后三次赴广昌县调研，江西省委统一战线各成员单位多次深入广昌指导脱贫攻坚；制定了江西省统一战线“同心·振兴赣南等原中央苏区广昌示范区”年度工作方案，开展了教育、医疗、就业、产业、创业、金融 6 种模式的扶贫活动。仅2017年全年，就实施同心项目47个，其中新增项目36个，续建项目11个。驿前镇中心敬老院是江西省统一战线“同心·振兴广昌示范区”的重点帮扶项目，总投资960万元，建设了综合楼、老人公寓楼等一批基础设施，内设床位200个，被江西省民政厅评为三星级敬老院，目前已入住老人62人。据悉，自2012年7月江西省委统战部牵头省直统一战线有关单位启动“同心·振兴广昌示范区”活动以来，共实施帮扶项目105个，累计为广昌县落实政策资金2.3亿元，捐款捐物价值近亿元，引进投资项目资金2.1亿元。

第三，坚持项目带动。2016年，积极加强与中央统战部、江西省统一战线和华润集团的对接联系，全面落实、帮扶援建项目。落实中央统战部各类捐赠资金666万元，大力推进了一批教育、医疗、养老等项目；“同心·振兴广昌示范区”新增捐赠资金1300万元，项目建设进展顺利；华润慈善基金会捐赠996万元援建广昌“共创·小康”工程示范区（2015·杨坊村）进展顺利。2017年，中央统战部在广昌县援建农村小学10所、乡镇敬老院4所、村卫生室119所，援建、捐赠资金4651万元，其中2017年落实对口支援项目6个，落实捐赠资金896.14万元，组织人才培训1批50人次。

第四，坚持高校互动。在中央统战部、江西省统一战线和华润集团不断加大帮扶力度的同时，广昌县还加强了与东华理工大学的对口支援，东华理工大学出台了《东华理工大学对口支援赣南等原中央苏区广昌县工作方案》，建立了对口支援工作机制，使对口支援工作有序开展，并取得了成效。

第五节　中国农业发展银行在南丰县的对口支援研究

一、南丰县基本县情

南丰县位于江西省东南部，抚州市南部，面积1920平方千米，辖7镇5乡1场，总人口32万。

历史悠久，人文璀璨。南丰建县于三国吴太平二年（257年），迄今有1700多年的历史，拥有千岁贡品南丰蜜橘、千载非遗南丰傩舞、千古才子曾巩、千秋古窑白舍窑、千年古邑南丰古城“五张名片”，被誉为“世界橘都、休闲南丰、中国傩乡、曾巩故里”。

区位优越，交通便捷。南丰是赣南等原中央苏区、鄱阳湖生态经济区、海西经济区、生态文明先行示范区、赣闽产业合作示范区、昌抚合作示范区等发展战略叠加区，也是西部政策延伸县和中国农业发展银行对口支援县，是向莆经济带上由赣入闽的第一站和桥头堡。福银高速、济广高速与规划中的昌莆高速穿境而过，向莆铁路与规划中的丰瑞城际铁路贯穿全境，G1684次高铁单向停靠，G206国道、G322国道纵横交叉，通用机场已经布局，立体快速的大交通格局初步形成，是江西省乃至我国中西部许多城市的出海大通道。

山川秀美，风光旖旎。南丰是国家重点生态功能区，森林覆盖率达77.58%，全域宜游，处处皆景，拥有无边无际的浩瀚橘海、国家森林公园军峰山，国家AAAA级景区橘文化旅游产业集聚区、全国首个丹霞地貌型“国家湿地公园”傩湖、养生温泉橘都沁温泉等众多自然景观、人文景观，创建有1个国家AAAA级景区、9个国家AAA级景区、5个江西省AAAA级乡村旅游点、21个江西省AAA级乡村旅游点，被列为首批国家全域旅游示范区创建单位，是全国休闲农业和乡村旅游示范县、江西省全域旅游推进十佳县。

物华天宝，特色鲜明。南丰蜜橘具有1700多年栽培史，富含氨基酸、硒等40多种维生素和微量元素，自唐朝开元年间就为皇室贡品。蜜橘品牌价值达51.14亿元，名列“2018中国果品区域公用品牌价值榜”第七位。南丰县种植面积达70万亩，年均产量达26亿斤，畅销全国并远销40多个国家和地区，综合产值突破120亿元，宽皮类单一品种种植规模和产量均为世界之最，出口量和出口国家数居全国第一，是抚州市第一个产值超百亿的农业产业，被评为“国家级出口食品农产品质量安全示范区”“中国特色农产品优势区”“全国农村一二三产业融合发展先导区”“全国电子商务进农村综合示范县”“江西省扶持村级集体经济助推美丽乡村建设试点县”。

开放繁盛，绿色崛起。南丰始终坚定新发展理念，聚力高质量发展，在习近平新时代中国特色社会主义思想的引领下，正围绕“世界橘都·休闲南丰”总目标，按照“生态引领、全域融合、实干为先、增进福祉”总要求，以绿色谋崛起、以融合拓路径、以创新求升级、以开放促发展，建有全国首家农业产业化水果出口示范产业园和公路口岸作业区，是江西唯一的水果无水港、江西首个县级柑橘检验检疫点和首个使用E-CIQ系统的县级智慧口岸，南丰蜜橘中欧冷链班列成功首发，获评"全国食品工业强县"、全国"三产融合"示范县、"全国资源循环利用基地"、"江西省十佳宜商县级城市"和"江西省工业崛起年度贡献奖"。

二、中国农业发展银行在南丰县的实地调研及对口支援政策分析

（一）中国农业发展银行在南丰县的实地调研

对口支援工作开展以来，中国农业发展银行（以下简称"农发行"）对原中央苏区振兴发展工作非常重视，为了解对口支援工作落实情况，中国农业发展银行党委委员、副行长姚瑞坤于2015年12月24日率领调研组深入南丰实地调研。调研期间，姚瑞坤一行先后来到南丰蜜橘文化展览馆、河东新区新型城镇化建设项目、中国橘都（南丰）国际果贸城等地考察。姚瑞坤指出，中国农业发展银行对原中央苏区振兴发展对口支援工作非常重视，调研主要是贯彻落实中央对口支援有关精神，结合当地实际进一步落实对口支援工作，了解百姓关心和期盼得到解决的主要问题。姚瑞坤强调，要理清当地实际情况、发展定位和发展规划，充分利用好农发行对口支援的有利条件；要拓宽发展思路，紧密依托资源禀赋、区位优势和产业基础，增强发展的内生动力。对于有关对口支援的诉求，农发行将在江西省委、省政府，抚州市委、市政府的直接推动下，与南丰县委、县政府一道，积极推进南丰振兴发展的相关任务，认真做好对口支援工作。要努力为南丰县基础设施建设、旅游资源开发、重大项目推进等争取更多政策支持，推动经济发展转型升级。

农发行党委委员、时任副行长鲍建安先后多次前往南丰实地调研。2016年9月24日，中国农业发展银行党委委员、时任副行长鲍建安，中国农业发展银行江西省分行党委书记、行长张孝成率调研组来南丰县调研，并就对口支援南丰县工作举行座谈会。调研期间，鲍建安一行详细了解了南丰县经济社会发展概况和有关需求。鲍建安表示，农发行在坚持政策性银行办行规律的基础上，秉承有利于南丰百姓致富、有利于南丰长远发展的原则，与南丰县委、县政府共同为南丰的发展贡献力量。鲍建安强调，在今后的对口支援中，农发行

将以增强南丰经济造血功能为重点，汇聚力量，积极引导、带动县域内其他金融机构参与到地方经济社会发展中来，使支援工作达到事半功倍的效果，促进南丰社会经济的可持续发展。调研期间，农发行对特色农业、旅游、教育、养老等产业表示了支持意愿。

2018 年 5 月 10 日，中国农业发展银行党委委员、时任副行长鲍建安，中国农业发展银行人力资源部总经理李小汇深入南丰县就中国农业发展银行对口支援南丰工作进行调研。调研中，鲍建安一行先后来到新区医院、养老康复中心、太和现代农业示范园、虹瑞佳苑安置区现场，详细了解项目建设情况。期间，还走访慰问了太和镇前坊村的困难群众，为他们送去了慰问金和慰问品。鲍建安指出，南丰要充分发挥自身优势，拓宽发展思路，加快绿色崛起步伐。同时，农发行将与南丰县委、县政府一道，认真做好对口支援工作，努力为南丰的基础设施建设、旅游资源开发、重大项目推进等争取更多政策支持，助推南丰经济健康快速发展。

2019 年 2 月 22 日，中国农业发展银行党委委员、时任副行长鲍建安率调研组再次来南丰县调研，鲍建安与南丰县委、县政府领导及南丰县果果生物科技有限公司、浙江天子股份有限公司等企业代表进行了座谈，听取了农发行三人小组工作情况汇报；实地察看了农发行捐赠资金援建的三溪乡敬老院工程建设情况，并走访慰问困难群众，为困难群众送去温暖关怀和美好祝福。

调研期间，鲍建安一行详细了解了南丰县经济社会发展概况和有关需求。他指出，农发行挂职干部要切实增强责任意识和大局意识，充分考虑南丰资源禀赋以及发展水平、优势和潜力，因地制宜、因势利导、找准路子、创新机制、开拓思路，积极探索帮助受援地区增强自我发展能力的新模式。同时表示，农发行总行将与南丰县委、县政府一道，认真做好对口支援苏区振兴发展工作，努力为南丰基础设施建设、招商引资、旅游资源开发、重大项目推进等争取更多政策支持，助推南丰经济健康快速发展。在三溪乡敬老院，鲍建安听取了院内服务管理模式和基础设施建设工作，了解老人们的身体状况和各类生活用品配备更新情况，要求农发行挂职干部要加强捐赠资金使用管理，进一步加快敬老院建设进度，确保敬老院建设工程如期完成。要用亲人般的关怀去帮助和照顾老人，尽心尽力提供优质服务，营造敬老爱老的良好氛围。鲍建安还来到三溪乡三溪村的困难群众家中，与其亲切交谈，详细询问了其家庭生活状况，并为其送上了慰问金和慰问品，鼓励其树立生活信心，保持乐观心态，勇敢面对逆境，早日实现富裕。

2019年10月10~11日，中国农业发展银行党委委员、农发行总行副行长孙兰生率调研组一行深入南丰县，就对口支援工作进行调研。孙兰生实地考察了农发行信贷支持的众创基地二期建设项目、农发行捐赠资金支持的三溪乡中心学校及敬老院建设项目，到江西桔娃食品有限公司考察调研，到困难户家中走访慰问，为他们送去了慰问金和大米、食用油等生活用品，看望农发行一线员工及挂职干部，听取抚州市、南丰县党政领导对农发行对口支援工作的意见建议。在随后举行的座谈会上，孙兰生指出，2013年以来，农发行坚持把对口支援作为重点工作来抓，针对南丰县产业发展、基础设施建设、生态建设等重点领域的实际需求，出台了一系列优惠政策，选派了3批6名干部赴南丰县挂职帮扶，与当地干部一道努力推进经济振兴，贡献农发行智慧。今后，农发行将继续扎实做好对口支援县工作，为新时代苏区振兴做出新贡献。一是站位要高，体现与时俱进。支援赣南等原中央苏区振兴发展是一项长期任务和系统工程，必须立足当前、系统谋划，着眼长远、科学规划，用发展的眼光来审视、支援。二是切入要准，充分发挥优势。结合实际，用己所长，以“能够做、做得好”的事情作为切入点，切实提高农发行对口支援工作的针对性和实效性。三是抓手要实，解决关键问题。以保障和改善民生为抓手，竭尽所能为当地政府和群众做好事、办实事、解难事。

2019年10月24~25日，中国农发行党委书记、董事长解学智赴江西南丰县、南昌市新建区开展第二批“不忘初心、牢记使命”主题教育调研。听取江西省分行第二批主题教育开展情况汇报，深入了解南丰县对口支援和脱贫攻坚工作情况，在南丰县组织召开第二批“不忘初心、牢记使命”主题教育座谈会。解学智强调，农发行作为执行国家意志、服务“三农”发展的农业政策性银行，要提升思想站位、强化政治担当，在加强爱国主义教育、弘扬爱国主义精神上树起更高标准、坚持更严要求，为履行好职责使命打下坚实基础。要持之以恒加强爱国主义教育，让广大员工深刻认识到，爱国是应尽义务，是底线要求，是必不可少的职业素养，推动爱国主义精神内化于心、外化于行，以伟大爱国主义精神引领全行坚定不移服务“三农”发展，为实现中华民族伟大复兴的中国梦贡献力量。要进一步深化农发行企业文化理念的宣传贯彻，切实以文化人、以文培元，不断筑牢广大员工的理想信念，厚植爱国主义情怀，坚定不移地把农发行建设成为忠诚于党、报效国家、奉献“三农”、振兴乡村的红色银行。解学智表示，农发行作为一家政策性银行，将继续围绕服务“三农”等工作，持续加大金融帮扶力度，全力以赴支持抚州发展。

表2–5为中国农业发展银行南丰实地调研情况（部分）。

表2–5　中国农业发展银行南丰实地调研情况（部分）

时间	调研简况
2015年1月7日	中国农业发展银行江西省分行副行长黄奕忠一行来到农发行对口支援县南丰，走访慰问困难群众。黄奕忠一行先后来到三溪乡敬老院和庙前村困难户家中，为他们送上了新年祝福和大米、花生油、慰问金等。每到一处，黄奕忠都与他们亲切交谈，详细询问他们的生活起居、身体状况，鼓励他们树立战胜困难的信心和决心，相信在各级政府及部门的帮助下一定会渡过难关，走出困境。据了解，本次走访共慰问群众18人
2016年6月23日	中国农业发展银行江西省分行党委书记、行长张孝成率调研组深入南丰县，就原中央苏区振兴发展对口支援工作进行调研。调研期间，张孝成一行先后来到县新区医院、环城北路、橘都果贸城、锦绣家园、振宇实业等地考察，详细了解南丰县城市规划布局、民生项目建设及企业发展现状等情况。张孝成指出，中国农业发展银行江西省分行对原中央苏区振兴发展对口支援工作非常重视，调研主要是贯彻落实对口支援有关精神，结合当地实际进一步落实对口支援工作，了解百姓关心和期盼得到解决的主要问题。对于有关对口支援的诉求，江西省农发行将与南丰县委、县政府一道，积极推进南丰振兴发展的相关任务，认真做好对口支援各项工作
2016年9月1日	受中国农业发展银行总行领导委托，中国农业发展银行专项扶贫处处长许立民率调研组深入南丰县，就原中央苏区振兴发展对口支援和脱贫攻坚金融支持方案进行调研。调研期间，许立民一行认真听取了相关部门的工作汇报，详细了解了南丰县经济社会发展概况、制约经济社会发展的“瓶颈”、金融现状及主要需求等情况。许立民在座谈会上指出，赣南等原中央苏区曾为国家做出了不可磨灭的贡献。对于原中央苏区振兴，党中央、国务院高度重视，中国农业发展银行义不容辞。此次调研就是贯彻落实中央对于对口支援工作的要求，进一步摸清南丰经济社会发展工作的关键领域和薄弱环节，进一步了解百姓关心和期盼解决的主要民生问题，找准病灶，对症下药，因地制宜，制定出切实可行的金融支持方案，与南丰县委县政府一道，积极推进南丰振兴发展的相关任务，认真做好对口支援各项工作，向党中央、国务院交上一份满意的答卷

资料来源：笔者收集整理。

南丰县积极与农发行沟通对接，争取对口支援工作取得更多实效。在得知农发行直接对口支援南丰县后，南丰县就多次赴农发行进行了沟通汇报，沟通衔接具体对口支援事项，并已委托中国国际工程咨询公司编制《江西省南丰县2013~2020年重点产业发展规划》，根据产业规划做好相关前期工作，争取在基础设施建设和涉农行业方面得到更多的信贷支持。2014年3月，南丰县委书记祝宏根就率队前往北京，先后拜会了国家农业部副部长余欣荣和中国农业发展银行副行长林立，分别就南丰蜜橘产业发展升级和苏区振兴发展等工作进行汇报，积极争取项目支持。

（二）中国农业发展银行对口支援南丰县的主要政策分析

《中央国家机关及有关单位对口支援赣南等原中央苏区实施方案》出台后，中国农业发展银行积极响应号召，对口支援南丰苏区建设。通过深入南丰基层调研，结合自身职能，迅速出台了《农发行2013~2020年对口支援工作方案》，确定从项目引进、产业发展、政策倾斜等方面加大对口支援力度，重点对粮食收购、农业农村基础设施建设、蜜橘等涉农特色龙头产业、社会民生事业等领域进行支持，改善农业农村基础条件，加快产业发展，提升公共服务水平。同时，围绕南丰战略发展亟须突破和农发行业务支持的核心领域——现代农业和新型城镇化，牵头组织编制《南丰苏区振兴农业投融资规划（2014~2020）》，从而更有效利用农发行政策金融的引导支持作用，推动南丰县经济发展。农发行具体支持政策措施如下。

1. 改善南丰县的农业农村基础条件

第一，支持粮食收购；支持粮油收储调销，确保收储不留空白点，维护农民利益，确保县域粮食安全。

第二，支持农业农村基础设施建设。一是支持农村土地整治，重点支持农村土地整理复垦开发、农村村庄整治、土地收储整理开发等，促进土地资源的集约节约利用，有效破解工业化、城镇化“缺地”，新农村建设“缺钱”，耕地保护“缺动力”，城乡统筹“缺抓手”等难题。二是支持农民集中住房建设，包括农民集中居住区建设与改造、农村危房改造等，改善农民居住环境、生活条件，提升农村公共服务水平，加快新农村建设步伐。三是支持农村交通建设，重点支持县乡村道路，缓解农民出行难的问题，增强城镇对农村发展生产、改善民生的带动作用。四是支持水利建设，重点支持农田水利建设、县城“一江两岸”防洪工程建设、水资源配置建设、水土保持和水生态保护建设等项目，提高农业综合生产能力，夯实农民增产增收的基础。五是支持农业生产基地建设，重点支持基本农田建设、中低产田改造、良种繁育基地建设、农田道路体系建设、农田基础设施及配套设施建设等。

2. 加快南丰县产业发展

第一，支持蜜橘等涉农特色龙头产业。南丰蜜橘是南丰县的农业支柱产业和主导产业，是我国比较古老的柑橘地方特色良种。农民收入的80%来自蜜橘产业，蜜橘所带动的包装、加工、专用农资、流通服务等相关产业占县域经济总量的40%以上。通过支持蜜橘生产基地建设，提升蜜橘生产、加工和流通水平，加快形成一批空间布局合理、区域特色明显、产业优势突出、聚群效益显著的蜜橘产业聚集园区。

第二，发挥地方资源优势，支持竹木深加工以及特色养殖业发展，拓宽农民增收渠道。

第三，支持社会民生事业。利用农发行专项捐助资金，帮助南丰县经济欠发达乡镇兴建希望小学、敬老院、文化活动中心，促进老区教育文化事业发展，提高当地群众的受教育程度和文化水平。

3. 保障对口支援南丰县工作稳步落实

第一，加强沟通，协调做好相关产业发展规划。结合农发行优势及南丰县的实际发展需求等，协助南丰县制定重点产业发展规划。

第二，加强统筹协调，增进与南丰县的联系沟通。全面了解当地经济社会发展特别是民生方面存在的突出困难和问题，协调有关方面帮助解决南丰县经济社会发展中遇到的困难和问题。

第三，拓宽服务渠道。结合自身职能，提供政策指导、信息咨询等服务；为地方招商引资牵线搭桥，引导沿海发达地区农发行开户企业到南丰投资创业，促进当地劳动力就业，增加地方财税收入。

第四，认真总结考核。对口支援工作每年要有工作计划和总结，并及时将年度工作安排、统计报表和总结等报送有关部门。按照对口支援牵头部门的部署和要求，对工作完成情况进行监测和效果评估，确保取得实效。

三、中国农业发展银行对口支援南丰县政策实施状况及成效分析

（一）中国农业发展银行对口支援政策在南丰县的实施状况分析

1. 上下联动，扎实推进对口支援工作

农发行立足服务“三农”，从总行党委到相关部门提升政治站位，高度重视南丰县的对口支援工作，以实际帮扶举措践行着“凡是有利于南丰老百姓脱贫致富的事都愿意干”“凡是有利于南丰长远发展的项目都愿意支持”的承诺，

以“融资、融智、融商、融情”的“四位一体”帮扶措施，升级新时代对口支援工作。

上下同心，倾力帮扶。农发行总行领导多次赴南丰实地调研，为苏区振兴问诊把脉、研判定策。总行董事长解学智，副行长林立，原副行长孙兰生、鲍建安、殷久勇，党委委员徐一丁，原首席风险官李小汇等行领导先后多次深入南丰进行专题调研、工作指导和慰问；总行组织部挂点南丰，每年拨付党费捐赠资金，为村级党组织建设和村级集体经济发展注入“及时雨”；总行扶贫综合业务部适时给予答疑解惑、关心支持；总行各部门凸显优势，纷纷提供政策信息专业资源，助力产业发展；江西省分行适时对支援工作大力指导，基层各行协助配合，江西省分行董仕君行长及班子成员多次到南丰调研指导，并派驻业务骨干协助总行挂职干部开展对口支援工作；农发行全系统助阵助势，积极推动东西部合作，福建、辽宁、浙江、甘肃、重庆等地分行都以不同形式八方驰援南丰。

2. 干部担当，确保各项支援政策做实

在国务院办公厅印发《中央国家机关及有关单位对口支援赣南等原中央苏区实施方案》后，为了使一系列的帮扶政策能够落到实处，发挥政策的最大效益，农发行先后派出由丁振京、张维胜、赵金霞三位挂职干部任组长的团队，分批到南丰挂职锻炼，指导援建工作。他们到位后，迅速克服新环境带来的困难，进入忘我的工作状态，充分利用自身优势，全力争取各类项目、资金，起到了重要的纽带桥梁作用，为南丰县的振兴发展做出了积极贡献。

从国家金融机构干部变为地方政府干部，对挂职干部来说，这是一个难度不小的角色转换，工作内容、思路、方法截然不同。为此，中国农业发展银行的挂职干部迅速适应新角色，结合中国农业发展银行的业务范围和支持重点，对南丰县基础设施、重点产业、城镇化建设、社会民生事业、金融服务等诸多方面进行了全面走访调研，为对口支援南丰县振兴发展工作方案以及进一步细化落实工作方案提供现实依据和建设性意见。同时，为真正把“挂职”当“任职”，他们还主动融入当地，深入乡镇，详细了解乡镇的基本情况、工作重点及存在的问题；积极参加各类调研，推动问题的有效解决；积极做好重点项目建设挂点联系服务工作，深入重点项目建设一线，克服各种困难，加强统筹调度。

为加快城区建设，完善城市功能，挂职干部们充分利用自身业务优势，在

金融融资方面，多次赴中国农业发展银行江西省分行，与有关部门加强沟通协调，积极支持南丰县土地储备项目，目前3亿元土地整治中长期贷款项目资金已全部落实到位，用于南丰县农业园区、果贸市场建设等。

为完善县域金融服务，推动地方经济发展，挂职干部还积极组织开展农村金融创新工作，牵头制定了南丰县金融惠农创新工程实施方案，推出了南丰农村土地承包经营权、农民住房财产权抵押贷款试点工作，并出台了实施方案。为了引导金融机构支持旅游产业发展，南丰县还出台了金融支持旅游业加快发展的信贷指导意见，以橘文化为纽带，打造南丰“县域乐”。牵头组建江西南丰农村商业银行，对现有的南丰农村合作银行进行改制，积极组织出台有关优惠扶持政策，化解不良贷款；助推成立南丰县外汇管理与服务中心，极大地方便了南丰蜜橘出口企业跨境资金交易与结算，有效缩短了出口检验报关的时间，降低了成本，进一步提高了南丰蜜橘的国际市场竞争力。

在做好本职工作的基础上，倾尽全力配合南丰县全局工作。沟通各地农发行单位，帮助南丰县开展招商引资工作，陪同南丰县主要领导赴企招商；帮助南丰县与农发行沟通援建工作，深化对口支援；配合全县工作，赴国家发改委等多部门开展项目申报。2018年南丰县资源循环利用基地入选江西省第一家国家资源循环利用基地，获评“全国资源循环利用基地”。

2018年以来，农发行第三批挂职干部赵金霞同志带领团队实践“说出去，请进来”宣传策略，与江西省内外、农发行系统内外广泛联系，在产业扶贫项目、党建结对共建等多方面探索路径；通过积极推介农发行信贷政策，吸引优质企业来南丰考察；与70名江西省中央单位对口支援干部和30名定点帮扶同志密切联系，邀请中组部、国家发展改革委、商务部、人社部、水利部等近40人次挂职干部考察南丰县，寻求更多的政策、资源和资金支持。2018年4月至今，挂职干部赵金霞为了能在有限的挂职时间内为南丰老百姓更多地察实情、出实招、干实事，即使在中秋、元旦、端午等国家法定假期也依然坚守在南丰对口援建工作的第一线。这种高度的责任感、饱满的工作热情、积极主动忘我的工作精神，赢得了南丰县委县政府的充分信任和干部群众的广泛赞誉，用一名党员干部的实际行动践行了习近平总书记在2018年全国组织工作会上对年轻干部提出的“要信念如磐、意志如铁、勇往直前，遇到挫折撑得住，关键时刻顶得住，扛得了重活，打得了硬仗，经得住磨难”的工作要求。

3. 打通壁垒，广泛争取各方帮扶资源

第一，延伸援建路径。2018 年以来，农发行第三批挂职干部赵金霞同志带领团队实践“说出去，请进来”的宣传策略，与江西省内外、农发行系统内外广泛联系，在产业扶贫项目、党建结对共建等多方面探索路径。

第二，汇集传播善意。几年来，几位挂职干部帮助承接各类善款，修缮三溪乡中心学校操场、留守儿童之家；协调农发行有关部门为学校和家境不富裕的学生捐赠电脑、书包等学习用品；发动社会力量捐赠 78.8 万元资金和物资，支持乡村基础设施建设；为9个乡镇的村民发放大米、面粉等物资936件；仅 2019 年，就已承接农发行总行组织部全体同志、重庆市分行、甘肃省分行、江西省分行及社会各界人士等捐献的物资和资金 50 余万元。

第三，拓宽支援领域。按照中组部对第三批挂职干部“援县促市带省”的要求，充分发挥系统优势，“对口一地，联动全域”，积极宣传推动农发行金融扶贫政策。先后为赣州市的 10 余个县区及抚州市乐安、宜黄、黎川、广昌等地提供了棚改、文旅、基础设施、民生工程等方面的金融政策和信息，加强了当地与农发行的联系，为各地与南丰县的优势互补资源搭建了共享平台。

（二）中国农业发展银行对口支援南丰县的主要成效分析

近七年来，农发行利用其职能特色，在对口支援南丰工作中采取了不同于其他国家部委的帮扶特色和做法，在多个环节“输血”“造血”双管齐下，取得了积极的帮扶成效，使南丰县经济社会保持健康持续强劲的发展势头，经济总量持续增长、综合实力持续提升、人民群众幸福感持续增强，橘都老区人民正阔步前行在高质量跨越式发展的全面小康大道上。

1. 重大民生项目建设得到快速发展

农发行积极回应南丰县对县域经济发展的热切渴望，重点在支持脱贫攻坚和振兴发展方面，给予优惠信贷支持政策，提升核心竞争力。

第一，农发行按照属地管理原则，由江西省分行与南丰县政府签订了《农业政策性金融支持脱贫攻坚与经济社会发展战略合作协议》，根据协议，农发行意向在 2017~2020 年，向南丰县提供约 55 亿元信贷支持。

第二，农发行在增强经济欠发达地区民生福祉、基本公共服务能力等重大

民生工程方面，加大了资金支持力度。截至2019年10月，农发行南丰县支行已累计审批中长期项目贷款12个，审批金额接近30亿元。这些贷款分别被投入到棚户区改造、养老服务中心、基础设施、产业化发展等民生工程中，使一批重大民生工程项目陆续开工或建成投入使用。例如，虹瑞佳苑棚户区通过改造安置房，使500户居民迁入了新居；兴建了第二自来水厂、河东新区管网，解决了涉及城区8万人的安全饮用水问题；兴建了拥有1000个床位的新区医院，帮助缓解了群众看病难的压力；扩建了南建大桥、环城北路，解决了群众出行拥堵问题；兴建了62套易地扶贫安置房，使常年生活在地质灾害点的300多名群众住进了安全舒适的新居；投入2亿元信贷资金，改造了468千米农村公路，为山区农户降低了蜜橘运输成本；等等。

第三，支持实体经济和本土民营企业。在江西南丰振宇实业集团面临各种困难时，农发行响应政府号召，不减贷、不抽贷，积极采取措施，承担社会责任，发放贷款4200万元，帮助企业走出困境，做精做强。

第四，支持众创基地建设，提升县城创业环境。2019年以来，农发行已为南丰县投资创业和承接项目的载体工程——众创基地一、二期发放2.3亿元项目贷款，后续将根据项目进度稳步推进实施。该项目建设以标准厂房为主，同时配套管理服务中心、电子商务大楼及职工宿舍等服务性建筑，总建筑面积21.6万余平方米，其中标准厂房面积约16.6万平方米，可有效提高土地利用水平，促进工业和服务业项目节约集约用地，增强南丰县创业环境优势，增加创业投资吸引力，提升自身“造血”能力。

2. 针对性开展援建工作提升了“造血”机能

几年来，农发行坚持“支农为国、立行为民”，在关乎老区民生民本事项中播撒了大爱深情。通过帮助筹办招商引资对接会，引进企业项目与无偿捐赠，实现对南丰县的“输血”“造血”双项帮扶。

一是立足南丰资源禀赋，着力培育壮大特色优势产业，帮助加速构建现代特色农业产业体系。农发行各级机构积极行动，引导南丰县所需产业链上的龙头企业与当地政府、企业开展合作，为南丰量身打造一条既适合当地发展实际，又可持续、绿色发展的道路。2018年9月，衔接助推南丰产业扶贫招商引资对接推进会召开，集中农发行系统资源优势，初步促使26家龙头企业意向落户南丰，签订意向协议，总投资37.1亿元，涉及项目24个。目前，与泉州金穗米业有限公司合作1.5万吨稻谷收购项目已落地，正在组织开展货源的筹集工作；对接浙江天子股份有限公司的蜜橘标准化精品产销项目，已收购原材料南丰蜜橘750吨，并就前期在南丰建立科研中心达成共识。2019年9月27日，在杭州召开的定点扶贫（对口支援）县招商引资对接会上，南丰以其丰富、新颖、天然、绿色的特色产品吸引了与会者眼球，展台前问询者络绎不绝，并在稻谷采购、蜜橘产销培育、龟鳖鱼饲料和食品加工、农业产业化合作、农用无人机生产等方面和5家企业达成了合作意向，意向合作金额近4亿元，目前正加紧推动签约项目的落地实施。同时，按照县招商引资计划，农发行还积极帮助对接北京大逸供应链管理有限责任公司的蜜橘综合产业园等项目。

二是坚持以人民为中心，农发行持续不断开展无偿捐赠，到2020年捐赠总额将超1300万元。农发行挂职干部周密谋划，统筹于南丰县的整体部署，将捐赠资金按需向村集体发展、乡村民生建设、民本工程上倾斜。注重教育兴县的推动作用，投入捐赠资金321.72万元，支持教育事业发展；注重以党建统领相关工作，捐赠62.64万元，修缮村级党组织活动场所，完善更新党员教育设施；注重产业帮扶的带动作用，捐赠197.36万元，支持茶树菇、湖鸭、土鸡等养殖及产业基地改造扩建；注重农村基础设施扶贫的先导作用，捐赠245.8万元，支持改造农村饮用水配套实施、新建修缮村组路桥及生态保护项目建设；注重困难群众生活改善的保障作用，捐赠183万元，用于房屋维修加固、公益性便民设施建设、乡级敬老院建设。

3. 振兴扶智，打造人才强县道路

农发行认为苏区振兴需要人才、科技、先进理念的振兴，围绕《若干意见》人才政策指引，农发行将人才工程和引智项目向定点县倾斜，把扶志扶智作为援建工作的重要抓手。

一是打造长效“强智”样板。由农发行投入321.72万元捐赠资金支持启动的南丰县教育基金会，从2018年开始正式运行，截至2019年10月，该基金已经打造了940余万元的资金池，发放的“奖教奖学，解困助学”金资助人数达1100人次，尽最大努力不让学生因家庭困难而辍学。

二是注重干部带动作用。利用农发行和苏州干部学院的长期合作协议，分3年为南丰县培训160余名县、乡、村三级干部。2017年起，已培养14批、137名基层干部和致富带头人。仅2018年至今就培训了11批，107人次。

开展金融知识宣讲，江西省农发行于2018年帮助选派5位金融业务专家

在南丰实地宣讲金融知识，为400余名南丰县同志进行金融扶贫政策培训，通过金融教育助力乡村振兴。关心下一代教育，2019年和南丰县有关部门合作选拔了10名优秀乡村教师到北京参与农发行总行和中国金融教育基金会联合组织的培训项目。

三是多方面拓宽培训渠道。2019年6月初，农发行主动与新东方集团代表就“情系远山”公益项目对口支援老区晤谈，对接多个教育支持项目，目前已启动2019~2020学年高中双师课堂，共有114名学子受益。

第三章 国家部委在吉泰走廊的对口支援研究

吉安市位于江西省中西部，是举世闻名的革命摇篮井冈山的所在地。古称庐陵、吉州，元皇庆元年（1312 年）取吉阳、安成首字合称为吉安。2000 年 5 月撤地设市，现辖 2 区 10 县 1 市（即吉州区、青原区，吉安县、新干县、永丰县、峡江县、吉水县、泰和县、万安县、遂川县、安福县、永新县，井冈山市），面积 2.53 万平方千米。截至 2018 年底，吉安市人口 538.99 万。吉安市曾先后获得中国优秀旅游城市、全国双拥模范城市、国家森林城市、国家园林城市、全国绿化模范城市、全国电子信息产业科技兴贸创新城市、全国新型工业化（电子信息）产业示范基地城市、外商投资最佳城市、全国文明城市提名城市、国家卫生城市、省级文明城市、省级卫生城市、江西省首届生态宜居城市等荣誉称号。

吉泰走廊是原吉泰工业走廊的延伸和拓展，以 105 国道为主线，以京九铁路、赣粤高速为两翼，北起吉水县醪桥镇，南至泰和县塘洲镇，东起青原区富滩镇，西至泰和县螺溪镇，吉泰走廊涵盖了三县四区，即吉安县、吉水县、泰和县，吉州区、青原区、井冈山经济技术开发区、庐陵新区，面积 2540 平方千米。吉泰走廊南北长约 70 千米，东西平均宽 20 千米，总面积约 1400 平方千米，占吉安市总面积的 5.5%，人口 127 万，其中核心区面积 900 平方千米，占吉安市总面积的 3.6%，总人口 103 万，占吉安市总人口的 19.7%。

第一节 国家税务总局在吉州区的对口支援研究

一、吉州区基本区情

吉州区在 2000 年 8 月由原县级吉安市撤市设区成立，是吉安市的政治、经济、文化中心，总面积425平方千米，建成区面积43.5平方千米。辖4个镇、7个街道，89个行政村、46个社区，总人口36.8万人。全区耕地1万公顷，林地1.57万公顷，森林覆盖率为31.1%。

区位优越。吉州区位于江西省中部，地处赣江中游，是长江三角洲、珠江三角洲、闽东南三角区的共同腹地。基础设施完备，交通发达便捷。昌赣高铁、京九铁路、105国道、赣粤高速公路、泉毕高速公路、阿深高速公路承东启西、沟通南北、通往全国。吉州距南昌国际机场240千米、距井冈山机场40千米，已构成通往全国的全方位十字架立体交通格局。吉州已融入1小时航程、6小时车程可通达周边8个省会城市的“经济圈”。经济圈中聚集着中国1/3以上的人口，创造出中国1/2以上的GDP，并孕育着12万亿元工业品消费潜力。按照江西省委、省政府“对接长珠闽，融入全球化”的发展战略，吉州区凭借其独特的地理位置和优越的自然条件，已成为承接长珠闽产业转移的首选之地。

“红、绿、古”资源交相辉映。吉州建城1670多年，为历代郡、路、道、府治所，素有“金庐陵”“江南望郡”“文章节义之邦”的美誉。其碧水傍城，名胜遍布，“红、绿、古”旅游资源交相辉映，不仅拥有白鹭洲书院、钟鼓楼、吉安古榕树和钓源古村、卢家洲古村等名胜古迹，更以“红色名城”闻名天下，“十万工农下吉安”的壮举，毛泽东、朱德旧居，“九打吉安”遗址，记载了中国革命历史的辉煌。吉州四季分明，自然气候宜人，水质和空气质量均在全国名列前茅，是一个宜居宜业宜游的城市。

城镇建设焕发新姿。大力推进人文社区优质均衡发展，推进了背街小巷老旧小区“三改三通三进”行动计划、畅通“微循环”工程和五里、大校场等一批棚改项目，改造了近350个无物业或老旧小区，打通了33条“断头路”，完善了城市老区公共配套，城市面貌不断改善。产城融合新兴区加快建设，城北片区北大井冈山实验学校、社区健身中心、天腾商业综合体、公租房三期等服务配套项目加快推进。深入开展城乡环境综合整治，强力推进扬尘、餐饮油烟、秸秆燃烧等十一大专项整治，城乡环境面貌发生显著变化。

工业基础日益雄厚。大力实施“工业强区”战略，规划建设的电子信息产业园、食品医药产业园、机械装备制造产业园“一园三区”框架已初步形成。工业园区已开发面积近万亩，并纳入井冈山经济技术开发区“一区四园”一体化发展，综合实力跨入江西省开发区“第一方阵”，为江西省首批扩区调区园区、江西省电子信息产业科技兴贸创新基地、江西省电子信息产业生产出口基地、省级战略性新兴产业基地。引进了住友电装、摩比通讯、华立源锂能科技、宏瑞兴科技等100多个项目，电子信息、机械装备制造、食品医药“三大百亿”产业发展势头强劲，其中，江西新赣江药业有限公司在“新三板”成功挂牌，电子信息产业2018年产值达147亿元。

现代服务活力迸发。坚持“商贸兴区”战略，兴建培育了城南市场、农副产品物流中心、城北汽车城等一批有形市场，尤其是城南市场规划的5300亩全面动建，已建成100多万平方米，建材、钢材、工程机械、商贸城、汽车城、物流园等市场全面开业，河西物流园区被国家交通部批准为全国公路货运枢纽站，“中国第五代市场、赣中第一流商城”已初步成型。大力发展电子商务，引进培育发展了城南跨境电商产业园、电商孵化园、电商物流产业园、中国网库吉安电商谷等一批特色电商平台，电商企业突破300家。强化楼宇招商，壮大城市经济，引进了肯德基、天虹商场、大润发等国际国内著名连锁企业，以及珠江银行、珠江村镇银行等金融机构，现代服务业不断壮大。大力推动旅游和大健康提档升级，深入推进“全景吉州、全域旅游”战略。石语荷园获评省AAAA级乡村旅游点，2018年吉州区累计接待游客总人数和旅游总收入分别增长了28.6%、29.5%。

乡村振兴成效明显。大力实施“稳粮、优供、增效”工程，推动农业产业优化升级。井冈蜜柚、绿色蔬菜、花卉苗木三大富民产业总规模达5.8万亩，井冈蜜柚实现江西省首单出口，获第十五届中国国际农产品交易会参展农产品金奖。都市田园观光区建设快速推进，石雨荷园、硕丰柚乡园、台湾园、古貌占心园等景点进一步完善，观光区实现农业与文化旅游融合互动发展。紧扣“整洁美丽、和谐宜居”标准，大力提升美丽乡村建设水平，大力开展环境综合整治，大力推进移风易俗，农村面貌显著改善。

二、国家税务总局在吉州区的实地调研及对口支援政策研究

（一）对口支援政策出台前后国家税务总局在吉州区的实地调研

2013年12月10~12日，国家税务总局机关工会主席施长恩率领对口支援工作组深入吉安市吉州区调研对口支援工作。调研期间，施长恩一行深入吉州城北片区、城南片区、樟山新区和住电电装公司、天腾科技股份公司等调研考察，详细了解吉州经济社会发展情况。在随后的调研座谈会上，施长恩认真听

取了有关吉州区政治、经济、文化等方面的情况汇报，以及对赣南等原中央苏区对口支援工作的意见和建议。他表示，调研考察就是要将具体工作落实下去，使如何做、谁来做等工作细节性的问题都有明确的方案，脚踏实地地把这项工作做实、做好。施长恩强调，要全面深刻领会《国务院关于支持赣南等原中央苏区振兴发展的若干意见》精神，全面准确理解国家发改委制定的对口帮扶的有关规定和要求，发挥国家税务总局的优势，在政策上给予倾斜，帮助引进相关配套项目，在改善民生社会事业等方面给予更大支持，切实做好对口支援赣南等原中央苏区的有关工作；要上下联动，加强沟通协调，将向老区"输血"变为帮助老区"造血"，扎扎实实推进老区振兴发展。胥敏锋总审计师代表江西省国税局在会上表示，将按照总局要求，从搞好对接、用好政策、扶好项目、做好协调等方面认真配合开展对口支援工作。

2014年2月25日，时任国家税务总局党组副书记、副局长解学智出席国家税务总局对口支援吉州工作座谈会并讲话。座谈会上解学智一行认真听取了吉安市和吉州区的经济社会发展情况以及有关恳请事项的汇报，对吉安市近几年经济社会发展取得的成就给予了充分肯定。解学智说，吉安是一座历史悠久有着深厚文化底蕴的城市，又是一个具有革命传统的红色老区。这里的空气质量与生态环境非常优良，经济社会发展也有一定的基础，广大干部群众对于加快转型发展有着非常强烈的愿望。他指出，对口支援是党中央、国务院下达的一项重要任务，各级相关部门一定要把工作做实做细，认真完成。要全面准确理解国家税务总局制定的对口帮扶的有关规定和要求，发挥国家税务总局的优势，在政策上给予倾斜，帮助引进相关配套项目，在改善民生社会事业等方面给予更大支持，切实做好对口支援的有关工作。要上下联动，加强沟通协调，将向老区"输血"变为向老区"造血"，扎扎实实推进老区振兴发展。关于党的十八届三中全会提出的税收优惠政策，国家税务总局将进一步细化研究论证，对有利于吉安发展的税收改革、征管，愿意先行先试。他还强调，下一步要从人才技术的支援、业务指导的支持、发展难题的破解、为中央企业帮扶牵线搭桥四个方面入手。结合党的群众路线教育活动，科学编制发展规划，精心组织，不断强化"输血"和"造血"功能，做好对口支援工作。同时，要依靠自身力量和外部帮助，以实际行动落实中央要求，全面支援老区的发展建设。座谈会后，解学智一行还参观了庐陵文化生态园，并于2月26日到井冈山革命烈士陵园缅怀革命先烈。

2017年6月27日，国家税务总局总审计师刘丽坚率调研组来到吉州区，就原中央苏区对口支援工作进行调研。座谈会上，吉安市、吉州区领导就地方社会经济发展情况及吉州区原中央苏区对口支援工作进行了汇报，并就如何进一步做好对口支援工作提出建议。作为国家税务总局干部挂职在吉州区任职的区委副书记、副区长戴诗友就这一年多以来的工作情况进行了汇报。刘丽坚说，吉州生态优良、环境优美、干部干事充满激情，社会政治经济平稳发展，这与各级干部的辛勤付出是分不开的。她表示，国家税务总局将针对吉州实际情况因地制宜，大力开展产业帮扶、税收政策支持等对口支援帮扶工作，一如既往地支持、服务吉州的发展，为老区振兴做出贡献。

表 3-1 为国家税务系统各级领导在吉州的实地调研简况（部分）。

表 3-1 国家税务系统各级领导在吉州的实地调研简况（部分）

时间	概　况
2014 年 10 月 21 日	中央国家机关及有关部委对口支援吉安挂职干部深入吉州，就加快吉泰走廊“六个一体化”进程进行了专项调研
2015 年 1 月 13 日	国家税务总局机关工会主席施长恩率调研组到吉州区调研中央苏区对口支援工作。调研组深入工业园区、樟山新区、城南专业市场和区现代农业科技示范园等地考察吉州工业经济、城市建设、商贸发展等情况，并召开反馈会。调研组成员表示，吉州区以“三城共建”推进吉州发展升级的理念新、举措实、有成效，城市面貌、经济社会等各方面的成就让人眼前一亮，大家还就如何更好地进行项目对接、促进吉州发展升级纷纷提出意见建议。施长恩表示，此次考察让他对吉州有了新的认识，下一步将有的放矢做好对接，建立长效帮扶机制，强化帮扶协调，抓好工作落实，加强部门间联系，有针对性地为吉州区招商引资、企业重组牵线搭桥和提供帮助；将不断强化长期与近期相结合、“输血式”和“造血式”相结合的帮扶模式，做好对口支援工作，以实际行动支援老区的发展建设
2018 年 4 月 24 日	江西省国税局党组成员、总经济师刘英怀率队到吉州区调研。座谈会上，刘英怀听取了吉州区财税工作情况汇报，对吉州区财税工作取得的成绩给予了充分肯定，并对吉州的经济社会发展表示关心。他指出，江西省国税部门将加大对吉州区的支持力度并积极配合工作，助力吉州发展。区委书记朱谋俊主持座谈会，他对江西省国税局对吉州的大力支持表示感谢并指出，近年来，国家税务总局和江西省税务部门对吉州区不断加大扶持力度，有力促进了经济社会发展。双方挂职模式，加强了沟通，在招商引资、企业帮扶等方面卓见成效；在税务业务方面也给予了大力支持。他希望，继续加大对吉州的帮扶，给予更多的政策、项目支持；吉安市联席会议召开，加强了吉州和先进地区的沟通交流合作；在具体的税收业务方面，继续给予支持指导，帮助吉州。吉州区委副书记、区长黄国栋指出，近年来，江西省国税局对吉州区给予了极大的帮助和支持，在创新帮扶机制、挂职模式等方面取得了很好的成效。吉州将积极争取、申报召开联席会议，继续把好的做法延续下去并取得实效。会后，调研组成员还来到吉州区工业园内的江西万佶物流有限公司实地调研

续表

时间	概 况
2018年7月2日上午	中央国家机关及有关单位对口支援吉安苏区挂职领导一行在市区领导的陪同下对税务局挂点帮扶村樟山镇文石村进行考察调研。调研组一行详细听取了文石村第一书记肖斌同志对该村脱贫攻坚情况的汇报，随后考察了文石村就业扶贫车间，重点了解了车间的产品销售、困难户就业情况和就业收入状况，考察组对车间灵活的用工模式给予了高度的赞许，并提出争取让更多的低收入群众到车间作业，增加其收入；调研组还查看了该村果树种植合作社基地，该基地占地285亩，分三期实施，目前一期、二期已全面启动并初具规模，三期正在培育果树母体；最后，调研组参观考察了文石古村建筑，并表示要深度挖掘好、培育好古村文化，全力打造好一流的旅游观光景点亮点

资料来源：笔者收集整理。

为进一步加强对口支援吉州的沟通、对接工作，2014年4月15~17日，在吉安市委常委、常务副市长刘连根的率领下，吉州区区长朱谋俊一行5人赴京，与国家税务总局及央企进行了深度帮扶对接及项目洽谈。在国家税务总局，副局长宋兰及相关司局负责人听取了吉州区中央苏区振兴发展工作情况汇报，宋兰表示将大力支持吉州区的振兴发展工作，并当场联系协调相关中直机关及央企与吉州区的项目对接。在国家税务总局纳税服务司司长饶立新及北京市国税局党组副书记、副局长孔繁琪的协调及陪同下，刘连根常务副市长一行与中国航天科技集团公司总工程师巴日斯及6位部门负责人，就江西电缆有限公司和中国航天科技集团公司下属企业航天电子技术有限公司合作重组事宜进行了商谈。刘连根常务副市长介绍了吉安市及江西电缆公司的基本情况，表达了政府推动企业重组靠大联强、加快企业发展壮大的热切意愿。巴日斯总工程师对双方合作表示大力支持，并当场确定双方进行实质性洽谈程序，中国航天电子技术有限公司于4月23日派考察团到吉州区对江西电缆公司进行资产财务核查及洽谈，为企业重组合作奠定基础。2014年9月15~17日，吉州区委副书记、副区长汤钧赴北京走访国家税务总局、北京市国税局、北京市地税局，联络吉州区赴北京开展招商引资活动事宜。

2017年3月3日，吉州区委、区政府主要负责同志率有关单位赴国家税务总局汇报对接苏区振兴发展对口支援工作，国家税务总局工会主席施长恩会见了吉州区负责同志一行，纳税服务司等有关同志参加会见。吉州区对国家税务总局多年来给予的关心支持表示感谢，就吉州经济社会发展情况以及产城融合示范区建设、交通重点项目等进行了详细介绍，并恳请国家税务总局加强对吉州区各项工作的指导，继续给予政策、项目、资金支持。施长恩主席充分肯定了吉州区经济社会发展取得的新成绩，对吉州区未来的发展提出了宝贵建议，希望吉州区认清形势，理清思路，立足新起点，抢抓新机遇，促进经济社会持续健康发展。国家税务总局将加大对口支援力度，积极支持吉州区苏区振兴发展。

（二）国家税务总局对口支援吉州区的主要政策分析

国家税务总局领导带队进行了扎实有效的深入调研后，出台了含金量高、针对性强、操作性强的《对口支援吉安市吉州区工作方案》。该方案提出将发挥国家税务总局的优势，在政策上给予倾斜，帮助引进相关配套项目，在改善民生社会事业等方面给予更大支持，并进一步提出了加大政策扶持、培育壮大特色优势产业、开展民生帮扶等 7 项具体对口支援任务，有针对性地开展对口支援工作，协调中央企业开展帮扶活动，帮助解决发展难题，变向老区“输血”为帮助老区“造血”。

三、国家税务总局对口支援政策在吉州区的实施及成效分析

（一）国家税务总局对口支援政策在吉州区的实施状况分析

1. 创新双向挂职机制

对口支援工作开展以来，国家税务总局以建立健全工作机制为主线，着力推动构建全国税务系统在人才、技术、产业、项目等方面的整体支援合力。

一是创新了双向挂职机制。按照“双向挂职、两地培训”的要求，吉州区和国家税务总局建立了双向委派人员挂职机制，国家税务总局每两年从总局机关选派一名处级干部赴吉州区挂职，吉州区每年安排两名干部到相关省、市税务机关挂职，共同促进对口支援工作任务的落实。2018 年 10 月 11 日，吉州区税务局举行国家税务总局干部下基层锻炼见面会，总局国际税务司、办公厅综合调研处等领导介绍了总局两名下派锻炼干部的基本情况，并提出了下派锻炼希望和要求。总局两名下派锻炼干部作了表态发言。江西省税务局国际税收管理处、办公室和市税务局等领导先后讲话，欢迎总局两名优秀年轻干部下派到吉州区局锻炼，吉州区税务局主要领导汇报了吉州区情、税情、局情，并表

态按照上级的要求，妥善安排总局下派锻炼干部的工作和生活。区局党委班子成员和人事、办公室、税政法规部门临时负责人参加了见面会。

为加快吉州区经济人才的成长，同时实地接触意向投资企业，国家税务总局及时总结评估该区在税务总局第一期挂职干部的工作经验及成效，2015 年安排该区选派的两名优秀干部赴广东省东莞市南城区和福建省福州市马尾区税务机关挂职锻炼，力争起到学习经济发展经验，把握项目引进先机的双重效果。2015 年 8 月 5~7 日，由国家税务总局机关工会主席施长恩、国家税务总局机关党委组织部部长李永德带队，吉州区委副书记、副区长汤钧，区委常委、组织部长汤耀明等一行送李丽赴广东省国税部门、刘毓萃赴福建省国税部门挂职。其中李丽挂任东莞市国税局南城税务分局副局长、刘毓萃挂任福州市马尾区国税局副局长。两地分别召开了挂职任命会议。广东省国税局长胡金木、福建省国税局长林京华分别出席接待，要求当地国税部门高度重视此项工作，安排好挂职干部的工作、生活，确保活动取得实效。国家税务总局机关工会主席施长恩指出，选派吉州区干部赴广东、福建两省国税部门挂职，是国家税务总局对口支援吉州发展的重要举措，两地国税部门要高度重视，具体落实好此项工作。施长恩要求挂职干部充分发扬井冈山革命老区精神，扎下身子尽快熟悉工作，要学习沿海经济发达地区开放创新的发展意识和国税部门先进的服务理念，要兼顾好挂职与招商两项工作，要充分借助国税部门的平台大力推介吉州，完成对重点企业的招商引资，切实推进确保实效。

二是建立了相关省市税务部门联络员制度，在经济发达省市税务系统，有计划地确立对口支援吉州区联络员。充分利用税务系统信息及资源优势，及时沟通交流，主动组织政企对接。通过联络员机制，吉州区已在南昌市成功组织 46 家在赣发展的文化旅游、房地产知名企业参加项目恳谈会，2015 年又相继有北京市税务机关联系的清华紫光、清华同方、北汽集团和首旅集团，广东省税务机关联系的金立手机、省华侨商会、福虹房地产和澳大利亚投资发展集团，福建省税务机关联系的新大陆集团、华映科技、融侨集团、中航紫金地产和世贸投资等多家企业与吉州区开展深入洽谈，并达成初步合作意向。

2. 以“输血”带发展

一是争资争项。例如，2014 年 1 月，国家税务总局挂职干部到吉州后就深入调研，掌握区情、民情，迅速投入到吉州区“春季攻坚行动”和经济社会发展升级的工作中，全力争取中央政策和项目扶持。通过努力争取，在政策支持方面，国家发改委同意将吉州区纳入西部政策覆盖范围，并进一步推动将该区长塘、樟山、兴桥、曲濑4个镇列入国家以工代赈项目，支持全区经济社会发展。在项目资金方面，仅2014年就争取到上级各类无偿资金7.5亿元。5年来，吉州区累计争取上级各类无偿资金32亿元，极大地提高了吉州区财政保障民生支出的能力。

二是捐资助学。2015年6月16日，国家税务总局纳税服务司副司长吴宏韬率队来到吉州区开展助学活动，为长塘镇荷洁小学捐赠了180套课桌。吴宏韬在捐赠仪式上表示，价值3万多元的课桌是由国家税务总局党员干部个人捐资的，目的是进一步改善荷洁小学的办学条件，为孩子们营造更好的学习环境。

三是积极帮扶脱贫攻坚。例如，2019年3月26日，国家税务总局吉安市吉州区税务局召开帮扶工作会议，部署安排2019年挂点村困难户帮扶工作，区局帮扶工作领导小组成员、驻村工作队成员参加会议。3月27~28日，国家税务总局吉安市吉州区税务局15名帮扶干部到挂点村长塘镇培模村走访30户结对帮扶对象，入户调查生产经营和家庭生活情况，为实现共同富裕贡献智慧。

3. 以“造血”增活力

为增强当地经济的“自我造血”能力，着力推动地方特色优势产业发展，国家税务总局挂职干部主动担当，深入开展对吉州区重点税源企业江西电缆有限公司重组帮扶工作。目前，该企业已经完成内部重组工作，生产经营恢复正常，并与主要银行达成银企合作框架协议，为下一步企业发展奠定基础。

主动扶优扶强。多次走访调研江西堆花酒业，了解企业发展瓶颈，加强与国家工商总局商标局的沟通，力争使“堆花”酒列入“中国著名商标”，做大“堆花”品牌，提升市场竞争力。同时，积极联系四川省白酒协会等行业标准制定单位来企业开展业务指导和市场合作，引导企业稳步扩大产能。

推动招大引强。围绕吉州电子信息和机械装备制造两大主导产业，发挥双向挂职和全国税务系统联络员制度的作用，先后在厦门、深圳、广州、台北、北京、惠州等地组织专题招商推介会和经贸合作恳谈会，并邀请知名企业到吉州区考察洽谈，着力引进税收贡献高、集聚能力强的龙头企业和重大项目，加快吉州产业集聚集群发展。

2015年5月29日，2015年吉州（深圳）重点产业招商推介会在深圳成功举办。推介会上，中山市台钜设备科技有限公司、来发塑胶制品（深圳）有限公司、香港尚活实业有限公司、深圳市海纳泰兴电子有限公司、广州市俊豪电子有限公司、江西中森投资有限公司、深圳市德马科智能机械有限公司、中国美术学院美术中心有限公司8家企业与吉州区成功签约，合同资金达40亿元。

2016年3月16日，2016年吉州（北京）重点产业招商推介会在北京西郊宾馆五号楼金缘厅成功举办。会上，吉州区与德安杰环球顾问集团、创意中国产业联盟、中国网库集团、北京清大卓筑有限公司、中国温泉在线产业集团等企业成功签约12个项目，涉及文创、电商、旅游等多个产业。5月12日，2016年吉州（东莞）重点产业招商推介会在东莞市会展国际大酒店成功举办。此次推介会是国家税务总局为对口支援吉州区开展的一次重要对接支持活动，得到了广东省及东莞市国税局的大力支持，会上60余家大型企业的代表参加了会议，共签约项目5个，合同引资额25亿元。9月1日，由东莞市食滋源食品有限公司投资2亿元，落户在吉州区绿色食品产业园的休闲食品生产项目签约。东莞市食滋源食品有限公司专业生产月饼、糕点、休闲食品等，引进日本成熟的生产设备，拥有1万余平方米全封闭的无菌生产车间，生产规模与产品质量同行业领先。该项目占地约20亩，两年内完成近2万平方米厂房的建设。达产达标后，预计实现年产值3亿元，年税收800万元。该项目的落户，是吉州区借国家税务总局对口支援的东风，携手东莞市国税局开展东莞系列招商活动的成效之一，其他包含覆铜板、线路板、SMT主板、品牌电梯、电线电缆和生物制药等十余个东莞招商重点项目正在紧密对接洽谈中。10月27日，2016年吉州（深圳）重点产业招商推介会在深圳彭年大酒店成功举办。会上，吉州区与添越实业有限公司、宏业铜箔有限公司和东莞市食滋源食品有限公司等9家企业成功签约，签约金额达51亿元。

2017年3月3日，2017年吉州·京津冀新经济发展招商推介会在北京隆重举行。会上，吉州与中国青旅集团特色小镇投资基金公司、中国五矿二十三冶建设集团有限公司成功签订战略合作协议。7月20日，2017年吉州（深圳）电子信息暨加工贸易产业招商推介会在深圳富临大酒店成功举办。会上，吉州区与梅州市联鑫电子有限公司、江西古貌古心文化发展有限公司、中国二手客车联盟、深圳加多净科技有限公司、深圳加伦膜净水设备有限公司等8家企业成功签约，签约金额达30亿元。

2018年11月13日，2018年吉州（广州）现代服务业招商推介会在珠江之畔的凯旋华美达大酒店举行。推介会上，广东林安物流总部及冷链物流、国家战略“中新农业产业园（吉安）田园综合体产业示范园”、江西康谷中药材电商物流有限公司等9个项目成功签约，总投资额25亿元。这些签约项目涵盖全域旅游、电子商务、现代物流、现代金融、教育体育、文化创意等现代服务业重点领域。

4. 搭致富“连心桥”

据不完全统计，吉州区现有2万余名外出农民在北京市务工，多从事蔬菜贩运，集中于丰台区岳各庄附近，号称“吉安菜帮”，其中流动党员共有59名。按照江西省“连心、强基、模范”的工程要求，在吉州区区委统一组织下，国家税务总局挂职干部在北京主持召开了流动党组织座谈会，成立兴桥镇在北京流动党支部，同原有长塘镇、白塘镇、樟山镇3个在北京的流动党支部一道，共同明确与驻地丰台区卢沟桥乡党委的托管关系，确保流动党员“离乡不离党、流动不流失”。为充分发挥流动党员模范带头作用及信息灵便的优势，塑造“吉安菜帮”在京新形象，按照以党建促农民增收致富思路，构建了吉州区绿色蔬菜及鲜活农产品直供北京市场的物流渠道，打通从吉州田间到北京餐桌的放心蔬菜走廊。在国家税务总局挂职锻炼干部的帮助下，通过汇报联系，实现了吉州绿色蔬菜对国家税务总局机关食堂的直接供应，既可将吉州蔬菜品牌推广到中央有关部委，又可满足国家机关工作人员食用新鲜、放心蔬菜的需求。

5. 吉州区主动作为

为了积极争取国家税务总局对口支援吉州区建设，做大吉泰走廊经济建设总量，推动吉州区顺势发展，抢占发展高地，吉州区主动抢抓发展机遇，主动对接国家税务总局，借助中央国家机关对口支援的东风，助力苏区振兴乘风破浪。吉州区发改委通过开展对口支援联席会议、定期开展汇报等方式，以中央机关对口支援苏区振兴发展派挂职干部为契机，全面梳理总结对口支援工作，积极向上争资立项，多次与对口支援单位国家税务总局开展磋商会谈，恳请国家税务总局继续给予吉州区税收减免等相关政策支持，以优化招商引资环境，发挥支援帮扶作用。仅2016年第一季度，吉州区发改委就谋划储备了中央预算内投资项目30余个、专项建设基金项目20余个，涉及农林水利、城镇基础设施、生态文明、社会事业、产业发展等方面；争取到2016年国家第一批专项建设基金项目3个，专项建设基金6500万元，其中城镇供排水建设和改造项目3000万元、养老服务体系建设项目2000万元、城北社区健身中心1500万元，为吉州区苏区建设实现了良好的开篇布局。2017年以来，吉州区发改委进一步加强与国家税务总局的对接，配合做好吉州（北京）产业招商推介会有关工作，协调总局领导出席招商推介会，以及做好吉州区主要领导在北京向总局领导汇报的对接服务工作；做好了税务总局总审计师刘丽坚、江西省国税局局长胡立文等领导来吉州区考察调研的接待工作。同时，加强与省、市的对接，做好重大事项（政策、项目、资金）的提报和跟踪。

（二）国家税务总局对口支援吉州区的主要成效分析

吉州区牢牢抓住国家税务总局对口支援的机遇，主动对接，大力推进苏区振兴发展，各项事业都取得了高质量的发展，吉州区经济社会呈现发展“加速度”，百姓幸福感日益提升。

1. 民生事业取得显著成效

吉州区用于民生工程的财政支出逐年增加，全面落实了就业、医保、医疗救助、社会救助等各项政策，确保了离退休人员养老保险金按时足额发放、城乡“低保”对象应保尽保。截至2016年，吉州区累计民生支出45亿元，年均增长22%。2018年全年民生投入30.6亿元，增长了23.1%，占财政总支出的88.5%。“低保”救助、医疗救助和养老实现应保尽保，在吉安市率先开展了“救急难”、城乡居民社会养老保险试点等工作。

“人文社区、温馨家园”的创建探索了具有吉州原创意义的社会治理新模式，被评为中国社区治理十大创新成果。顺利通过国家义务教育发展均衡区评估验收，并被列为吉安市唯一省级学前教育改革发展实验区。2018年新建和改扩建校舍5.9万平方米，2所城区小学和10所村级公办幼儿园投入使用，新增学位5000余个。实现城乡医疗救助、医保与新农合同步结算，完成43所村卫生计生服务室标准化建设，建立了吉安市首家人口计生关爱中心。城乡居民养老保险待遇和低保补助标准连年提高，民生工程大病救治实现全覆盖，2018年全年发放养老金、救助资金9.73亿元。城镇新增就业6502人、新增转移农村劳动力3135人，城镇失业登记率3.3%，低于控制目标0.7个百分点。完成棚户区改造1082套、农村危旧房改造302户，配租保障性住房1808套。社区和居家养老服务改革试点惠及6070名老年人。社会事业全面进步。全面实施免费基因检测健康筛查工程，家庭医生签约服务超过10万人，贫困人口区域内就医实现“先诊疗后付费”和“一站式”结算。深入推进平安吉州建设，区网格化管理服务中心投入使用，刑事案件和“两抢一盗”侵财案件发案率逐年下降。平安吉州深入推进，完成200套智能门禁系统建设，打造了“吉州格格”

社会治理品牌，治安好转率跃居江西省第一，公众安全感指数比2017年提升7位，创历史最好成绩。

2. 创新发展有了新活力

吉州区全面落实了简政放权、放管结合、扩权强镇、农村土地确权等数十项改革。社会救助行政执法、学前教育改革、相对集中行政许可权改革分别被列为国家和省级试点。2018年重点改革再获突破。深化“放管服”改革，取消调整证明事项137项，全面推行并联审批、网上审批，全面实行延时、错时、预约服务，523项政务事项实现“一次不跑”或“只跑一次”，企业注册开办时限压缩至4.5个工作日以内。政府机构改革稳步推进，国地税征管体制改革、事业单位公车改革、农村集体资产清产核资等全面完成。樟山新区、工业园区、现代农业示范园等先行先试取得较好成效。成功争取到全国第三批城镇发展改革试点区、省级服务业综合改革试点区、省级产城融合示范区、国家层面参照执行西部地区政策、国家税务总局对口支援吉州区原中央苏区建设、河西综合物流园区规划为全国交通枢纽站场等重大扶持政策。

创新创业再创佳绩。2018年预计研发经费支出占GDP比重1%左右；获专利授权196件，每万人发明专利拥有量居全吉安前列。新增院士工作站1家，总数达2家；新增高新技术企业5家，总数达24家，新增数和总数均居全吉安前列；1团队1人入选省首批“双千计划”，占吉安市的1/3。打造了江西省首家人才创新创业超市，新增2个创业孵化基地，平均每天新增企业和个体工商户16.7个。对外开放再上台阶。与深圳市南山区南头街道建立了友好合作关系，举办和参与重大招商活动37场次，2018年共引进亿元以上重大项目35个，引进项目数量和体量均创历史新高。新增外贸出口实绩企业2家，自主品牌产品出口企业达8家，自营出口突破1亿美元。

3. 经济实力得到新提升

2018年，实现生产总值178.5亿元，增长9.3%，增幅居吉安市第三，三次产业结构比重优化为4.8 ∶ 38.7 ∶ 56.5，三产占GDP比重提高1.5个百分点；完成财政总收入17.69亿元，增长11.7%，税收占比达80.8%；规模工业增加值增长9.5%；固定资产投资增长11.6%，居全吉安第一；社会消费品零售总额70.4亿元，增长10.9%；引进内资43.65亿元，利用外资8027万美元，分别增长11.2%和9.5%，增幅均居吉安市第三；出口总额3.61亿美元，增长

10.1%；城镇和农村居民人均可支配收入达37290元和16836元，分别增长8.7%和10.2%。主要经济指标增幅保持在吉安市“第一方阵”，荣获吉安市高质量发展综合考评先进，尤其令人振奋的是，自2014年起，连续四年荣获江西省科学发展综合考评一类先进县（市、区）。

产业规模和质量同步提升。工业经济亮点纷呈。工业园区纳入井冈山经济技术开发区“一区四园”一体化发展，综合实力跨入江西省开发区“第一方阵”。2018年新开工标准厂房100万平方米、建成50万平方米、投产30万平方米，创历年之最。摩比通讯二期、和盈电路等20个项目竣工投产，合力泰TFT产业园、华立源二期等14个项目加快推进，新赣江药业公司在“新三板”成功挂牌，填补了企业上市挂牌的空白。新增规模以上工业企业19家，规模以上工业主营业务收入242亿元，增长18.6%，其中，电子信息首位产业147亿元，增长26.4%。现代服务业活力迸发。城南市场新增建成面积20万平方米，总面积突破120万平方米，入驻商户2000余家。石语荷园获评省AAAA级乡村旅游点，古貌古心园一期建成，吉州区累计接待游客总人数和旅游总收入分别增长28.6%、29.5%。电子商务企业突破300家，年交易额突破50亿元。2018年新增重点服务业企业11家，省、市级服务业聚集区和龙头企业居吉安市第一、居江西省前列。现代农业特色彰显。粮食生产保持稳定，建成高标准农田2.4万亩。新增富民产业种植面积5800亩，总规模达5.8万亩，新培育樟山御轩果蔬、长塘芦笋、兴桥稻虾、曲濑黑木耳等10个特色示范基地，硕丰熙可试验园荣获全国优质果品基地，牛牛乳业入选国家休闲观光牧场。全年新增市级以上农业龙头企业2家，新增农民合作社和专业大户39家，新认证“三品一标”产品5个。

第二节　国家文化和旅游部在青原区的对口支援研究

一、青原区基本区情

青原区是在2000年9月吉安撤地设市时经国务院批准组建的县级行政区，由原县级吉安市、吉水县、吉安县所属的10个乡镇场组成，面积915平方千米，人口22万，现辖6个建制镇1个畲族乡1个城市街道1个垦殖场，为吉安市中心城区和吉泰走廊核心区。

古老家园，正气之乡。历史文化底蕴深厚，人文荟萃、英才辈出，是唱响正气歌的民族英雄文天祥故里和南宋名臣胡铨故里；是庐陵文化核心区，是"中国下元宵文化之乡"，有渼陂古村、陂下古村、富田古镇等中国历史文化名村名镇和毛家、横坑、夽田等省级历史文化名村，古祠堂、古牌坊、古民居、古樟树浓缩了庐陵文化的精髓，现存平民银行、文天祥墓、渼陂永慕堂、王家诚敬堂、二七会议旧址等多处国家级文物保护单位；是王阳明"知行合一"思想的首践地和研究传播中心，1300多年前佛教七祖行思在青原山开创禅宗青原派系，"南禅祖庭"净居寺的禅语梵音至今仍远播世界各地。

绿色长廊，山水画卷。拥有国家AAAA级景区4个，AAA级景区1个，以富水河生态景观带和青东休闲观光路"一带一路"为主轴，将"山川第一江西景"青原山景区、"庐陵文化第一村"渼陂旅游集聚区、"文山故里"富田景区、"红色畲乡"东固景区一线串珠。生态完好，东固山、天玉山葱郁含烟，富水河、潇泷河风光旖旎，白云湖、螺滩水碧波荡漾，是全国休闲农业和乡村旅游示范区、首批国家全域旅游示范区创建单位、第四批全国旅游标准化试点单位、江西省第三批生态文明示范县、江西旅游强县，正着力打造环境优美、文化厚重、业态丰富、配套完善的美丽中国全域旅游示范样板。

年轻新区，发展福地。近年来，获得国务院支持原中央苏区振兴、省政府打造吉泰走廊重要增长带、江西省统筹城乡发展试验区等政策支撑，具有吉安火车站、华能井冈山电厂坐落城区的发展优势。省级河东经济开发区形成了以电子信息产业集聚的新工业园和以循环经济为主导的富滩工业园，落户企业280余家。开发了贸易广场、汽车文化贸易城等专业市场，青原山对接组团城市板块和金融服务、电子商务、楼宇经济等现代服务业快速发展。青原正朝着全面推进全域旅游新景区、产业升级新园区、文明宜居新城区、美好生活新社区建设，打造美丽"四新"青原、实现全面小康目标加速前进。

二、国家文化和旅游部在青原区的实地调研及对口支援政策分析

（一）国家文化和旅游部对口支援政策出台前后在青原区的实地调研

2014年5月25日，原国家旅游局纪检组长刘金平一行深入青原区考察指

导旅游工作。刘金平一行先后深入青原山景区、渼陂景区和富田景区检查指导旅游工作。通过实地察看和听取汇报，他对近年来青原旅游工作取得的成绩表示肯定，认为青原区旅游资源丰富、文化底蕴深厚，生态优势明显，景点星罗棋布，有着良好的挖掘潜力和发展前景，特别是当地的"一带四景"全域大景区的战略思路正确，符合青原旅游开发的实际；希望青原区因地制宜，统筹规划，加强保护现有的自然资源，深度挖掘人文历史；规划先行，做到建设要有档次、有品位；不断完善旅游要素组合，尽快把旅游资源转化为旅游资本，把青原建设成为休闲娱乐的大花园。

在对口支援政策出台后的2016年7月25~27日，原国家旅游局副局长魏洪涛率团到青原区调研苏区振兴发展并开展红色旅游捐助活动。魏洪涛一行来到青原区渼陂古村、青原山景区等地调研，对青原区旅游发展等工作给予了高度肯定，并同爱心出版社和爱心企业家等一道参加了原国家旅游局红色旅游捐助仪式。此次红色旅游捐助活动，不仅向渼陂古村和神山村两个红色旅游书屋捐赠了1.5万册、价值共100万元的图书，还组织爱心企业家为50名困难学生每年捐助10万元助学款，直至他们高中毕业。

2018年底，江西省副省长吴忠琼也到青原区实地调研文化与旅游工作。吴忠琼一行首先来到东固畲族乡，先后对敖上景区、东固革命根据地博物馆、东固平民银行等地进行了实地察看。吴忠琼一边参观，一边同景区负责人深入交流，详细了解当地发展红色旅游过程中民宿、餐饮、管理模式等情况，并再三嘱咐当地政府要做好红色旅游与红色教育培训、红色研学之旅相结合等工作，不断提升景区承载力和知名度。他还深入富田陂下古村、渼陂古村等地调研，查看了当地具有浓厚庐陵文化特色的古祠堂、古民居和古文物以及丰富的红色文化遗迹。在听取了相关负责人的情况汇报后，吴忠琼对青原区采用云讲解自助导游方式表示了肯定，并对青原区古村落旅游开发进行了具体指导。她指出，青原区古村落旅游资源十分丰富，保存较为完整，要充分利用好这一旅游资源，坚持科学规划、合理开发，多外出学习好的经验做法，加大招商引资力度，引进全国著名旅游开发企业入驻，采用市场化经营模式，盘活景区旅游资源，丰富景区旅游业态；要不断推进旅游设施、旅游管理服务升级，从而提升景区旅游发展质量；要努力提供差异化、特色化的文化旅游产品和线路，不断满足游客日益增长的多样性、个性化需求，进一步提升景区影响力。

同年，国家发改委调研组到青原区调研旅游产业发展情况。调研组实地考察了青原山景区的阳明书院等景点建设情况，详细了解了青原区旅游产业发展现状等。青原山被誉为“山川第一江西景”，是著名的佛教圣地，更是驰名中外的文化名山，具有“翠、幽、秀、奇”的特色。目前，弘法广场、佛教用品商业街等景点建设，以及有关配套设施正在如火如荼建设中。依托原国家旅游局对口支援的优势，青原山风景区正在积极争创国家 AAAAA 级景区。调研组充分肯定了青原区旅游开发建设所取得的成绩，并希望青原区紧紧抓住国家支持赣南等原中央苏区振兴发展机遇，对接政策，解放思想，创新思路，解决景区建设中存在的资金短缺、旅游基础设施薄弱、旅游接待能力水平低、旅游产品开发配套服务滞后等问题，积极推进旅游产业持续健康发展。

2019 年 11 月 23 日，文化和旅游部副部长李金早率调研组到青原区调研全域旅游发展情况。李金早一行先后来到渼陂古村景区的非遗传习所、万岁军经典战役展示馆、二七会议旧址，富田景区的匡家娘娘祠、古街、文丞相祠、诚敬堂，东固敖上景区、东固革命根据地博物馆等处，详细了解古村落保护与开发、红色旅游与祠堂文化、名人文化、非遗项目、乡村旅游、旅游扶贫、旅游公厕建设等情况。李金早对青原区创新全域旅游发展理念，积极整合全域旅游资源，着力打造研学旅行和红色培训青原品牌给予了高度评价。他要求，要进一步做好保护开发文章，建立健全市场化、多元化投融资体系，强化宣传、加大投入，综合推动旅游资源开发；旅游公厕、标识标牌等配套设施建设要结合地方特色，标准化、特色化，并探索出一条节约成本办成事的路子；要因地制宜，修旧如旧，让新设施与周边环境融为一体，切实提升景区建设质量。

表 3–2 为国家文化和旅游部系统各级领导在青原区实地调研简况（部分）。

表 3–2 国家文化和旅游部系统各级领导在青原区实地调研简况（部分）

时间	概　况
2015 年 4 月 19 日	江西省旅发委主任王晓峰一行到青原区就推进对口支援、加强旅游公厕建设等工作开展调研。王晓峰指出，要做好景区环境的保护工作，要善于应用现代化技术手段，丰富游客的旅游体验；要不断创新对外宣传模式、提升服务水平，切实做旺景区人气。同时，要全面提高公厕管理水平。他表示，近期江西省旅发委将进一步加大支持力度，出台一揽子的对口扶持政策，将对青原区的旅游公厕建设予以资金方面的重点扶持
2018 年 6 月 26 日	国家文物局组织评估专家来青原区开展赣南等原中央苏区革命旧址保护评估工作。由文化遗产保护、古建筑和党史等方面的专家组成的评估专家组一行先后赴青原区富田镇陂下村、王家村、匡家村、横坑村和文陂镇渼陂村对 40 余个苏区文物项目的保护利用工作开展现场评估调研。每到一地，专家组都仔细查看了文保工程维修的质量和文物利用工作效果，详细询问了维修工艺和用料，仔细核查了陈展内容。专家组认为，青原区文保工程维修质量做得好，活化利用工作成效

续表

时间	概　况
2018年6月26日	明显，打造的结合传统村落保护和革命文物连片保护的“青原”模式值得借鉴和推广。同时，专家组建议青原区要进一步加强古村消防设施建设，完善配套旅游服务设施，要百尺竿头更进一步，按照整改意见，制定相应计划，把工作做实做细，做好9月国家文物局苏区革命旧址保护现场迎检工作
2018年10月8日	江西省旅游局考评组对青原区创建省级全域旅游示范区创建工作进行评定。专家组先后来到值夏镇青龙洲、渼陂古村、江右酒寨、青原山、岩溪根语等地，通过听取现场汇报、观看汇报片等环节，详细了解青原区创建省级全域旅游示范区工作情况。在随后举行的工作汇报会上，考评组专家们还分别结合各自工作经验就当前青原区全域旅游创建工作存在的问题提出了合理化建议。专家组认为，青原区全域旅游创建，党政统筹措施扎实、公共服务人性便利、体制机制创新作为、产业融合特色鲜明。希望青原区继续加强基础工作，进一步实现区域资源有机整合、产业深度融合发展、全社会共同参与，全力提升创建水平，全面推进全域旅游示范区创建工作
2018年11月28~29日	国家文物局党组副书记、副局长顾玉才到青原区就革命遗址保护和利用工作进行调研。在青原区富田镇、文陂镇、东固畲族乡等地，顾玉才一行先后对红四军军部旧址、二七会议旧址、东固无线电训练班旧址、东固平民银行等实地考察，并现场听取了青原区革命遗址保护和利用情况的介绍。顾玉才充分肯定了青原区在革命遗址保护和利用方面取得的成绩。他指出，要充分认识到保护红色文化遗址的重要性和紧迫性，青原区红色文化渊源清晰，意义重大。希望青原区在对红色文化遗址的保护与开发利用的过程中，要充分尊重历史、保护好遗址，在开发和利用过程中要深入地研究它们背后的历史故事，挖掘其中丰富的文化内涵，传承红色精神。要进一步梳理红色历史文化脉络，丰富红色文化展示的内容和方式，搭建展示平台，办好讲堂，全方位立体展示红色革命的历史征程，使红色文化遗址在保护中得到更好的开发利用
2018年11月30日	国家文物局政策法规司司长陆琼一行到青原区文陂镇考察革命文物保护利用工作。陆琼一行先后来到红四军军部旧址、毛泽东旧居、文昌阁等地进行实地了解，听取了相关负责人的情况介绍，了解青原区历史文化和革命文物保护开展情况，详细询问当地文物保护、开发和利用等工作中碰到的问题难点。考察中，陆琼对青原区文物保护工作给予了肯定。她要求，要充分认识到文物保护工作的重要性，要充分保护利用好自身独特丰富的文物资源，认真落实责任、采取有效措施，进一步加强文物保护修缮等各项工作
2019年5月24日	江西省文旅厅革命文物处处长涂为民到青原区调研红军标语保护情况。涂为民一行先后实地察看了富田镇陂下古村、王家古村和匡家古村旧居旧址墙上的红色标语，听取了对革命文物的挖掘和保护情况。青原区红色标语分布广、数量众多，有2000余条，清晰可见的有近千条。近年来，青原区委、区政府高度重视红色标语的保护试点工作，认真开展普查，全面摸清家底，积极探索与实践红色标语保护技术，使之不断成熟完善，形成一套行之有效的保护管理利用技术方法，使红色标语得到有效保护利用。涂为民希望青原区继续加强对红色标语的后续整理和保护工作，开展红色标语的历史研究，摸清全区红色标语现有家底，广泛宣传动员，营造良好的保护氛围，使更多的村民、游客认识到红色标语保护的重要性，提高珍惜历史遗存的意识，自觉传承红色基因

续表

时间	概　况
2020年1月3日	江西省旅投集团董事长、江西润田实业股份有限公司董事长曾少雄到青原区东固矿泉水厂考察项目试生产情况，江西润田实业股份有限公司总经理刘晓权随同。东固矿泉水项目是青原区招商引资引进的，由江西省旅投集团和江西润田实业股份有限公司共同投资建设的大型矿泉水生产基地项目，项目总投资1.5亿元。该项目于2018年6月正式签约，2019年2月开工建设，项目一期建设了两条吹灌旋一体化矿泉水生产线，年生产量20余万吨。曾少雄一行察看了水厂各项设施建设进展情况，听取了水厂一期生产线试生产运行情况介绍，要求东固水厂要抓住发展机遇，优化生产管理制度，狠抓安全生产环节，提高产品质量，拓展矿泉水市场，为企业及地方社会发展贡献应有的力量。曾少雄一行还到东固敖上景区参观考察

资料来源：笔者收集整理。

在对口支援工作开展过程中，青原区领导积极加强与原国家文化和旅游部的对接沟通。2014年5月30日，青原区委副书记、区长胡小勇在区委常委、副区长马海鹰的陪同下，拜访了原国家旅游局党组副书记、常务副局长王志发，纪检组组长刘金平以及办公室、规财司、人事司等局室司领导，就青原区AAAAA级景区的旅游公路建设、景区景点建设、品牌战略营销等旅游项目，恳请原国家旅游局给予指导和支持。原国家旅游局对青原区旅游建设所取得的成绩给予了充分肯定，纷纷表示将全力支持青原区旅游事业的发展，重点在景区生态停车场建设、旅游人才培训和旅游扶贫上进行帮扶，希望青原区抢抓机遇，努力把旅游扶贫试验区创建成全国的典范。胡小勇一行还来到全国规模最大、美誉度最高的旅游全产业链创意服务商——北京巅峰智业旅游文化创意股份有限公司考察，同公司创始人、研究员、博士刘峰就青原区旅游景区建设、管理、营销等相关事宜进行了全面洽谈，并就景区全程托管合作交换了意见。刘峰为青原区丰富的旅游资源所吸引，为青原区抓旅游发展的力度所感动，对青原区旅游产业发展前景充满期待，并表示将于6月下旬组团考察青原，愿与青原区携手合作，做大做强青原旅游，为青原添人气、提名气、增财气。

（二）国家文化和旅游部对口支援青原区的主要政策分析

2014年8月，原国家旅游局出台了《对口支援吉安市青原区旅游业发展工作方案》，该方案明确将从旅游转型升级、产品开发、宣传推广、投融资、体制改革、人才队伍6个方面对口支援，力争到2020年将青原区建设成为红色文化传承创新区、全国知名红色旅游目的地。具体如下。

第一，支持青原区旅游业转型升级。将旅游发展基金补助地方项目资金向青原区倾斜，重点支持景区和乡村旅游停车场等旅游公共服务设施建设，打造“一带四景”。

第二，支持青原区旅游产品开发。支持该区充分利用山区、林区、水库生态资源，创建国家生态旅游示范区，支持该区发展红色旅游，协调将红色旅游重点项目纳入全国红色旅游三期发展规划纲要。

第三，在旅游宣传推广方面，支持青原区参加国内重要展会，以及国际市场重要旅游宣传推广活动，并协调中央级媒体加大对青原旅游的宣传力度。

第四，在旅游投融资方面，帮助该区引进旅游类央企及国内外大型旅游企业，组织旅游企业在青原区召开年度工作会等重要会议。

第五，在开展先行先试方面，支持青原区开展旅游综合改革试点，推动该区红色旅游、绿色旅游与古色旅游的融合发展，支持青原探索创建全国红色旅游与其他旅游融合发展示范区。

第六，在人才队伍建设方面，组织中西部地区旅游管理干部培训班、红色旅游导游员讲解员培训班时，在名额分配方面向青原区倾斜。

为积极配合原国家旅游局对口支援青原区的工作，江西省旅游发展委员会制定出台了《对口支援青原区旅游业发展工作方案》（以下简称《工作方案》），力争到2020年将青原区建设成为江西省和全国知名的旅游目的地。《工作方案》明确指出，要充分发挥江西省旅游发展委员会职能优势，坚持“输血”与“造血”有机结合、硬件与软件建设齐头并进、物质与智力支持统筹推进，形成项目、人才、产业“三位一体”对口支援工作新格局。《工作方案》提出了加强对青原区的帮扶与支持举措：一是支持青原旅游强区建设；二是加强青原旅游产品开发；三是加强旅游宣传推广；四是加大旅游投融资力度；五是加强人才队伍建设。

三、国家文化和旅游部对口支援政策在青原区的实施状况及成效分析

（一）国家文化和旅游部对口支援政策在青原区的实施状况分析

青原区牢固树立“全景吉安、全域旅游”的新理念，按照“全域化、一体化、景观化、标准化、数字化、市场化”的思路，深入推进全域旅游新景区建设，全力打造首批国家全域旅游示范区，文旅部对口支援政策陆续得到落实。

1. 加强人才培训

2015 年 8 月 10~14 日，由原国家旅游局主办的赣闽粤原中央苏区旅游经济发展研讨班在青原区举办，此次培训班主要采取集中学习、专家授课、专业辅导、讲解示范、互动交流、实地考察等多种形式进行教学，原国家旅游局人事司副司长崔素香、原国家旅游局人才开发处处长王晓霞等出席开班仪式，江西省发改委（苏区办）副主任谢宝河应邀专题解读《赣闽粤原中央苏区振兴发展规划》，来自赣闽粤原中央苏区 108 个县（市、区）分管旅游工作的负责同志参加研讨班。这是原国家旅游局对口援建青原区原中央苏区振兴发展的又一重大举措。为促进非遗保护工作的进一步开展，2019 年 3 月 21~22 日，吉安市非物质文化遗产培训班在青原区举办，各县市区文化馆馆长、部分非遗中心工作人员，以及青原区各乡镇街道文化站站长、非遗传承人代表共计 60 人参加培训。培训课上，非遗专家用通俗的语言，深入浅出地就《非物质文化遗产法》《中国传统工艺振兴计划》等内容进行了详细解读，让学员们受益匪浅。2019 年 9 月 29 日，吉安市在青原区举办了全市加强红色标语保护利用工作培训会议。吉安市 13 个县（市、区）文化广电新闻出版旅游局分管领导，各博物馆馆长（文物局局长）、业务骨干等 40 余人参加了会议和培训。会议传达学习了国家文物局、江西省文物局关于革命文物保护利用工作精神，对吉安市加强红色标语保护利用工作进行了全面部署。会上，江西省红色标语保护利用试点单位青原区文物局、井冈山革命博物馆就红色标语保护利用工作经验和实际操作中的问题和困难作了交流和探讨。江西省文化和旅游厅革命文物处副处长王琴红就《江西省红色标语保护利用工作规范（试行）》进行了授课，对吉安市红色标语保护利用业务骨干开展了业务辅导。

为推进青原区群众文艺团队的壮大和发展，全力推进文化与旅游的深度融合，2019 年 6 月 28 日，青原区文广新旅局与区文联联合在值夏镇青龙洲举办农村文化骨干培训班暨星级群众文艺团队授牌仪式。培训班邀请了吉安市摄影家协会的专业人士为参加培训的农村文化骨干讲授了摄影技能及音响设备使用等知识，丰富了他们的业务知识和技能。青原区东固畲乡红歌会等 4 支团队荣获五星级群众艺术团队，青原区值夏镇老年开心艺术团等 4 支团队获得四星级群众艺术团队。

2. 支持旅游业改革创新

打造旅游集聚区。创新推动打造全域旅游集聚区建设，改革工作取得显著成绩，青原区被评为“江西旅游强县”和“江西省推进全域旅游改革创新区”，文陂镇被评为“江西省庐陵旅游风情小镇”。强化全域规划引领。启动《青原区全域旅游发展总体规划》等多部规划编制，逐步推行“多规合一”。强化全域开发提质，重点实施景区提升、环境提升、农旅融合、文旅融合、旅游交通5大类工程项目，目前完成投资3.25亿元。强化全域营销增效，成功举办第七届庐陵文化旅游节，强势推进参与央视“朝闻天下”和南昌地铁旅游形象广告宣传等八个首次营销工程，基本实现了“年年有主题、季季有活动、月月有亮点、天天有声音”的营销造势。强化全域招商品质，精心包装了青原区全域旅游整体开发等19个招商项目，与深圳中装建设、广州珑头影视传媒、江西永安交通签订了旅游开发框架协议，积极对接了华侨城、东方园林、青旅、云投、五福等知名企业。

探索农旅联合社。深入实施农旅联合社改革试点，准确把握“五个一”，促进三产深度融合，青原区被评为“全国乡村旅游和休闲农业示范区”。围绕建设全域旅游新景区这条主线，整合全区农旅资源，着力提升联合社综合水平，在原有19家合作社基础上新增11家全区规模合作社，积极对接商讨融合发展，合作社成员达到30家，社员达到2300多人，种植面积5万多亩。联合社在城区启动建设2000平方米的社区生态农产品体验中心，分为体验区、展示区、培训区和电商区，在成功对接市场窗口、解决农业基地销售难问题的同时，为城区提供安全优质农产品。联合社搭台开辟特色农产品销售直通车，组织优质农产品直供直销大型超市和社区，并成功承接举办了桃花节、蓝莓节、荷花节等系列农旅活动20余次，吸引游客近60万人次，旅游收入达5600万元以上。联合社的良性发展壮大了钿金粮食合作社等一批农业实体，培养了菌菇大王李子平、全国农业劳动模范罗昭明等一批创业能手。农旅联合社积极探索民宿改造，在富滩烟棚下村实行农村产权制度改革试点，在渼陂古村和敖上少数民族村采取村民入股的形式，利用土旧民房重新装修改造休闲旅游景点，探索出一条“旅游 + 农业 + 农村 + 农民”的合作模式，有效整合农村集体资源和村民闲置用房，引导农民主动参与发展休闲旅游，进一步激活农村生产要素潜能。

积极支持旅游综合执法体制改革。2018年9月18日，青原区在青原山管委会新游客服务中心举行旅游综合执法体制改革机构挂牌仪式，标志着该区旅游综合执法体制改革迈出了新的一步，是青原区旅游市场秩序管理逐步实现规范化、法制化、体系化的一个重要里程碑。为扎实推进以综合管理和综合执法为重点的全域旅游发展，青原区按照“统一领导、属地管理、各司其职、权责一致”的原则，深化旅游综合执法体制改革，构建起由旅游质量监督管理所、旅游警察、市场监管旅游分局、旅游巡回法庭、生态旅游巡回检察室组成的旅游综合执法体系，建立健全旅游领域行政执法统筹协调机制。

3. 加大文化旅游宣传推介力度

第一，加强电视等新闻媒体的传播力度。2014 年 5 月 12~13 日，中央电视台第七套《美丽中国乡村行》栏目摄制组来到青原区渼陂、陂下等地进行拍摄，推介青原区最有特色的乡村旅游资源。在“中国历史文化名村”青原区渼陂古村，《美丽中国乡村行》栏目摄制组重点拍摄了渼陂古村美丽的自然风光，丰富的文化遗址，彩擎、烟花傀儡等非物质文化遗产和红曲肉、“鹅颈”等特色小吃，较为全面地反映出渼陂古村厚重的庐陵文化和深厚的人文情怀，宣传了青原区以保护和开发并重的理念发展旅游所取得的新成果。中央电视台第七套《美丽中国乡村行》是一档纯粹的乡村旅游节目，是以美丽中国的秀美乡村为着眼点，以“乡村旅游、生态文明”为主题，展示生态美景，品味健康美食，体验休闲农业，推介最有特色的乡村旅游资源。此次拍摄以红、古、绿、蓝、金五色为主题，主要体现青原红色之美、文化之美、生态之美、古朴之美和产业之美，充分展示出青原在提升新农村建设水平、建设美丽乡村进程中的新景象、新变化。2019 年“森林旅游到江西”全国新闻媒体采风团走进青原山，采风团一行来到游客服务中心、蝶舞蜂飞主题乐园、净居寺、阳明书院、湿地松母树林等地，饱览青原山翠、幽、秀、奇的美景，了解青原山景区做好森林旅游体验的经验。

第二，通过请进来走出去，不断加强宣传推介力度。一是主动走出去宣传推介。例如，2018 年 8 月 17 日，青原区在台北市举行“情系宝岛·行旅青原”交流恳谈会，30 多名中国台湾企业家及客商代表参加。恳谈会上，新北市果菜运销公司总经理江蕙贞，全国台企联常务副会长、农业发展委员会主任委员、天津康农食品集团董事长林易升，台湾风青实业股份有限公司董事长陈福得，台湾金泉国际发展有限公司董事长尹美炬，台湾义生玖国际商盟集团总裁黄瑞珍等台湾企业家及客商代表纷纷发言，大家对青原发展成就和环境服务表示肯定和认可，对台湾企业发展做了介绍，也对青原“好山好水好人家”流露出满满的真情，更对青台两地合作的前景进行了展望。2019 年 3 月 2 日，“望郡吉安”文物精品展在北京首都博物馆举行开幕仪式，正式拉开为期 4 个月的吉安文物展帷幕。“望郡吉安”文物精品展，集中展示了新干大洋洲青铜文明、吉州窑瓷器文化、庐陵民俗文化、井冈山红色文化等文物精品，这是对吉安文物的一次集中性展示，对吉安文脉的一次系统性梳理，让收藏在博物馆里的文物、书写在古籍里的文字活起来，推动吉安文化走向全国、走向世界。本次展出由吉安市人民政府、北京市文物局、江西省文化和旅游厅主办，首都博物馆、江西省博物馆、吉安市文化广播电视新闻出版旅游局承办，吉安市各县（市、区）博物馆协办。为进一步加大青原区文化旅游领域对外开放和招商引资工作力度，切实推进文化旅游融合发展，提升青原文化旅游品牌的知名度、美誉度和影响力，大力拓展旅游客源市场，吸引更多的浙商企业、旅行商前往青原投资兴业，2019 年 7 月 4 日，“红色摇篮　山水吉安”江西·青原文化旅游产业招商暨营销推介会在浙江余姚市举行。推介会播放了《美丽青原等你来》青原区文化旅游招商宣传片，并推出了针对宁波、余姚旅游客源市场的优惠政策、青原研学旅行经典线路以及旅游招商项目等。

二是请进来。一方面，通过学术交流扩大影响。例如，2019 年 4 月 23 日，青原区召开阳明文化与青原区社会治理、全域旅游发展交流座谈会。与会专家学者结合阳明文化，紧密联系青原区社会治理、全域旅游发展热烈讨论，为青原经济社会发展建言献策，不断推动青原区的社会治理和全域旅游发展。另一方面，细分旅游市场，请进来。2019 年 4 月 13 日，来自贵州的 1000 余名游客搭载“平安夕阳　老享游”旅游专列来到渼陂古村，体验庐陵文化，领略古村风光。这也是 2019 年贵州“平安夕阳　老享游”活动开赴江西的首趟旅游专列。游客们依次进入古村，开启渼陂之旅。尝祠堂宴，赏民俗戏，看古村美景，品庐陵文化。2019 年 7 月 30 日，2019 年“寻根之旅”夏令营——江西吉安营在青原区开营，来自韩国、瑞士等国家和地区的 30 多名营员来到庐陵吉安，开启为期 10 天的寻根之旅。开营仪式在青原山阳明心学院举行。“寻根之旅”夏令营，是海外华裔青少年感悟中华文化、了解当代中国、增进民族认同搭建的重要平台。学员们走进青原区、井冈山、永丰县等地，通过学习中文、书法、舞蹈、制茶、剪纸、国学、射箭等，了解庐陵文化的历史、体验庐陵文化的魅力，对增进海外华裔青少年对祖国的了解和认同，提高他们学习汉语和中国传统文化的兴趣，推动海外华文教育发展，对传播与传承中华文化具有积极的作用。

4. 推动旅游转型升级

支持青原区大力发展全域旅游、优质旅游，深化文旅融合，运用旅游标准化手段，推动旅游业全区域、全要素、全产业链发展，促进旅游消费升级。

融合文化和旅游理念。把文化资源转化为旅游产品，用文化增加旅游附加值，通过文化要素的注入推动旅游特色化、品质化发展，形成以旅游产品传承交流文化、带动文化产业、促进文化繁荣的良好格局，构建新型文旅产业体系，推动文化与旅游融合产生聚变效应。

打造文化和旅游精品。加大文化创意的引入，提升旅游品位，推出系列文创产品。研发优质研学旅行产品，将东固苏区文化、阳明心学文化、庐陵传统文化、文山正气文化与集体游学紧密结合，创新研学课题，开发研学新课程，编撰研学旅行读本，增强研学旅行核心竞争力。实施非遗进景区“三年行动计划”，挖掘、展示非遗文化，积极营销非遗旅游产品，建设国家级非遗《东固传统造像》传习所艺术研学互动场所；精心打造富田白云湖匠心谷、富滩江右酒寨、东固茶博园等集文化产业、度假休闲、康体养生为一体的文旅综合体。

优化文化和旅游服务。结合景区文化特色与主题定位，开展“送戏下乡”等进景区活动；推进文物维修、陈展提升工作，实施青原区革命文物维修保护一体化工程，区内所有文化场馆免费对游客开放；充分发挥东固红歌会、各地农民剧团的积极性，组建景区新时代文明实践中心——“红色文艺轻骑兵”志愿者服务队，丰富景区旅游业态；积极融入市中心城区旅游大巴畅游景区活动，发行吉安旅游惠民卡，举办导游员讲解员培训班，培育乡土人才，通过旅游服务彰显青原人文；推出青原特色菜肴，挖掘餐饮文化打造四大特色宴席，各乡镇结合本土特色推出系列菜品，每个研学点至少推出 3 道特色菜，举办青原美食大赛，评选出青原十佳菜肴。

塑造庐陵文化旅游节旅游品牌。2015 年 3 月 19 日，青原区第五届庐陵文化旅游节在富田镇陂下古村开幕。第五届庐陵文化旅游节以“醇美青原”为主题，通过富田古镇民俗文化旅游节、渼陂古村旅游文化节、青原山素食节、东固二月二庙会等一系列活动，让游客们更深入地感受青原的醇，发现青原的美，融入青原的情。开幕式当天，除了精彩的舞龙、喊船、腰鼓等多样民俗活动外，还举行了授牌仪式、旅游推介签约仪式、“行游吉安 · 醇美青原”首发团授旗仪式，展示了青原区旅游形象主题词和旅游形象标识。2017 年 2 月 26 日，青原区第七届庐陵文化旅游节暨第十五届渼陂旅游文化节在素有“庐陵文化第一村”美誉的渼陂古村隆重开幕。此次旅游节活动于2月25日至27日举行，分别在青原山、渼陂古村、富田、东固这四大景区实现“三天同乐”。三天内，每个景区每天都有活动，同时又按时间突出重点，力求高潮迭起、精彩纷呈。旅游节期间，颇具青原特色的第二届青原禅韵音乐会、第七届春季禅修营、印象渼陂书画作品展播、横坑农俗体验、畲乡风情在多个舞台大放异彩，国家非物质文化遗产——东固传统造像展及喊船、舞龙、舞狮、河蚌舞、彩擎、妆犂等具有庐陵文化特色的民俗表演，异彩纷呈的内容给游人奉献出一道丰厚醇美的艺术盛宴。2018年3月17日上午，青原区第八届庐陵文化旅游节开幕，通过举办形式多样、内容丰富的文旅活动，热邀全民共襄全时、全域、全景青原文化旅游盛宴。开幕式上，还举行了2017年青原区涉旅品牌授牌仪式和青原区研学旅行战略合作签约仪式。3月17日下午，青原区第八届庐陵文化旅游节系列活动中的“中国·青原”研学旅行高峰论坛，在吉安宾馆会展中心如期举行。原国家旅游局规划财务司副司长蔡家成、吉安市副市长朱新堂出席。高峰论坛由江西省督学、新版《中国语言学大辞典》主编邱尚仁主持，团中央井冈山教育基地党委委员、教研处处长滕永琛发表了题为《研学旅行正当时》的主旨演讲，并就研学旅行在中国的风向标、青原区研学旅行的资源优势、如何实现从资源优势到教育优势的转化等内容进行了详细阐述。主旨演讲后，原教育部《基础教育课程》执行主编贺斌、中国民间文艺家协会副主席刘华、吉安十三中校长肖朝亭等6位专家学者还与参会人员进行了互动交流。2019年3月7日，以“诗与远方·文旅青原”为主题的青原区第九届庐陵文化旅游节开幕。本届庐陵文化旅游节通过两天时间，以不同形式展示各个景区的特色亮点，即青原山的学、渼陂的夜、富田的匠和东固的茶，同步举办全国诗歌大赛、旅游摄影大赛、庐陵古风非遗秀、民俗文化表演、旅游商品展销等系列活动30余场。开幕式上，举行了2018年度青原区文旅品牌授牌仪式、旅游招商项目暨研学旅行市场拓展签约仪式，举办了中国·青原“诗与远方·文旅青原”诗歌音乐会，观古风、品诗韵、悟研学、购特产、享美食、赏美景。

2019年8月17日，2019年首届江西森林旅游节吉安青原分会场活动在青原山举办。作为本届森林旅游节分会场，青原区结合生态特色，开展了“为爱攀登——穿越青原山之旅、青原山森林昆虫研学体验、帐篷露营体验、青原区森林旅游产品展、森林雅集、森林素食宴”等丰富多彩的活动，充分展示了吉安丰富的森林旅游资源，进一步增强了全民关注森林、保护生态的责任意识，展现了人类与大自然“天人合一”的美好画卷。吉安将以此次森林旅游节活动为契机，创新发展，推出更加丰富多彩的森林旅游产品，开启“绿水青山与金山银山”双向转换通道，助推吉安市林业高质量跨越式发展，进一步展示吉安生态文明建设新成就，推动吉安森林旅游建设迈出新步伐。青原山依托丰富的自然旅游资源，积极策应“全景吉安、全域旅游”发展战略，森林旅游呈现持续健康发展的态势。

（二）国家文化和旅游部对口支援青原区主要成效分析

1. 文化旅游业向专业化、品牌化、规模化方向发展

青原区围绕创建国家全域旅游示范区目标，在全景化打造进程中，强化“全域是景区、乡乡有平台”的旅游支撑，统筹青东沿线小城镇、美丽乡村、景区景点和农业产业规划，构建“多规合一”的旅游发展体系。在原国家旅游局和各个部门的高度关心和重视下，青原区发展中小型、主题性、特色类、定制类旅游演艺项目，形成多层次、多元化供给体系。目前青原区已经成功举办了九届庐陵文化旅游活动。近年来，青原区积极策应“全景吉安、全域旅游”发展战略，紧扣文化传承和旅游发展两个核心要义，创新文旅融合形式，用独特的文化魅力和文化品格推动青原全域旅游发展再创佳绩。东固革命根据地2017年入选全国红色旅游经典景区。2018年，青原区图书馆入选文化和旅游部第六次全国县级以上公共图书馆一级公共图书馆；青原区东固传统造像国家级非遗传承人刘节明成为第五批全国非物质文化遗产传承人先进个人，应邀参加了全国非物质文化遗产保护工作先进集体先进个人和第五批国家级非物质文化遗产代表性传承人座谈活动。2019年，青原区中共赣西南第一次党代会旧址成为文化和旅游部、国家文物局确定的第八批全国重点文物保护单位。先后斩获国家级休闲农业与乡村旅游示范区和省级生态文明示范区、中国“下元宵文化之乡”等数个“金字”招牌；打造了国家AAAA级景区4个、AAA级景区1个和国家级生态镇村5个、省级生态镇村14个、省级休闲农业与乡村旅游示范点6个、省级十佳休闲农庄2个；先后获评江西旅游强县（区）、江西推进全域旅游改革创新区、第四批全国旅游标准化试点单位。打造了东固敖上、富滩多彩田园等一批省级乡村旅游点。青原区品醇美青原二日游路线成功入选2019年中国美丽乡村休闲旅游行（秋季）精品景点线路。该路线为：吉安市区—青原山景区—青原区现代农业示范园—渼陂古村—富田古镇—东固景区。其中，青原山景区是国家AAAA级旅游景区，为国家生态旅游示范区和国家级水利风景区，被宋代诗人杨万里赞誉为“山川第一江西景”。青原区现

代农业示范园是江西省重点支持建设的五大园区之一，先后建立规模化设施果蔬基地11个，智能化现代农业展示馆1个，国家级金牌农家乐2家，形成了以设施蔬菜、特色水果、优质水稻为主的综合型产业园区。渼陂古村距今有近千年历史，整个古村依河而建，以明清建筑为基础，融书院文化、祠堂文化、宗教文化、红色文化和明清雕刻艺术为一体，被誉为“庐陵文化第一村”“江南古村博物馆”。富田古镇是中国历史文化名镇、国家级生态镇、全国宜居小镇、AAAA级旅游景区，是民族英雄文天祥、著名史学家罗泌的故里，庐陵文化重要发祥地，从这里走出了7位共和国开国将军。东固景区位于青原区东南面，五县通衢，2018年11月新晋国家AAAA级旅游景区。土地革命战争时期，这里创建了东固革命根据地，被称为“李文林式”革命根据地，是第二次国内革命战争的重要根据地之一和赣西南革命斗争的中心，这里留下了毛泽东、朱德、彭德怀、陈毅、曾山等老一辈革命家的战斗足迹，东固革命根据地旧居旧址群被列为全国爱国主义教育示范基地，东固革命根据地博物馆被评为“中国红色旅游十大景区”，东固平民银行旧址被评为全国重点文物保护单位。仅2018年上半年，青原区就接待游客350.06万人次，实现旅游收入32.37亿元，同比分别增长23.88%和27.89%。

2.“旅游+”思路擦亮“醇美”青原旅游名片，推进全域旅游新发展

青原区按照“旅游+”思路，聚焦全省“乡村旅游首选地”建设，擦亮“醇美”青原旅游名片，大力推进全域旅游新景区建设，丰富旅游业态，加快旅游招商，逐步形成景区人气提升与旅游开发投入的良性闭环，年接待游客数、旅游收入两项指标，连续多年实现25%以上的增长。以业态创新带动人流涌入，青原区大力推进“旅游+研学”，大力开展红色教育和红色旅游。青原区依托“苏区文化”，开展红色教育培训，打造传承红色基因、弘扬爱国主义和革命传统教育的全国红色旅游研学旅行基地；依托净居寺禅宗祖庭地位及其远播海内外的影响力，打好“佛禅文化”牌，开展佛禅文化研学游活动；依托“东南邹鲁、西江杏坛”的阳明书院文化，打好“理学文化”牌，开展理学文化研学游活动；依托渼陂、富田、陂下等中国历史文化名镇名村深厚的传统文化，打好“庐陵文化”牌，开展庐陵文化研学游活动。在四大景区打造不同主题的研学旅行实践基地，举办了“中国青原”研学旅行高峰论坛、纪念青原山净居寺建寺1300周年、纪念行思诞辰1340周年、青原庐陵文化旅游节等活动，承办了全国

古村落保护现场会、全国红色导游员讲解员培训班等全国性研讨活动，提升了吉安市乃至江西省研学旅行市场的关注度与参与度。这一系列的帮扶使青原区的旅游事业得到进一步的提升，2019年接待研学教育13万余人次。

生态旅游资源的不断开发，景区人气不断聚集，成功吸引社会资本目光，投资10亿元开发打造的集高端民宿、民俗体验、康养度假为一体的白云湖生态康养度假区快速推进，2018年成功签约温泉颐养小镇项目、青原区国际研学旅行综合体等多个10亿元以上旅游项目。东固、富田、渼陂、青原山四大景区结合自身特点，分别推出了“品东固名小吃，跳乡村广场舞”“享状元才气，圆学霸之梦”“端午诵经典，渼陂任你行”、阳明书院雅集等文化旅游营销活动。围绕3小时经济圈，适应游客出行需求，精心设计旅游线路，编排了庐陵文化、佛禅文化、名人文化体验游和乡村游等精品旅游线路。

“旅游+农业”多点开花。青原区充分发挥自身比较优势，紧扣打造都市田园休闲观光带这个主旋律，在美丽乡村建设中坚持以景区的理念来开发建设，打造了民俗民居、人文资源、农耕农家等乡村游活动，以现代农业示范园为龙头，七彩生态园、源中园、逸乡园等一批金牌生态休闲农庄各具特色。高标准建设了区现代农业示范园，被列入5个省级重点支持的区现代农业示范园区已流转土地1.2万亩，示范园的农民人均可支配收入高出青原区平均水平，成为青原区乡村旅游发展的风向标。经原国家旅游局审核批准，吉安逸乡园现代农业开发有限责任公司2016年被列为全国“公司+农户”旅游扶贫示范项目；渼陂古村被评为中国乡村旅游示范村；匡贤明、李子平、匡平富等6人被评为中国乡村旅游致富带头人。如今，走进青原区，吃农家饭、干农家活、住农家院、看农家景、享农家乐已成为一种时尚。越来越多的农民洗脚上岸，依托乡村旅游资源吃上了“旅游饭”。原国家旅游局的对口支援让青原旅游更上一层楼。青原区紧抓国家旅游扶贫试验区创建的重大历史机遇，整合财政、农林水、红色旅游、扶贫开发等10个项目资金，集中捆绑扶持旅游项目建设，用旅游“金钥匙”帮助更多的贫困群众精准脱贫。目前，青原区共有700多个家庭从事旅游业，营业额平均增长率保持在50%，乡村旅游人均增收达3000元以上。

全产业融合，从门票经济向“旅游+业态”扩展迈进。青原区充分发挥区位优势和文化、生态等资源优势，以“旅游+生态”推动城镇生态建养，不断完善“精品公园+生态绿廊+郊野公园”旅游生态梯度格局；以“旅游+文化”推动文化和旅游全面融合，“喊船”和“竹编”积极申报国家级和省级非遗项目；以“旅游+研学”丰富旅游体验。深圳港中旅组织了专列，在青原开展为期3天的“行走三千年、感悟东井冈”研学旅行活动，千名学生成为了青原旅游的体验者与宣传者。以“旅游+工业”促进工旅互动，进一步提升岩溪根语、江右酒寨、奥克1991等工业旅游点的品位，形成品牌效应。以“旅游+城镇”促进产城融合，郊野公园、富滩公园、值夏广场、渼陂绿道、新圩曲塘公园一批城镇化项目成为全景化打造的亮点；以“旅游+服务业”促进三产优化，实现产业链条全域化，旅游产业全域辐射带动。

3. 全景化打造，从单一景点向全域景区化改造迈进

青原区以规划建设“一带一路”（即富水河风光带和青东休闲观光路）为重要节点，优化旅游空间布局，促进景区、城区、乡村、园区、社区共同发展。打造集佛儒研修、生态疗养和修身养性为一体的中国青原静生活基地；富田景区唱响文天祥金字招牌，打造正气精神家园；渼陂古村景区以庐陵文化为精髓，打造全国知名的历史文化名村；东固景区充分借力东固革命根据地的历史影响，打造集展示红色经典、体验畲乡风情、感受知青文化于一体的特色景区。文化旅游业的快速发展，推动青原区经济实现高质量发展。2018年，青原区完成地区生产总值86.07亿元（不含华能），财政总收入10.32亿元，固定资产投资44.48亿元，规模以上工业增加值38.28亿元（不含华能），城镇和农村居民人均收入分别增长了8.7%和9.6%。

第三节　住房和城乡建设部在吉安县的对口支援研究

一、吉安县基本县情

吉安县是井冈山革命根据地的重要组成部分、赣西南革命斗争的中心。吉安县古称庐陵，地处江西省中部，县域面积2117平方千米，现辖13镇6乡、307个村委会、29个社区居委会，总人口50万。

深厚的人文底蕴。秦始皇二十六年（公元前221年）置庐陵县，是首批设置的江西18个古县之一，1914年改庐陵县为吉安县至今，素有“江南望郡”“金庐

陵”“文章节义之邦”的美誉，是全国的“灯彩之乡”。自古人文荟萃、人才辈出，由唐至清，“进士六百，一对榜眼，两名探花，五位状元，均谓鼎甲”，且“宰辅有七”，涌现了民族英雄文天祥、三朝重臣周必大、著名诗人刘辰翁等一大批彪炳史册的仁人志士。

光荣的革命历史。在革命战争年代，吉安县是井冈山革命根据地的重要组成部分、赣西南革命斗争的中心，被誉为“赣水那边红一角”。这里奔涌过“十万工农下吉安”的钢铁长流，走出了余秋里、肖望东等46位共和国开国将军和曾山等180多位地师级以上老红军，有名有姓的烈士达10049人，为中国革命做出了巨大牺牲，是全国著名的革命老区和将军县。

宜居的生态环境。县境内“红、绿、古”资源交相辉映，奇丽秀美的自然风光和源远流长的人文景观融为一体。县内空气质量保持国家二级以上标准，境内主要河流水质保持国家Ⅱ类标准。县城建有6个公园，1000米以内有一个公园、500米以内有一个休闲园林，全县森林覆盖率达到63.2%。

良好的区位条件。吉安县城处于吉泰走廊中心，是大吉安“一城三片、两江三岸”的重要组成部分，吉安高新区成功升级为国家级高新技术产业开发区，基本形成了以“一个机场（井冈山机场距县城20千米）、一条水道（赣江航道）、两条铁路（京九、吉衡）、四条高速（大广、武吉、泰井、吉莲）”为构架的辐射珠三角、长三角、海峡西岸经济区的6~8小时经济圈。

二、住房和城乡建设部在吉安县的实地调研及对口支援政策分析

（一）帮扶政策出台前后住房和城乡建设部在吉安县的实地调研

2013年11月12~13日，住房和城乡建设部（以下简称“住建部”）村镇建设司司长赵晖率该部住房保障司、城乡规划司、建筑市场监管司、城市建设司、建筑节能与科技司等相关负责人到吉安县就对口支援工作进行调研。赵晖一行先后深入城区、园区和部分乡镇视察了庐陵文化广场、城市规划展示馆、博硕科技（江西）有限公司、环球新材料科技（吉安）有限公司、吉安高新区凤凰园区、先歌音响（吉安）有限公司、凤凰镇镇区、永和镇锦源村、永和古镇区、吉州窑遗址公园、城市水厂扩建工程、庐陵生态公园、将军公园、天祥公园、城北新区敦厚大道、庐陵大桥等地，全面详细了解吉安县经济社会发展情况，

为吉安县发展升级、小康提速把脉。座谈会上，住建部各相关负责人就该县恳请支援事项一一进行了答复并表态。赵晖表示，经过两天的参观调研，他深刻感受到了吉安县委县政府推动经济发展、改善国计民生的强大魄力和坚定决心，很受鼓舞。吉安县近年来发展很快，但也存在人才、思路、资金等方面的短板。住建部的对口支援将尽力解决这些问题。他指出，对口支援将从两个方面入手，一是根据吉安县今后七年的具体发展目标要求和住建部各部门的工作职能，制定长期的一揽子对口支援计划，在部里选拔优秀干部到县里挂职，协调解决对口支援事宜，最大限度地挖掘住建部的支援能力；二是针对吉安县当前急切需要支持的可行性项目进行帮扶，全力以赴帮助吉安县经济社会发展见成效。赵晖还就该县园区、城区规划建设工作提出建议。他认为，城市建设要体现节约、务实、为民理念。园区公共设施和绿化用地要尽量节约，把土地用在经济建设上，城区绿地要与生活区、工作区有机融合，打造花园式居住区。

2014 年 3 月 26~28 日，中国城市规划设计研究院总规划师、教授级高级规划师张兵率住建部专家组一行来到吉安县，就城区、园区发展规划以及多个重点项目建设规划进行把脉问诊、指点方向。为了更深入全面了解该县城区和园区的规划布局情况，掌握第一手资料，更好地把脉城区、园区发展规划及多个项目建设规划，住建部专家组一行先后到城北新区、城北防洪排涝路堤结合工程所在地、坪里郊野公园、天祥公园、庐陵风情商业一条街、凤凰至高塘城乡一体化示范工程所在地、吉州窑遗址保护工程所在地和吉安高新区等地进行实地踏勘，听取相关情况汇报，对该县城区、园区和多个重点项目整体布局规划进行了详细了解。在实地踏勘后，座谈会分两期进行，各设计单位或单位相关负责人分别就县城总体规划修编初步思路、城北新区概念性规划方案、吉安高新园区分区规划方案、城北防洪排涝路堤结合工程设计方案、坪里郊野公园规划方案、凤凰至高塘城乡一体化示范工程设计方案和庐陵风情商业一条街规划方案进行了汇报。专家组一行结合实地踏勘和资料汇总，以科学、实事求是的态度，从专业、理性和发展的角度，对各个汇报项目进行了深入浅出的论证研讨，并提出了宝贵的意见和建议。张兵认为，吉安县城区和园区发展有很大的优势，要进一步地发展和规划好城区和园区就要充分认识自己的优势所在，也要重视发展条件中的不确定性，要考虑吉安县的发展格局问题，重点解决好直管地区的发展定位问题、敦厚镇与井冈山经济技术开发区的协调发展问题、凤凰镇和吉安高新区体制调整的问题、城郊地区农业农村发展问题和生态管控等问题。县委书记刘洪指出，专家组的点拨把脉让人深有感触，建设口相关单位部门要尽快对专家们的意见建议进行梳理，在规划建设中要充分汲取专家组的意见和建议，通过方案的调整将规划理念贯彻到实际的规划和建设中去，利用现有的优势更好地进行规划建设，为吉安县规划发展注入新的活力。

2014 年 9 月 23 日下午，住建部文明办处长王敏到吉安县调研住房和城建工作。在座谈会上，王敏表示，吉安县在县委、县政府的正确领导下，城市建设得到了长足的发展，城市经济和生态实现了同步发展。下一步，住建部将继续支持吉安县住房城乡建设发展，在农村危房改造、城镇保障性住房建设、建筑业发展、申报国家级风景名胜区等方面给予支持。

2015 年 7 月 8 日，住建部总经济师、村镇建设司司长赵晖率组来到吉安县，就棚户区改造和公租房建设工作开展专项巡查。赵晖一行来到吉安高新区公租房小区项目现场，实地查看，仔细询问，详细了解了吉安县棚改和公租房工作开展情况。赵晖一行对吉安县在棚改和公租房方面做出的努力和取得的成效给予充分肯定，认为吉安县委、县政府高度重视、措施有力，在棚改重点项目推进、棚改货币化安置、公租房分配入住、保障住房信息公开等方面做了大量工作，努力构筑多层次、全覆盖的住房保障体系，形成了许多好的经验做法。希望吉安县继续把棚改和公租房工作摆在突出的位置，不断总结经验、完善工作举措、加大推进力度，不折不扣、保质保量地完成各项目标任务，推动保障性安居工程这项民生工程取得更大的成效。在吉安县巡查期间，赵晖一行还参观了吉州窑博物馆和永和镇窑领古村，对吉安县在保护庐陵传统文化和古建筑等方面取得的成就给予了充分好评。

2017 年 9 月，住建部村镇建设司司长张学勤，机关党委宣传部部长、第一届挂职干部刘疆率队到吉安县调研，为该县发展升级、小康提速把脉。

表 3-3 为住建部系统各级领导在吉安县的实地调研简况（部分）。

表 3-3　住建部系统各级领导在吉安县的实地调研简况（部分）

时间	概　况
2016 年 5 月 18~19 日	江西省住建厅城乡规划督察员刘新人到吉安县督查城乡规划情况，这是城乡规划督察员制度实施以来，江西省住建厅首次派城乡规划督察员来吉安县督查。刘新人对该县城市总体规划、控规及专项规划的编制、审批备案、实施和修改等相关文件进行了认真详细的察看，并听取吉安县城建局相关负责人的介绍。为具体了解吉安县建设用地范围及用地使用等情况，刘新人对吉安高新区、城北新区等建成区进行了实地踏勘。同时，还对尚公馆、龙湖一号、月亮湾、吉泰花园及智吉达、博智、伊戈尔 7 个房地产开发、棚户区改造及工业项目的相关规划文件及具体实施情况进行了仔细查阅、询问。为更好、更高效地进行城乡规划管理，刘新人还对该县规划审批、“一书两证”核发，规划档案管理等方面提出了具体的意见和建议

续表

时间	概　况
2016年6月30日	江西省住建厅督察组到吉安县督查污水管网建设。督察组一行先后实地察看了海尔希望小学北侧规划路、城北新区污水管网清淤堵漏施工现场及张王污水提升泵站等地，详细了解、核实该县污水管网建设、污水收集处理等情况。督察组充分肯定了吉安县在污水管网建设方面所做的大量工作，要求吉安县进一步强化组织领导、调度推进，加快城区污水管网建设进度
2017年3月24日	江西省住建厅安质监局副局长余建国率督察组到吉安县督查2015~2016年污水管网项目建设。督察组一行传达了江西省住建厅有关会议精神，听取了该县污水管网建设进展、质量安全等情况汇报，并抽查了6个项目资料。随后到吉安高新区、老城区、城北新区实地查看了凤凰大道三期、二七路“白改黑”、深圳大道、瑶池路（续建）等道路污水管网建设及检查井的做法。督察组充分肯定了吉安县在污水管网建设方面所做的大量工作，要求吉安县进一步强化组织领导、调度推进，加快征地拆迁和污水管网建设进度，并做好施工质量安全保障措施，完善项目验收程序和资料

资料来源：笔者收集整理。

住建部对口支援吉安县的政策出台后，吉安县及时研究对口支援工作，梳理亟须帮扶的项目，并针对支援意见，建立专门工作机构，制定出台贯彻落实意见，主动加强与住建部、住建厅的对接与互动，助推政策落地生效。2016年3月、4月及2017年7月，吉安县委县政府主要领导分别率队到住建部汇报对接工作，并就农村危旧土坯房改造、装配式建筑生产基地等事项争取住建部支持，得到了住建部的积极回应。

（二）住房和城乡建设部对口支援吉安县的主要政策分析

为支持吉安县加快提升自我发展能力，促进住房城乡建设事业又好又快发展，住房和城乡建设部积极贯彻落实国务院关于支持赣南等原中央苏区振兴发展的意见，出台了《对口支援赣南等原中央苏区吉安县总体规划（2013—2020年）》《对口支援吉安县工作方案》《住建部办公厅关于支持吉安县住房城乡建设事业发展的意见》等文件，“决不能让老区群众在全面建成小康社会的进程中掉队”。有针对性地明确从十个方面大力支持。具体如下。

一是农村危房改造。加大农村危房改造支持力度，支持吉安县农村危房改造7000户以上。

二是城镇保障性住房建设。支持吉安县城镇保障性住房建设，鼓励和支持有条件的乡镇建设公租房，解决乡村教师、乡镇公务员、扶贫志愿者等人员住房困难。

三是开展城乡规划试点。积极在吉安县开展城乡规划试点，指导编制县城城乡统筹发展战略规划、重点镇及中心村规划。

四是基础设施建设。大力支持吉安县县镇基础设施建设，对生活垃圾处理、重点镇污水管网设施及配套管网予以技术保障和资金倾斜。

五是建筑业发展。扶持建筑业发展，为吉安县建筑企业资质升级、做大做强等提供政策咨询，协调中央大型建筑企业对吉安县一对一重点帮扶。

六是村镇建设示范。积极开展村镇示范建设，指导吉安县在村庄规划、人居环境整治、农房建设、乡村旅游等方面开展示范，支持符合条件的村落列入中国传统古村落名录。

七是风景名胜资源保护和利用。支持风景名胜资源保护和利用，全力支持吉安县申报国家级风景名胜区。

八是推动建设节能与科技示范。推动建筑节能与科技示范，支持和指导吉安县新建建筑执行节能强制性标准，加大建筑节能产品扶持力度。

九是开展人力资源建设。开展人力资源支持工作，对吉安县村镇建设、城乡规划、住房保障等方面进行专题培训，接受吉安县干部到机关或沿海地区挂职交流。

十是大力支持近期城建基础设施建设项目。协调国家发改委、财政部等部门，对吉安县城区垃圾压缩站、凤凰污水处理厂、自来水厂扩建、廉租房配套设施等项目予以支持或倾斜。

二、住房和城乡建设部对口支援政策在吉安县的实施状况及成效分析

（一）住房和城乡建设部对口支援政策在吉安县的实施状况分析

面对该县欠发达、后发展的情况，如何支援才能起到事半功倍的帮扶效果是个值得思考的问题。几年来，围绕基础建设和民生改善等工作，结合受援地发展需求，住建部充分发挥自身优势，努力把各种政策要素、资源要素转化成吉安县经济发展的优势。

1. 加大人力资源支持力度

第一，住建部和吉安县互派干部挂职锻炼增长才干。2013 年以来，住房

和城乡建设部向吉安县选派优秀挂职干部，2018年迎来了第三批部委干部挂职帮扶，住建部选拔了郭蔚同志到该县挂职锻炼，任吉安县委委员、常委（挂职两年），协助县长分管城建口和苏区振兴发展等方面的工作，积累基层工作经验。郭蔚同志到吉安县工作后积极参与吉安县城市总体规划、“多规合一”试点工作等重大规划，协调完成了吉安县城市总体规划、“多规合一”成果批复工作；积极提供国内发达地区的先进理念、成功经验和做法，并结合吉安县实际提供了许多中肯的意见和建议，思想高屋建瓴，见解耳目一新，为吉安县城乡建设水平的提高做出了很大贡献。同时，他用心做好国家、省级、市级住建部门的联系协调工作，尽心尽力为装配式建筑生产基地等项目搭桥牵线。挂职干部的用心和走心，搭起了地方与部委之间联系与沟通的桥梁，更好地促进了吉安县的进一步发展。

同时，为提高吉安县城市建设与管理水平，吉安县也相继推荐了县住房和城乡建设局2名素质高、能力强的年轻干部赴住建部跟班学习锻炼，为该县城建干部综合素质的提高创造了良好条件。近两年，县城乡建设局3名年轻干部赴住建部跟班学习。张晓军在住建部直属机关党委挂职学习了半年，他表示无论在政治素质、思维方式，还是在知识积累、能力水平等方面都有不少收获。

第二，加强管理人员和技术人才的培训。2014年8月5日，江西省住房和城乡建设厅专家在吉安县委党校举行全县村镇规划建设管理培训。各乡镇党委书记、乡（镇）长、小城镇建设分管领导、村镇规划建设管理所全体人员及国土资源所长（分局长），县城乡建设局、城管局、房管局、国土局班子成员及相关股室负责人共180余人参加培训。江西省住建厅副巡视员齐红讲解了住建部及住建厅对口支援吉安县建设事业的文件精神及具体帮扶内容，对百强中心镇、风景名胜区、历史文化名村、中国传统村落的申报及农村危房改造及大型建筑企业的对口帮扶、垃圾环卫设施等帮扶内容作出展开说明和解释。齐红还对农村建房的管控及空心村的整治提出了很好的看法。江西省城乡规划设计研究总院副总工程师、风景园林所所长易桂秀授课的主题为“乡愁理念下的村镇特色景观设计”。她提出，村镇建设要村民充分参与，不要盲目照搬城市模式。要融入大自然，保护生态和农村特色建设，把握不劈山、不占田、慎砍树、不填湖、少拆房等原则。易桂秀还对农村村落的发展提出了很好的看法和建议。

2. 支持先行先试

紧扣老百姓的住房、排污等民生实事，住建部安排推进了一批项目，支持吉安县基础设施建设和改善农村生产生活条件，推进了一批改革先行先试。其中之一就是将吉安县列为江西省“多规合一”试点县，进一步优化吉安县规划体系。2014 年 12 月 19 日，江西省住房和城乡建设厅规划处处长、教授级高级规划师陈振寿率领专家组来到吉安县调研指导“多规合一”试点工作。吉安县委常委、副县长王巍，县委常委、副县长刘疆陪同座谈。会上，县建设局相关负责人汇报了吉安县“多规合一”规划编制进展情况，县发改委、县国土资源局及县环保局相关负责人就“多规合一”规划编制配合进行了发言。刘疆对专家组一行的帮助和督促表示感谢，他要求相关单位做到肃清认识、积极配合，确定专人、全程对接，规划编制要重点解决好市县关系、产城融合、乡镇发展不平衡及发展、生态、庐陵文化传承的关系。王巍就“多规合一”的审批程序、法律地位，实施保障的体制机制、规划修编等方面与调研组进行了深入交谈，并要求各部门要进一步澄清思想认识，通力合作，确保规划真正融合，以保质保量按期完成“多规合一”试点工作，促进吉安县经济、生态快速发展。调研组结合吉安县实际，要求“多规合一”试点工作做到“三个一”，即“绘制一张蓝图、搭建一个信息平台、形成一套管理机制”，并希望吉安县继续高度重视，形成“政府组织、规划牵头、部门融合”的氛围，加快完成试点工作，使吉安县既能享受发展，又能享受生态。目前，“多规合一”成果编制已全面完成，不仅消除了多规差异矛盾、合理优化土地资源配置，而且有效打通了部门衔接通道，提高了行政审批效率。

住建部协调江西省住建厅将吉安县纳入江西省“多规合一”试点县的同时，还将其纳入污水管网重点支持县。2015 年，为加快推进污水管网建设，吉安县进一步提高县城污水收集率和张王泵站及凤凰污水处理厂进水化学需氧量浓度，被江西省政府列为污水管网建设重点支持县，并批复建设项目 34 个，总长 66.86 千米，总投资 9050 万元。截至 2017 年，吉安县 2015~2016 年计划建设的 34 个污水管网项目已开工 31 个（其中完工 20 个，正在实施 11 个），未开工 3 个。已完成投资 6965 万元，完成投资额 76.96%。

3. 支持村镇建设示范

全国重点镇是小城镇建设发展的重点和龙头。各地各有关部门按照提高质量、节约用地、体现特色等要求，在政策、土地及项目安排上对全国重点镇建设发展予以扶持。有关部委也研究制定了加强全国重点镇建设发展的指导意见，建立全国重点镇动态调整机制，指导和支持全国重点镇建设发展。在住建部有力支持下，2014 年，吉安县敦厚镇、凤凰镇、永和镇被列为全国重点镇；敦厚镇圳头村 2014 年第二批列入中央财政支持范围的中国传统村落名单；固江镇赛塘村、固江镇社边村、梅塘镇旧居村 2014 年第三批列入中国传统村落名录。2016 年，吉安县浬田镇田岸上村列入全国第四批中国传统村落名录；2016 年，固江镇赛塘村列入中央财政支持范围的中国传统村落名单。2017 年，吉安县永和镇入选第二批全国特色小镇名单；2018 年，吉安县浬田镇田岸上村列入中央财政支持范围中国传统村落名单；2019 年，吉安县登龙乡泗塘村第泗塘村列入全国第五批中国传统村落名录。敦厚镇、凤凰镇在“全国重点镇”政策的积极影响下，发展势头良好。固江镇社边村和赛塘村、梅塘镇旧居村、浬田镇田岸上村被批准为中国传统村落，有了中央补助资金，村庄基础设施和特色建筑保护得到全面加强。

4. 支持改善民生

近年来，在住建部积极帮扶下，吉安县把保障性安居工程建设作为重要的民生工程来抓，牢牢把握“建得好、搬得顺、拆得掉、住得稳”四个环节，合理编制棚户区改造和公租房建设规划，优先确保棚户区改造和公租房建设用地供应，多渠道筹集建设资金，不断加强工程质量安全监管和住宅小区后期管理，确保保障性安居工程这项民生工程落到实处、取得实效。2016 年，吉安县全面完成上级下达的危房改造任务数 5696 户，危房、土坯房拆除面积近 200 万平方米。

2019 年 10 月 16 日，江西省吉安县在住房和城乡建设部机关食堂展销特色农产品。此次进入机关食堂展销的特色农产品有井冈蜜柚、百香果、灵芝、有机大米等生态绿色产品。展台上设置了网店二维码，不少干部职工直接扫码购买。吉安县农产品进机关活动，有效带动吉安县特色农产品销售，促进产业发展和贫困户增收。

（二）住房和城乡建设部对口支援吉安县的主要成效分析

“输血”更“造血”，改变落后面貌，实实在在干事，是住建部对口支援吉安县的工作宗旨。住建部在农村危房改造、传统村落保护、人才培养等方面给予吉安县大力帮扶，吉安县牢牢抓住机遇，主动对接，积极主动支持与配合国家住建部对口支援全县各项建设，大力推进苏区振兴发展，全区经济社会呈现发展“加速度”，百姓幸福感日益提升，全县苏区振兴发展工作取得显著成效。

第一，民生帮扶增强幸福指数。住房是最大的民生，永阳镇渡头村5位孤寡老人做梦也想不到能在2017年农历春节前搬进新房。旧房属D级危房的他们由于经济困难，无力新建房屋。驻村帮扶单位县城乡建设局采取交钥匙工程的方式，新建了一栋围合而成的建筑——幸福家园：占地240平方米，内分5栋独立建筑，中间为天井，各户都有单独的客厅、卧室、厨房、卫生间，既实现功能分区、设施齐全又便于孤寡老人相互照应和交流。在农村危房改造方面，住建部给予了强大的政策倾斜、资金支持。近6600户农村困难群众的住房条件得到了较大改善，享受了发展改革的巨大红利和发展成果。同时，在强大的政策、资金支持和坚强后盾下，吉安县拆除和清理危旧土坯房达170万平方米，农村环境整治效果突出、生活环境明显改善，涌现了一批环境优、生态好、有人文的美丽乡村，农民生活指数、幸福指数不断提升。

第二，项目带动，资金倾斜。2014年、2015年，在住建部的推动下，敦厚镇、凤凰镇、永和镇被批准为全国重点镇，固江镇社边村、赛塘村和梅塘镇旧居村被批准为中国传统村落；吉安县与中国华电集团、中电投集团就总投资达7亿元的光伏电厂项目签订合作意向协议；争取到国家、省危房改造、乡镇垃圾处理项目等各类资金补助5600余万元。2016年以来，住建部积极协调财政部、江西省住建厅安排吉安县农村危房改造资金6655.5万元，为吉安县推进农村安居工程建设、实现脱贫摘帽提供了有力的支持；协调国家发改委支持吉安县中医院建设项目1600万元、妇幼保健院建设项目520万元，吉安县医疗硬件水平大幅提高；协调江西省住建厅，积极将吉安县符合条件的镇、村列入全国重点镇、中国传统村落，获得补助资金1000多万元；协调江西省住建厅，为吉安县污水管网建设争取资金2000万元。据不完全统计，吉安县拆除和清理危旧土坯房达170万平方米，6564户农村困难群众的住房条件得到了根本改善；住建部帮助吉安县将农村垃圾处理项目列入江西省住建厅计划盘子，19个乡镇全部建有垃圾压缩站，农村环境整治效果突出。永和、凤凰2个扩权强镇试点镇镇区总规、控规修编完成，乡镇基本完成圩镇道路“白改黑”，园林、文体、商业、休闲场所、道路建设日益完善。

第三，政策帮扶卓有成效。在住建部的大力支持下，吉安高新技术产业园区升级为国家级高新技术产业开发区，园区发展水平加快提升；敦厚镇、凤凰镇在“全国重点镇”政策的积极影响下，发展势头良好。固江镇社边村和赛塘村、梅塘镇旧居村、浬田镇田岸上村被批准为中国传统村落，传统村落因此有了蓬勃的发展生机。永和镇于2014年3月、2016年7月和9月及2017年8月先后被列为国家级历史文化名镇，江西省新型城镇化综合试点建制镇、全国重点镇、国家第二批特色小镇。永和镇正借着政策的东风迎来前所未有的机遇，经济发展、规划建设水平与日俱增。

在住建部的帮扶下，充分融合吉州窑千年历史积淀、文化休闲旅游和陶瓷产业复兴等发展要求的永和特色小镇项目2017年以来进展迅速。一是国家特色小镇申报成功。7月13日，永和特色小镇成为吉安市第一批特色小镇；8月4日，永和特色小镇入选江西省第一批特色小镇创建名单；8月22日，被确定为第二批国家特色小镇，为吉安全市唯一。二是国家考古遗址公园获评。12月2日，吉州窑遗址被国家文物局评为国家考古遗址公园，也是此次获评中的全省唯一。三是国家AAAAA级景区创建全面推进。按AAAAA级景区要求，安装免费无线网络全覆盖，建设景区公交亭，完善基础设施。共接待来自美国、加拿大、澳大利亚、上海、广东、重庆等国家和地区的客商62批次518人次。11月29日至12月2日，第二届上海国际陶瓷柴烧节活动上海主会场和吉安分会场活动取得圆满成功，吸引了河南、山东等地和美、日、韩等5个国家的近百名陶瓷艺术家参加。

永和老街、宋街业态及周边环境整治改造，道路、供水、电网等基础设施的改善，不仅大大提升了村民的居住环境和生活质量，而且带动了景区陶艺作坊、陶瓷销售、餐饮业等服务业发展。近年，嘉瑞陶瓷、空山房等10多家陶瓷企业和工作作坊落户永和陶艺小镇，来自全国各大院校、中小学校的陶瓷作坊体验游、研学游、交流游等人数剧增，接待量超3万人。吉州窑柴烧艺术作品在国内外参展作品中脱颖而出，共荣获三等奖2次、优秀奖3次、特别奖1次。吉州窑古陶瓷研究所选送的吉州窑窑变梅瓶获2017年景德镇国际陶瓷博览会“十大名窑”金奖。永和豆腐、萝卜干、小鱼干等地方特产，以农家乐著称的“尹家大院”“龙虾基地”等独具特色的各式餐饮，让游客慕名而来满意而归。

第四节　国家国防科技工业局在吉水县的对口支援研究

一、吉水县基本县情

吉水县是中央革命根据地的重要组成部分。吉水县古称石阳县，建县时间为东汉永元八年（96 年），县治设今醪桥镇固洲村，距今有 1900 年历史。吉水县地形兼有山地、丘陵、平原三大类，以丘陵为主，东、北、南三面地势稍高，西与西北稍低，并依序由东向西倾斜形成一个半开口的盆地；县境南北相距 80 千米，东西最狭处 22 千米，吉水县幅员面积 2509.73 平方千米。2017 年，吉水县辖 15 个镇，279 个村（居）委员会。2017 年末总人口为 565684 人。

区位优越。地处江西省中部，赣江中游，吉安市东北部。东濒永丰县，东南面与青原区毗邻，西连吉安县、吉州区，北接峡江县。吉水县人民政府驻文峰镇。南距吉安市城区中心 23 千米、井冈山机场 50 千米、广州 640 千米，北距江西省会南昌 196 千米，东至永丰县城 38 公里、北至峡江县城（水边镇）52 千米。吉水县交通十分便利，赣粤高速公路、抚吉高速公路、京九铁路、105 国道、赣江水运 5 条大动脉穿境而过，形成了“水陆空”三路并进的立体交通网络。

资源丰富。吉水县耕地面积 53185 公顷，其中，水田 46264 公顷，占耕地面积 87%，旱地 6921 公顷，占耕地面积 13%。吉水县是江西省重点林业县。吉水县拥有林业用地 16.9 万公顷，森林覆盖率 63.4%。吉水县活立木总蓄积量 558.4 万立方米。地下矿藏富饶。已探明的矿产种类有铁、锰、钛、铜、铅、锌、钼、钨、汞、钴、金、银、稀土、耐火黏土、硅石、白云岩、煤炭、泥炭、油页岩、磷、重晶石、冰洲石、砷、石灰岩、水泥配料用页岩、瓷土、陶土、砖瓦黏土、河沙、花岗岩石材等。境内自然风光和人文景观交相辉映。主要景点有峰峦叠嶂、乱云飞渡的大东山，峰头如笔、传说神奇的文峰山，怪石林立、古木参天的石莲洞，四面环水、繁花似锦的桃花岛，以及“国家 AA 级景区”八都“毛泽东祖籍游览苑”，水南公略县苏维埃政府旧址、怀德堂，白沙木口红军标语等；国家AAA级“历史文化名村”燕坊，省级“历史名村”桑园、仁和店；“江南第一墓”三国东吴古墓，解缙和杨万里故居与古墓等。

二、国家国防科技工业局在吉水县的实地调研及对口支援政策分析

（一）帮扶政策出台前后国家国防科技工业局在吉水县的实地调研

2013年10月10~12日，国家国防科技工业局（以下简称“国防科工局”）人事司副司长李坤平一行来吉水县调研苏区对口支援工作。李坤平一行先来到水南镇公略县旧址、毛泽东旧居和白沙镇毛泽东木口调查旧址等革命旧居旧址考察，深入部分贫困村和移民新村，实地考察城区重点项目和园区电子企业，并召开电子信息企业对接座谈会，全面了解吉水县经济社会发展情况。在汇报会上，国防科工局人事司副司长李坤平指出，两天在吉水走乡镇、进企业、听汇报，通过实地调研，他们切实感受到省、市和县对对接工作的高度重视，也进一步坚定了他们对吉水对口支援的信心。吉水文化底蕴深厚，是庐陵文化的发源地之一，而国防科工局历来重视文化建设，有着务实求真的工作作风，这些都与吉水不谋而合，相信有着这些文化信仰的相同之处，以后的对口支援工作将会顺利开展。他强调，调研组一定会尽快做好此次调研材料的整理汇总工作，尽早制定出切合实际的帮扶方案，发挥军工科技系统的优势，做好吉水苏区对口支援工作，扎扎实实为老区人民做出应有的贡献。

2014年，6月19~20日，国防科工局副局长王毅韧率调研组深入吉水县调研苏区对口支援工作。调研组一行进村入户入企，先后前往文峰镇井头新农村、瑞丰移民新村、“三大涉江工程”和金滩镇五团村，并现场察看了景旺电子、电镀集控区和光电传输线缆项目，参观了毛泽东祖籍渊源展示馆和城市规划展示馆，全面了解吉水县经济社会发展状况和发展规划。王毅韧副局长对吉水县深厚的文化底蕴、优良的投资环境、干部勤勉务实的工作作风以及经济社会发展保持的良好态势表示赞赏，对吉水县在对口支援工作方面提出的意见建议给予了积极回应。他指出，饮水思源，国防科工局十分重视对口支援吉水工作，成立了领导小组，开展了前期调研，派出了干部赴吉水挂职，组织吉水县与中国电子科技集团、中国电子信息产业集团召开了电子信息产业对接会，促

成了电子23所光电传输线缆项目落户吉水，出台了《国防科技工业对口支援江西省吉水县振兴发展的实施意见》。下一步，将全力支持，广泛动员国防科技工业各方面的力量来帮助吉水振兴发展，增强自身发展动力，把想法化作实实在在的行动、化作实实在在的工作、化作实实在在的项目。中国电子科技集团公司朱崇锦总经理助理，中国电子信息产业集团公司邵术林总经理助理，江西省国防科工办杨贵平主任，分别就吉水苏区对口支援工作作了表态发言。吉水县委书记刘兰芳介绍了吉水基本县情、经济社会发展情况，苏区概况以及对口支援对接工作开展情况，并就对口支援工作建议进行了汇报。刘兰芳表示，下一步，将按照长远与近期相结合，输血与造血相结合，本地基础与科工局优势相结合的原则，通过"民参军""民引进"和"军落户"三条途径，出台一份实施意见、编制一套产业规划、搭建一个承载平台、组建一支精干队伍、抓好对口支援五个方面的对接，确保对口支援对接工作取得实效。同时，希望国防科工局、中国电子科技集团、中国电子信息产业集团和江西省科工办，在电子信息产业园规划和推进模式等方面给予大力支持。

2015年6月4~5日，中国电子科技集团公司副总经理胡爱民一行赴吉水进行苏区对口支援实地考察调研，开展产业发展合作对接。调研组一行先后参观了城市规划展示馆、行政服务中心、"三大涉江工程"、中电新材料科技等城区园区重点项目，全面了解吉水县经济社会发展和产业基础及产业发展规划。座谈会上，吉水县委书记刘兰芳介绍了基本县情、全县工业发展情况，以及对口支援工作开展情况，期盼中国电子科技集团在吉水县开展传输线缆及模组、电子材料、印制电路板、安防监控等领域的产业项目，协调所属单位与县内优势民营企业在技术、项目、资金、业务等方面开展合作，促进当地电子信息产业快速集聚发展。调研组一行对吉水县战略规划、发展势头、投资环境予以充分肯定。胡爱民副总经理表示，支持支援吉水苏区，是中国电科集团公司义不容辞的责任。中国电科集团高度重视对口支援吉水工作，已制定对口支援吉水发展工作规划，有的项目已在实施，还有项目正在酝酿。下一步，将围绕落户项目的长期良性运行和增强苏区造血功能，进一步协调集团公司相关单位，积极谋划项目，探索经营模式，会同吉水县，共同务实地推进吉水经济的振兴和发展。

2017年6月27日，国防科工局总工程师龙红山率发展计划司一行到吉水县调研对口支援工作。龙红山一行先后深入吉水县工业园区和中信航空锻造、景旺电子、中电新材料等企业车间，实地察看了各项目建设推进和生产运行情况，并现场参观了吉水县毛泽东祖籍渊源展示馆和古城墙保护工程，深入了解吉水县工业和开放型经济工作以及原中央苏区对口支援工作进展情况。龙红山对吉水县深厚的文化底蕴、优良的投资环境、干部勤勉务实的工作作风以及经济社会发展的良好态势表示肯定，对该县在对口支援工作方面提出的意见建议给予了积极回应。他表示，国防科工局将一如既往地全力支持吉水，广泛动员国防科技工业各方面力量来帮助吉水振兴发展，促进吉水不断增强内生发展动力，把对口支援工作化为实实在在的成效。

2018 年 10 月 29 日，中科院院士、国际欧亚科学院院士、北大数字中国研究院院长童庆禧，中国遥感协会理事长、国防科工局一司、三司原司长罗格，中国遥感应用协会特聘专家、高工赵启发等专家到吉水县考察调研指导工作。童庆禧一行先后来到江西景旺精密电路有限公司、毛泽东祖籍渊源展示馆等地进行实地察看调研，详细了解吉水县产业发展的基本情况、特色举措以及存在的困难和问题，并认真倾听了相关建议。童庆禧指出，吉水县要做好硬制板、触控显示、LED、接插件、物联网产业的承接发展工作。同时，吉水的生态、资源、环境、人文、政策优势十分明显，希望在空间信息、生态环境治理、自然灾害防御等方面开展院地合作，为吉水转型升级提供科技支撑。

2019 年 11 月 23 日，为进一步贯彻落实国务院对口支援赣南等原中央苏区振兴的政策，工信部副部长、国防科工局局长张克俭到吉水县调研指导对口支援工作。在对吉水县工业园区电子信息产业园调研时，中国电子科技集团、中国航空工业洪都集团、中国兵器工业集团、中国船舶重工集团、中广核集团这些央企，和景旺电子、旭昇电子、金田麦食品、创新科技、夺胜电子 5 家落户产业园的民企，现场展现各自公司特色、优势产品和先进技术，并为调研组详细讲解产品的用途、性质、功能等。在对中电科 23 所线缆项目、中电科 51 所微波电子项目、景旺电子项目实地调研时，调研组认真听取了企业相关人员介绍，详细了解了企业生产经营情况、税收缴纳等情况。

2019 年 12 月 7 日，全国人大财经委副主任、中国电子科技集团有限公司董事长、党组书记熊群力一行到吉水县调研。熊群力一行先后实地考察了由中电 23 所投资建设的中电新材料一期和二期项目，及中电 51 所投资建设的中电科微波电子项目，通过进车间、看现场、听介绍等方式，详细了解了吉水县电子信息产业项目的具体进展情况，并召开了座谈会，对吉水县在推进电子信息产业项目建设过程中的困难、问题进行了交流、探讨。熊群力指出，通过实地调研，深深感受到吉水县作为革命老区积极策应强化对接，优化产业支撑平台，实现了快速振兴发展，面貌日新月异，成绩喜人。同时吉水县牢牢把握原中央苏区振兴发展这一历史性政策机遇，在国防科技工业的倾情帮扶和省市的正确领导下，经济社会发展取得显著成绩。熊群力表示，吉水县对中电23所和51所项目建设给予了极大的支持，项目进展十分顺利，今后将继续充分利用吉水县丰富的资源优势，加大力度开展互利双赢的项目，使其落地落实，共同为推进中华民族伟大复兴做出更大的贡献。

表3–4为国防科工系统各级领导在吉水实地调研简况（部分）。

表3–4 国防科工系统各级领导在吉水实地调研简况（部分）

时间	概 况
2014年3月2日	为加快推进国防科工局对吉水县中央苏区的对口支援工作，中航工业江西洪都航空工业股份有限公司总工程师、副总经理张弘一行五人到吉水考察。张弘副总经理表示，为关心支持吉水苏区人民的生产生活，贯彻落实好中央苏区振兴发展的对口支援政策，将在国防科工局的部署指导下，立足企业自身特色与吉水县情，找准切入点，力争在产业扶持、资金帮扶等方面尽快支持吉水经济社会发展
2014年3月19日	中国电子科技集团公司第23所所长王颖一行赴吉水县实地考察，协调商谈光电传输线缆项目落户吉水相关事宜。该项目将成为国防科工局对口支援吉水县苏区振兴发展中第一个落地的工业项目
2014年3月27日	国防科工局系统二司池雪丰副司长、东华理工大学孙占学副校长、中国工程物理研究院楚原副处长等一行深入吉水，进一步商议苏区对口支援相关事宜
2014年7月15~16日	国防科工局对口支援工作领导小组副组长、机关党委书记、综合司司长吴志坚率调研组赴吉水实地调研。调研组一行先后视察了"三大涉江工程"、城市规划展示馆、景旺电子、光电传输线缆项目选址和电镀集控区，听取了相关情况介绍，详细了解吉水县经济社会发展状况和发展规划，为进一步研究制定有关支援举措奠定了基础
2014年11月4~5日	中国航空工业集团公司战略与资本部高级专务、副部长费洪柱一行赴吉水就苏区对口支援实地考察调研，开展产业发展合作对接。调研组一行先后察看了中电科技新材料、景旺电子、电镀集控区、百威啤酒等重点项目，听取了吉水县经济社会发展、苏区对口支援和工业及开放型经济工作情况汇报，全面了解吉水县产业基础和产业发展规划，同时介绍了中航工业及其所属中航国际、中航工业洪都集团公司概况和战略发展相关情况。通过座谈交流，积极探讨产业合作方向和重点领域，共同寻求产业合作契入点。费洪柱对吉水县投资环境、发展速度、战略规划和融城步伐均给予高度评价，建议相关军工集团集中安排落户相关联的产业项目，在吉水打造一个国内具有较强竞争力的产业集群。费洪柱表示，回去后将及时提请召开相关会议部署相关工作，积极响应国防科工局号召，集整个集团公司力

续表

时间	概　况
2014年11月4~5日	量帮扶吉水苏区振兴发展，实现合作共赢。下一步，一是优先考虑将制造类的新增业务安排落户吉水；二是引导集团及其所属公司发挥自身优势，与吉水县企业开展技术、业务等合作；三是引导集团及其所属公司的有关百货零售、绿色能源、金融保险、地产开发等非制造业领域进驻吉水发展。中国航空工业集团公司下辖200余家成员单位、有20多家上市公司，在世界500强企业中排名第178位。非航空产业涉及汽车、摩托车及其发动机、零配件，燃气轮机、制冷设备、电子产品、环保设备、新能源设备等领域，并涉及通用航空、交通运输、医疗服务、工程勘察设计、工程承包建设、房地产开发、金融保险、百货零售等第三产业服务领域
2016年3月14日	国防科工局信息宣传中心张新安副主任莅临吉水指导苏区对口支援工作。张新安副主任现场察看了中电科技新材料等项目，详细了解规划建设情况。张新安副主任对吉水县产业基地的建设予以了充分肯定，希望吉水能充分利用苏区对口支援契机，加强与6大军工集团的沟通对接。国防科工局信息宣传中心将会安排国防科工局新闻宣传中心人员赴吉水采集信息，帮助吉水做好苏区对口支援信息宣传报道与项目推介
2017年2月28日	袁平华、肖礼圣、刘建辉同志一行到吉水县考察调研。调研组一行先后实地察看了景旺电子、中电新材料科技、电镀集控区、夺胜电子，现场听取了各项目的情况介绍，并与吉水县相关部门进行座谈，听取吉水县产业基地建设情况汇报。调研组对吉水取得的成绩给予了充分肯定，认为吉水县委县政府高度重视，基地定位准确，政策优惠、基础扎实
2017年3月30~31日	来自国防科工局及部分军工集团的7位厅局级领导莅临吉水县调研指导。他们是在中国井冈山干部学院厅局级班培训结业后，被应邀专程到吉水县考察的。县领导袁守旺、廖东生、刘龙林、杜卫东、龙向阳、张厚楷、厉有明与调研组进行了对接交流。国防科技工业局重大专项工程中心副主任徐春荣，中国核工业建设集团公司财务与资产管理部主任、资本控股公司总经理贾晓春，中国航天科技集团公司第六研究院纪委书记王晓君，中国航天科工集团公司科研生产部部长杜江红，中国航空工业集团公司防务综合部部长朱谦，中国船舶工业集团公司科技部副主任汪彦国，中国船舶重工集团公司宜昌船舶柴油机有限公司党委副书记、工会主席曾照辉先后参观考察了城市规划展示馆、毛泽东祖籍渊源展示馆、景旺电子
2017年6月18日	国防科工局人事司副司长李成伟莅临吉水县调研，考察指导对口支援工作。他先后考察了绿色食品工业园及有关重点企业、位于醪桥镇的吉水现代农业示范园、日岗村千亩籽莲基地等。李成伟对吉水对口支援工作情况予以肯定，勉励吉水继续发挥主体作用，积极主动作为，乘势而上，取得更大的发展成就。县委常委、副县长龙向阳，县发改委、醪桥镇主要领导，工业园区管委会及有关企业负责同志等分别汇报有关工作情况
2017年8月9~10日	中国兵器工业集团公司发展规划部副总经理、集团公司重大项目办公室常务副主任邱延民一行赴吉水调研，积极探讨产业发展、民生事业、人才技术等领域的合作对接。中国兵器工业集团公司发展规划部重大项目处、中国兵器第四研究院、中国兵器第一研究院、江西联创通信有限公司、中国兵器卫生研究所相关领导随同调研

续表

时间	概　况
2017 年 8 月 24 日	安徽省国防科工办党组成员、总工程师郑超一行四人到吉水县考察调研。考察组一行先后参观了江西中信航空设备制造公司、景旺电子、中电新材料科技、县博物馆、毛泽东祖籍渊源展示馆，深刻感受到吉水县深厚的历史文化底蕴。考察组认为吉水抢抓国防科工局对口支援的难得历史机遇，大胆创新，促成众多军工央企项目与吉水县顺利对接，并成功在基地落户，助推了吉水社会经济快速发展。考察组表示，通过此次参观考察，加强了交流、增进了友谊，学到了新经验，回去后，将认真归纳总结吉水县的好经验、好做法，并汲取运用和借鉴到安徽省国防科工工作中，共同发展
2017 年 9 月 21~22 日	来自国防科技工业及有关企业的 6 位厅局级领导莅临吉水县调研指导。他们是在中国井冈山干部学院司局级班培训结业后，应邀专程到吉水县考察的。县领导袁守旺、廖东生、龙向阳、毛晓青、周文花与调研组进行了对接交流。国防科工局机关服务局副局长富向东、中国核工业建设集团党群工作部主任吴微、中国航空发动机集团东安发动机公司党委副书记于建滨、南水北调东线总公司党委书记李长春、中信建设证券投资有限公司董事总经理张昕帆、天津渤海轻工投资集团有限公司总经济师张庆新一行先后参观考察了毛泽东祖籍渊源展示馆、中信航空设备制造公司、景旺电子、中电新材料科技等企业。考察组认为，吉水抢抓苏区振兴发展机遇，加快工业崛起步伐，取得了明显成效，希望吉水继续发挥主体作用，积极主动作为，加强与军工企业对接合作，取得更大的发展成就
2017 年 9 月 20~22 日	中国核工业集团公司规划发展部副主任吕晓明、处长邓学华，核工业江西矿冶局局长王英稳，中核医疗产业管理有限公司副总经理王蜀昌、中国同辐股份有限公司辐照事业部经理尹卫等一行 9 人到吉水县考察调研。吉水县委书记袁守旺与调研组进行了交流，希望促进双方开展实质性项目合作。调研组一行先后参观考察了醪桥镇黄泥洞井冈蜜柚基地、吉水县人民医院、吉水县中医院，并在县政府会议室召开座谈会。座谈会上，调研组一行重点介绍了辐照站建设和医疗合作的基本设想和有关情况，并与该县相关部门和单位进行深入交流，探讨合作事宜。随后，调研组一行前往吉安市考察调研，与市苏区（吉泰）办副主任周宏、市工信委副主任廖勇进行座谈交流，并考察了上海市东方医院吉安医院。调研组对吉安市、吉水县经济社会事业发展所取得的成绩给予了充分的肯定。调研组表示，近年来，吉水县抢抓国防科工局对口支援的难得历史机遇，迈进了工业崛起的快车道。同时吉水策应吉泰城镇群建设、“大吉安”城市构建，加快跨江发展、沿江开发、双向对接、加速融城步伐，打造了宜居宜业的滨江新城。此次考察进一步促进中核集团对口支援吉水县项目落地
2017 年 11 月 28~29 日	中国电子科技集团公司第 51 研究所所长杜方宁到吉水县考察。杜方宁一行先后参观考察了中信航空洪都锻造、景旺电子、电镀集控区和城市规划展示馆、电商产业园等地，认真听取讲解员和企业负责人的相关介绍，详细了解了吉水县发展规划、历史文化，工业和开放型经济工作以及原中央苏区对口支援工作进展情况。杜方宁认为吉水县积极抓住国防科工局对口支援的难得历史机遇，带动了其他配套项目落户吉水，经济社会发展良好，是一个宜居宜商宜业宜游的滨江城市。考察结束后，吉水县与中

续表

时间	概　况
2017年11月28~29日	国电子科技集团公司第51研究所举行了中国电科微波电子（吉水）有限公司科研生产基地项目投资协议签约仪式，标志着又一军落户项目落户吉水，必将为吉水县发展注入强劲动力。中国电科微波电子（吉水）有限公司科研生产基地项目是由中国电子科技集团公司第51研究投资建设的产业项目，该项目占地50亩，投资总额1亿元，投产后年产值2亿元以上，年税收达到1000万元以上
2018年2月27~28日	2018年2月27~28日，国防科工局人事司副司长关锋一行到吉水县调研对口支援工作。关锋一行与部门单位主要负责同志进行了谈话交流，了解有关情况。还深入江西中信航空设备制造公司、景旺电子、中电新材料、百威英博啤酒等重点企业，实地察看了各项目建设推进和生产运行情况，了解该县工业和开放型经济工作以及对口支援工作进展情况。关锋对吉水对口支援工作情况予以肯定，认为吉水县政通人和、团结奋进，主动作为，实现了快速振兴发展，面貌日新月异，成绩喜人。他表示，国防科工局将一如既往地全力支持吉水，立足吉水实际，在项目、资金和政策等方面加大支持力度，力争对口支援工作取得新的更大实效
2018年5月31日	国防科工局系统工程三司司长卞志刚带队来到吉水工业园区考察调研，实地查看景旺电子、百威啤酒、中信航空制造的建设运行情况。卞志刚参观了景旺电子、百威啤酒、中信航空制造等企业生产车间、产品展厅，了解了企业的生产经营状况，并与各企业负责人进行了亲切交流
2019年4月22-23日	中船重工集团规划发展部主任张健德、副主任丁亚非会同中船重工716所、中船重工719所、中船重工707所来县调研。调研组一行先后考察了中兵现代农业科技服务中心、中信航空、中电新材料科技等重点企业，详细了解了吉水县工业和开放型经济工作以及原中央苏区对口支援工作进展情况。调研组对吉水对口支援工作情况予以肯定，认为吉水县牢牢把握原中央苏区振兴发展这一历史性政策机遇，在国防科技工业的倾情帮扶和省市正确领导下，吉水经济社会发展取得显著成绩，下一步中船重工集团将立足吉水实际，加大对吉水县的支援力度，拓展与吉水县的产业合作

资料来源：笔者收集整理。

吉水县委、县政府高度重视国防科工局的对口支援工作，频繁走访国家国防科工局、省科工办、各军工集团以及基层军工企事业单位，积极沟通、对接。早在2013年6月18日，吉水县副县长张厚楷、县发改委（苏区办）主任许招满就前往江西省国防科工办，就国防科工局对口支援吉水苏区振兴发展进行沟通汇报，获得江西省国防科工办的鼎力支持。9月13日，利用国防科工局黄强副局长在井冈山干部学院学习的机会，县委书记刘兰芳、县长袁守旺、常务副县长王克齐前往拜访黄强副局长，主动汇报对接相关情况，明确对口支援方向。9月16日，县委书记刘兰芳、副县长张厚楷、县发改委（苏区办）

主任许招满拜访省江西省国防科工办，落实对接国防科工局对口支援相关具体事宜。江西省国防科工办主任杨贵平、副巡视员沈辉及相关处室同志听取了吉水县的情况汇报，并就支持吉水县苏区振兴对接工作做了初步安排。

2014 年 8 月 13 日，吉水县委书记刘兰芳率队在南昌拜访了在赣考察调研的工信部副部长、党组副书记，国家国防科工局党组书记、局长许达哲。会谈期间，刘兰芳书记简要介绍了吉水县情、原中央苏区县概况，以及吉水苏区对口支援对接工作情况，对国防科工局启动对口支援工作以来的大力支持表示感谢，并希望国防科工局对吉水县电子信息产业园规划建设，以及引导军工企业帮助培育吉水县民营企业等有关事项给予大力支持，得到许达哲局长积极回应。2015 年 2 月 9~10 日，县委书记刘兰芳赴北京，分别拜会国家国防科工局和有关军工集团领导。国防科工局副局长王毅韧，发展计划司司长龙红山、副司长曲克波，中国电子科技集团胡爱民副总经理、中国兵器装备集团龚艳德副总经理、中国核工业集团曹述栋副总经理、中国兵器工业集团繆文民总经济师、中国电子信息产业集团吕宝利部长等领导分别会见。双方就推进苏区对口支援、探讨产业合作对接进行了深入交流。拜会期间，刘兰芳书记对国防科技工业给予吉水的大力支持和倾情帮扶表示感谢，介绍了苏区对口支援工作开展情况以及吉水及周边的产业基础和优势，提出了产业合作对接的建议和设想。国防科工局表示，将继续动员军工企事业单位、科研院所与吉水全面对接，对去吉水落户的产业项目给予政策、资金等支持；拟在吉水召开国防科技工业对口支援工作领导小组第二次会议，争取会上 4~5 个项目落户签约。各军工集团表示，将进一步完善对口支援规划，拓宽领域、深化对接，落实产业项目，一步一步推动对口支援工作有序开展，实现地方与企业双方互利双赢。4 月 22 日下午，县委书记刘兰芳赴北京拜会国防科技工业苏区对口支援工作领导小组办公室副主任、国防科工局发展计划司副司长曲克波同志。刘兰芳书记对国防科技工业倾情帮扶吉水表示感谢，汇报了当前项目对接落户等推进情况。双方就国防科技工业苏区对口支援领导小组第二次会议等相关事宜进行深入沟通交流。曲克波副司长表示，将进一步争取国防科技工业方方面面的支持，全力助推吉水苏区振兴发展。县委常委、副县长潘虎陪同拜访。9 月 18 日，县委书记刘兰芳赴国家国防科工局汇报对口支援工作。国家国防科工局副局长、国防科技工业苏区对口支援工作领导小组组长徐占斌亲切接见了刘兰芳一行，并召开座谈会，就对口支援有关工作推进进行了卓有成效的交流。座谈会上，刘兰芳向国防科工局领导汇报了吉水县对口支援对接工作情况，并恳请国防科工局对吉水县对口支援工作一如既往予以关心、支持和帮助。徐占斌指出，国防科技工业吉水苏区对口支援工作不断完善顶层设计、思路清晰、推进务实，已取得一定成效，奠定了良好基础，但与帮助吉水2020年实现全面小康还存在差距，力争近期取得更大成绩。徐占斌副局长表示，对吉水县提出的有关建议，均原则上同意。开展国防科工局、军工集团、吉水县“三方洽谈”，推进项目落户吉水。要求吉水县把前期掌握的项目逐一梳理。有需要解决的问题、集团需要的扶持政策，局里将进行协调研究。对落户吉水的项目、落户项目需要的扶持政策不设门槛，将围绕项目给政策，“一事一议”“特事特办”予以扶持。领导小组第二次会议争取10月在吉水召开，选中电新材料科技项目投产之时召开，力争项目竣工与有关项目签约同时进行。赞同县里提出的“局省共建、集团引领、县为平台、市场运作”总体思路，重点研究体现“集团引领”主体作用，盯住产业联系紧密的集团。在吉水苏区对口支援工作总体思路“四个结合”（长远与当前、“输血”与“造血”、本地基础与科工局优势、推动发展与改善民生）基础上，推动“局省积极性与集团的优势相结合”。进一步深化思想认识，切实按照党中央、国务院要求，在聚焦产业的同时，围绕全面小康进行谋划，拓宽思路。一是做好“增量”，推动“军落户”；二是引导“民引进”，民口配套单位愿意到吉水的，也给予政策扶持；三是促进院校成果转化的科技项目落户吉水；四是支持在吉水开展先行先试有关工作，做实产业；五是研究用好吉水的“存量”，调动国防科技工业资源，发挥资金、技术等方面的优势，帮助吉水企业找市场和平台，将产业做优做强；六是抓紧抓实吉水产业基地建设，争取作为示范区。其他的如基础设施等需其他部委支持的工作，共同帮助协调。

2016年4月20日，县委书记、县长袁守旺，副县长罗新荀在吉安拜会国家国防科工局系统三司张滨刚副司长。张滨刚副司长表示，将积极引导并协调推动国防科技工业兵器、电子行业对口支援吉水。5月24~25日，吉水县委书记、县长袁守旺率队赴省发改委（苏区办）、省国防科工办和洪都航空工业集团，专题汇报吉水县苏区对口支援工作，争取省直部门单位支持。省发改委党组成员、省政府投资项目评审中心主任李庆洪和省苏区办副主任谢宝河对吉水县苏区对口支援工作予以高度赞誉，并表示将帮助争取有关项目建设资金。省国防科工办主任杨贵平、副巡视员沈辉对吉水县国防科技工业文化主题公园功能设想予以充分肯定，并表示尽快与吉水县共同成立国防科技工业文化主题公园推进领导小组，加强与国家国防科工局、各军工集团以及设计单位的沟通联系，共同加快推进规划设计、规划评审、展品筹措等前期工作，力争主题公园尽早开工建设；将尽快组织召开省国防科技工业对口支援领导小组第二次会议，对接梳理一批项目，促进更多项目落户吉水县；帮助吉水县争创创新示范基地，形成政策叠加效应。洪都航空工业集团董事长宋承志、总经理张弘表示，很高兴能够参与到苏区振兴对口支援吉水县的行列中来，将加大对已开工的江西航空制造（精密锻造）项目的支持力度，力争项目早日试投产；对已签约的航空复材项目，将尽最大力度加快项目技术层面的研发，争取项目早日动工建设。

2017 年 3 月 2 日，吉安市委书记胡世忠、市长王少玄、副市长邓淑斌等赴国防科工局走访，吉水县委书记袁守旺、副书记廖东生，县委常委、副县长龙向阳陪同。胡书记一行拜会了国防科工局党组副书记副局长张克俭，并与国防科工局徐占斌副局长、总工程师兼发展计划司司长龙红山、系统工程三司司长卞志刚、系统工程四司副司长王重秋、军品配套与监管司副司长简明等进行了对接座谈，座谈会上就对口支援吉安市吉水县的工作请求给予了明确答复。胡世忠书记表示，扶贫攻坚是我们的主要任务，而产业发展又是扶贫的主要路径，做好精准扶贫需要发挥对口支援的作用。国防科工局对口支援吉水工作走在前列，实实在在有实体项目开工、实实在在有人才技术支援、实实在在有资金支援。王少玄市长恳请国防科工局对以下事项给予支持：一是请求另外 7 家军工集团也加入对口支援；二是推动更多项目落户；三是恳请近期在吉水县召开第三次国防科技工业对口支援工作领导小组会议；四是恳请支持吉泰走廊的电子信息产业基地建设。徐占斌副局长表示，将进一步推进对口支援工作，加快发展、加快脱贫。组织引导其他军工集团加入到对口支援来，适时调整领导小组成员；同时进一步加大协调力度，促进在建项目早日竣工。对于中电 23 所二期项目，计划司和三司尽快批复立项，同样的项目如到吉水增加 5% 的项目国家补助资金，对落户的项目兑现补助政策。

吉水县不仅与国防科工局、江西省科工办、各军工集团保持频繁沟通，还积极走访国防科工系统相关高校、科研机构和企业，参观学习，密切交流，力争对口支援项目在吉水落地开花。2014 年 2 月 19~21 日，县委常委、副县长潘虎率团赴上海招商考察。招商团一行考察了中国电子科技集团公司第 23、第 32、第 50、第 21 研究所和华东电脑股份有限公司。考察期间，通过与研究所主要负责人的座谈和实地参观考察，详细了解了光、电信息传输、光纤传感技术、计算机主芯片、基础软件、信息科技、军用计算机、微特电机与组件等产品的研发、应用领域及产品用途，双方进行了广泛而深入的交流。招商团对吉水县的发展投资环境、生产要素优势、区位优势、招商政策以及筹建吉水军工电子电机产业园等进行了全面深入的推介，并邀请对方来吉水县考察。目前中国电科23研究所的高端电缆、特种光纤项目，已经被国防科工局批准，落户吉水。此次招商考察活动，双方建立了良好的关系，是一次信息的传递和互通，为下一步该县电子信息产业招商奠定了坚实的基础。2014年10月26~29日，吉水县委书记刘兰芳带队，先后前往中国电子北海电子产业园、中国电科桂林激光通信研究所、三亚海洋信息产业园、中国电子海南生态软件园等产业园、重大项目考察调研，重点学习产业园规划、产业承接、建设运作模式、配套设施建设、政策扶持、全程帮扶等成功经验。同时，拟于近期就考察学习情况和恳请支持事项向国家国防科工局汇报，并将有关设想与相关军工集团对接。

2016年10月31日至11月1日，吉水县委副书记廖东生率队赴珠海参加广东航空航天产业投资洽谈推介会，并在珠海、中山等地开展招商洽谈活动。

2017年3月，吉水县委副书记、县长陈克龙分别拜会了国防科工局党组副书记、副局长张克俭（主持工作）和局总工程师龙红山等领导，汇报对口支援工作。在京期间，陈克龙还率队走访了北斗星通导航技术股份有限公司、航天科工集团第三研究院，洽谈卫星导航、无人机等项目。10月12日，吉水县委常委、副县长龙向阳率队赴安徽省合肥国家高新技术产业园进行考察调研。考察组一行先后参观考察了中国科技大学先进技术研究院的高新技术成果产品展示、合肥同智机电控制技术有限公司的机电生产制造、科大讯飞股份有限公司的智能音响产业、安徽省长江计量所的先进检测计量设备、中国电科集团公司第38研究所的预警探测、集成电路等先进的电子信息产业技术等。在与相关领导进行的座谈交流会上，相关企业负责人介绍了公司基本情况；合肥国家高新技术产业开发区管委会王节副主任介绍了高新区整体规划和产业布局情况；安徽省国防科工办郑超总工程师介绍了安徽省的产业发展情况。龙向阳与相关人员进行了亲切交流，表示合肥高新区取得的成就很值得吉水县学习，并诚挚邀请相关企业负责人尽快到吉水考察洽谈。13日上午，龙向阳赴安徽省北航合肥创新研究院考察调研。考察组一行观看了北航合肥科学城宣传片，听了梁国栋院长就合作基地发展规划和远景目标的介绍，双方还进行了亲切交流。龙向阳表示，北航与合肥的成功合作为我们提供了很好的思路，感受很震撼，启发很深刻。今后吉水不仅注重产业招商，也要注重人才和智力的招商，为产业项目落户提供才智支撑。13日下午，龙向阳赴安徽省中国电子彩虹集团公司考察调研。考察组一行观看了公司宣传片，参观了液晶玻璃、光伏玻璃、LED 蓝光产品生产线。龙向阳与其下属三个子公司负责人进行了亲切交流，并邀请他们尽快来吉水考察洽谈项目。发改委、丁江镇、工业园区管委会有关同志陪同考察。

2018 年 5 月 14~16 日，县委书记袁守旺一行在深圳考察走访了部分重点企业。考察团一行先后实地参观考察深圳金信诺高新技术股份有限公司、中国航天科技集团深圳东方红海特卫星有限公司、中航工业哈工大深圳研究所等重点企业项目，组织企业开展座谈，袁守旺表示：吉水县将出台相关扶持政策，在国防科工局的对口支援下，促进有关军工集团及相关产业项目进驻吉水发展，同时对项目实行“一企一策”，重点帮扶，加快推进，欢迎各大企业落户吉水，实现军工经济与县域经济共赢发展。考察过程中，袁守旺代表县委、县政府邀请企业负责人多来吉水走走看看，希望企业家们多关注吉水，了解吉水，投资吉水，共同发展。企业负责人也表示，将尽快到吉水考察洽谈，互惠共赢，共谋发展。11 月 28 日，吉水县委副书记、副县长熊攀在南昌拜会了中国工程院院士、西安电子科技大学原校长段宝岩，西安电子科大黄进教授，中国地质大学王广君副院长，航天五院总师王立一行四人。段宝岩院士详细听取了吉水县发展情况并予以充分肯定，认为吉水县抢抓原中央苏区振兴发展政策机遇，对接国防科工局对口支援工作推进有序、成效明显，并表示西安电子科技大学作为国内知名军工高校，将立足吉水实际，在项目、资金和政策等方面加大支持力度，在产业升级、教育资源共享、人才培养等方面加强合作，为吉水发展提供科技支撑。为深化对接合作，12 月 6-8 日，县委副书记、副县长熊攀率领县发改委、八都镇、县人民医院相关负责同志赴中国工程物理研究院对接考察。考察组参观了科学城医院、中物院二所，详细了解中物院的医疗水平和钴源装置情况。随后双方进行了座谈交流。座谈会上，院长助理王黔闽介绍了中物院对口支援吉水有关情况，表示中物院将积极落实国防科工局对口支援吉水的要求，广泛动员中物院各方面力量来帮助吉水振兴发展。下一步对接方向将重点集中在钴源辐照加工应用、医院疼痛科建设、职业技能培训及建立院士工作站，把对口支援工作化为实实在在的成效。

（二）国防科工局对口支援吉水县的主要政策分析

2014 年 5 月 29 日，国防科工局印发了《国防科技工业对口支援江西省吉水县振兴发展的实施意见》（以下简称《实施意见》）。《实施意见》提出，将以

“促进吉水县不断增强内生发展能力、促进军工经济与地方经济融合发展”为出发点和落脚点，按照“因地制宜、科学谋划，突出重点、统筹兼顾，发挥优势、多措并举，多方联动、形成合力”的基本原则，有针对性地开展对口支援工作，引导和鼓励军工企事业单位积极参与支援吉水县，支持产业发展、加强人才技术支援、开展民生帮扶，帮助解决发展中面临的突出困难和问题，促进吉水县实现振兴发展。具体举措如下：

一是帮助产业园区建设。支持吉水县工业园创建新型工业化产业示范基地，帮助协调有关部门加大支持与培育力度，同时为挂牌认定积极创造条件。

二是发展电子信息等产业。组织协调有关军工集团公司及其所属单位与吉水县进行产业发展对接，在技术、项目、业务、市场等方面开展合作，促进吉水县电子信息等产业健康发展。

三是引导和鼓励民间资本“参军”。鼓励吉水县符合条件的优秀民营企业进入国防科技工业领域，符合申请条件的优先予以武器装备科研生产许可审查，适时向军方和军工企事业单位推介其产品和技术。

四是促进军工与县域经济融合发展。鼓励和支持条件适宜、有产业转移需求的军工单位进驻吉水县发展。鼓励军工单位推动其军民两用技术转化和应用，在吉水开发有特色、有市场的新产品、新产业。

五是选派干部交流挂职。选派机关干部赴吉水县挂职，鼓励省科工办、各军工集团公司和中国工程物理研究院，以及基层军工企事业单位，分别与吉水县建立双向委派人员挂职机制。

六是加强技术指导与培训。组织国防科技工业系统相关企事业单位、高等院校，对吉水县有关企业单位开展技术指导或培训。支持吉水县有关部门和企业干部职工赴军工单位交流学习。支持吉水县组织参加有关论坛或展会活动。鼓励军工单位组织干部职工到吉水县及周边原中央苏区开展革命传统教育。

七是开展移民村帮扶。组织省科工办、有关局事业单位，对吉水县重点移民村或困难村进行帮扶，支援发展教育卫生工作、资助修桥补路等，帮助解决民生突出问题。

从以上举措可以看出，《实施意见》具有较强的针对性、指导性和可操作性，重点突出，措施有力。

为全面对接国防科技工业对口支援，吉水县按照“1+1+1+1+5”（一份实施意见、一个承载平台、一套产业规划、一支精干队伍、五方面对接）的总体工作思路，进一步完善对口支援机制，落实工作举措，推动吉水苏区全面振兴发展。具体如下。

第一，出台一份对接实施意见。深入调研、科学论证，编制《吉水县对接国防科技工业对口支援实施意见》，提出8年实施意见、3年工作计划和逐年工作要点。

第二，搭建一个产业承接平台。规划打造3000亩的电子信息产业园。立足现有产业优势，力争在国防科工局的引导和帮扶下，在中国电子科技集团、中国电子信息产业集团的直接培育下，到2020年，引进落户电子信息类企业20家以上，打造百亿园区，创建新型工业化产业示范基地。

第三，编制一套产业规划。聘请国内知名的规划设计单位，高起点、高标准编制电子信息产业发展规划。

第四，组建一支精干队伍。充实加强以县委书记为组长的对口支援对接工作领导小组和办公室力量，加强与国家国防科工局、省科工办、各军工集团及其所属单位的沟通对接，强化项目跟踪及服务。

第五，抓好五个方面的具体对接。一是抓好"军落户"和"民引进"。发挥国防科工局资源、信息等优势，充分利用该县电子信息产业基础、资源、平台及政策优势，争取条件适宜、有产业转移需求的军工单位及有关民营企业进驻吉水县发展，在吉水开发有特色、有市场的新产品、新产业，促进军工经济与县域经济融合发展。二是抓好"民参军"。积极推进吉水县民营企业与军工央企在技术、资本、产能等领域的合作。适时组织优秀民营企业向军方或军工单位推介最新成果，引导开展涉军相关许可资质认证工作，培育本地企业参与军工产品科研生产，拓宽市场。三是抓好人才交流的对接。争取与国防科工局、省科工办、各军工集团以及基层军工企事业单位等，分别建立双向委派人员挂职机制。适时邀请国防科技工业系统相关企事业单位、高等院校，对吉水县有关企事业单位开展技术指导或相关培训。四是抓好平台的对接。争取各军工集团公司和中国工程物理研究院参与吉水县支援行动，对吉水县重点移民村或贫困村进行帮扶，支援发展教育卫生工作、资助修桥补路等，帮助解决民生突出问题，促进贫困农村致富。对于已落实的捐赠款项，督促有关部门加强资金监管，精心组织项目实施，确保资金使用在刀刃上，确保资金规范使用，确保工程质量。五是抓好宣传平台的对接。继续抓好县政府门户网站苏区振兴发展规划专栏平台建设，并在军工报、有关行业杂志上加强对吉水投资环境及有关企业的宣传推介，积极搭建产业宣传平台。

三、国家国防科技工业局对口支援吉水县政策实施状况及成效分析

2013年8月，国务院明确国家国防科技工业局对口支援吉水，这是中央对吉水经济社会发展最直接的关心和支持举措。国防科工局在支持吉水产业发展、加强人才技术交流、解决突出民生问题等方面倾情帮扶，一个个援建项目落地开花，一件件民生帮扶情暖民心，为吉水发展注入强大动力。在国防科工局和国防科技工业行业的倾情支援下，吉水全县上下感恩奋进、辛勤耕耘，协力同心推动军工系统的对口支援在吉水落地生根、开花结果。

（一）建立了定期会议机制

1. 对口支援工作小组会议

（1）建立了国防科工局对口支援工作小组会议机制。2014年10月24日国防科技工业对口支援领导小组第一次会议召开。2015年11月30日，国家国防科工局在吉水县主持召开国防科技工业对口支援赣南等原中央苏区工作领导小组第二次会议。会议由国防科工局发展计划司副司长曲克波主持；国家国防科工局副局长、对口支援领导小组组长徐占斌出席会议并发表重要讲话。会议总结了2014年10月领导小组第一次会议以来对口支援工作所取得的进展，分析了对口支援工作现状和需要协调解决的问题，研究探讨了下一步工作思路，并部署下一年和今后一段时期对口支援工作的具体任务。徐占斌指出：领导小组第一次会议召开以来，省科工办、6大军工集团以及吉水县做了大量工作，取得了一定的成效，吉水苏区对口支援工作总体开局良好。就做好下一步工作，徐占斌强调：一要提高认识，同心聚力，增强对口支援工作责任感和紧迫感。要有决心、信心和恒心，做好对口支援吉水工作。二要创新思路、精准发力、提高对口支援工作的针对性和有效性。要紧紧围绕创建产业示范基地这个主题，牢牢抓住落地产业化项目这条主线，精准地优选项目、精准地配套政策、精准地组织推进。三要加强领导，形成合力，确保对口支援工作出真招见实效。切实落实领导责任，切实强化组织实施，重点做好5年规划和年度计划、优化沟通协作、加强督导检查等工作，全心全意助力吉水振兴发展，实现吉水同步全面小康总体目标。会前，与会人员还实地考察了百威啤酒、景旺电子、全省首个苏区对口支援工业竣工项目（中电新材料科技），以及“三大涉

江工程”、城市规划展示馆等。会上，风能新能源、通信产品研发制造基地、航空复材制品、小尺寸液晶面板及组件、新型电镀工艺及设备、同位素辐照、车轴零部件国际转包生产7个项目正式签约。

2018年9月28日，国防科技工业对口支援赣南等原中央苏区工作领导小组第四次会议在北京召开。国防科工局副局长、对口支援领导小组组长徐占斌主持会议并讲话。会议总结了5年多来对口支援吉水工作进展情况，研究探讨了下一步工作思路，并部署今后一段时期对口支援工作任务。

徐占斌指出，吉安市吉水县具有良好的发展基础和巨大的发展潜力，各军工集团和中国工程物理研究院（以下简称中物院）等单位要真抓实干、深入对接，在对口支援行动中全面贯彻落实国家战略，把对口支援工作打造成精品工程。

徐占斌强调：一是领导要重视，认识要提高。做好对口支援工作是落实原中央苏区振兴战略的重要政治任务，国防科技工业战线的同志要进一步提高认识，以高度的责任感、使命感、紧迫感投入对口支援赣南等原中央苏区振兴发展的光荣任务中来。要切实推动相关政策措施在吉水落地，不忘初心，用实际行动来回馈老区、扶持老区。二是责任要落实，工作要到位。人员组织要落实，局机关要重新明确对口支援的责任分工和人员组成，确保对口支援专业队伍有效运转，各集团公司要健全领导机制，将具体的对口支援工作任务、项目、意向明确好，加强与省市县的协调，在产业项目、人才技术支援等方面均衡力量。要充分发挥局机关、央企和省市有关战略、政策的红利、特点等，切实践行好国家战略，快速推进苏区发展。三是作风要扎实，方法要创新。不断拓宽对接渠道，促进军工集团与吉水高效对接，推动项目落实落地，对初步达成意向的项目进行动态管理，每月调度。不断创新思路，在选派得力干部上下功夫求突破，选派符合县里需求的高素质人才，提供人才智力支援。要在组织配置、要素支援上求突破，实现老区人民对美好生活的向往。

这次会议呈现三大特点。一是多领域支援，国防科技工业系统单位聚力支持。十一大军工集团和中国工程物理研究院以及国防科工局有关司领导参加本次会议，并分别就对口支援吉水产业发展进行发言，表示将进一步深入对接，寻找合作切入点，促进合适的项目落地。国防科技工业战线齐聚北京，推进对口支援吉水工作、共商产业发展大计。

二是深层次交流，省市县领导高度重视。省市县多位领导到会并讲话。县领导汇报了吉水经济社会发展及苏区振兴进展情况，并恳请国防科工局对搭建军地科技协同创新平台，指导设立产业发展投资基金，支持中电科23所特种线缆二期、中电科51所微波电子项目加快推进、尽早见效等事项进行指导支持。中电科23所、兵器四院、中航工业洪都公司与会领导就项目落户建设情况进行发言。

三是全方位支援，创新对口支援模式。会议强调，要在创新对口支援模式上谋突破。其一是国防科工局要适时调整领导小组，各集团公司也要成立相应的领导小组机构，同时制定对口支援工作计划，狠抓落实。其二是丰富对口支援方式，不仅要聚焦推动一批项目落户吉水，还要在智力培训、共建技校、解决就业、医疗服务等方面拓展方式，为吉水提供全方位支援。其三是实施评优评先激励，在第五次领导小组会议时要进行考核奖评，对成绩突出的单位、项目、个人进行表彰，形成示范带动效应。

（2）为确保对口支援工作顺利进行，江西省国防科工办也建立了相应的对口支援领导小组会议制度。2015年5月14~15日，江西省国防科工办在吉水县主持召开江西国防科技工业参与对口支援原中央苏区吉水县工作领导小组暨支援项目对接会议。会议由领导小组办公室主任、省国防科工办副巡视员沈辉主持。国家国防科工局发展计划司处长丁亚非莅会指导。会议传达了国防科技工业对口支援苏区工作领导小组第一次会议精神，宣告了江西国防科技工业参与国防科工局对口支援赣南原中央苏区吉水县工作领导小组的正式成立；讨论了《江西国防科技工业参与对口支援吉水县振兴发展有关重点任务分工方案》；听取了吉水县委书记刘兰芳关于基本县情、对口支援工作开展情况、产业发展思路及恳请支持事项的汇报；领导小组成员单位结合各自情况分别介绍了对口支援工作考虑，并就支援项目对接提出意向性意见；时任领导小组组长、省国防科工办主任杨贵平作重要讲话。会议要求江西国防科技工业有关单位在对口支援吉水县的工作上，要态度坚决，主动作为。一是站位要高，要确保思想和行动统一到上级的部署和要求上来。二是思路要清，要统筹做好对口支援各项工作。重点是“一条主线、三大任务”。“一条主线”就是推动吉水经济快速发展。“三大任务”就是推动产业发展、提供人才技术支撑和加强民生建设。要帮助建好吉水产业基地平台，发展电子信息产业，开创互利共赢局面。三是措施要实，确保帮扶工作起到实效。要落实产业项目、基础设施建设、民生资金和技术支持。四是动作要快，要主动对接，尽快制订计划，落实项目、落实措施，并做好信息报送。五是合力要强，加快构建对口支援建设的大格局。核工业江西矿冶局、省核工业地质局、南昌航空大学、东华理工大学、江西洪都航空工业集团有限责任公司、昌河飞机工业（集团）有限责任公司、中国直升机设计研究所、江西景航航空锻铸有限公司，江西昌河汽车有限责任公司、江西大成国有资产经营管理有限责任公司、江西民爆投资有限责任公司、北方联创通信有限公司，以及省国防科工办有关处室负责人参加会议。2016 年 4 月 28 日，江西国防科技工业对口支援吉水县工作领导小组联络员会议在南昌召开。核工业江西矿冶局、省核工业地质局、南昌航空大学、东华理工大学、江西洪都航空、昌河飞机、中国航空工业第 602 研究所、昌河汽车、江西大成公司、江西民爆投资、北方联创通信公司 11 个成员单位的有关同志参加会议。会议听取了各单位的工作情况报告，通报了省国防科工办对口支援吉水县和定点包扶工作情况，并对下一步对口支援工作提出了工作要求，要求各单位提高认识，同心聚力，进一步增强对口支援的责任感、使命感和紧迫感；要主动对接，精准发力，提高对口支援的针对性和有效性；要创新工作思路，拓宽支援渠道，不拘一格开展工作，使对口支援富有特色；要加强组织领导，建立保障措施，确保对口支援工作顺利开展。同年 10 月 28 日，江西国防科技工业参与对口支援原中央苏区吉水县工作领导小组第二次会议在吉水召开。核工业江西矿冶局、东华理工大学、南昌航空大学、江西洪都航空集团、中国直升机设计研究所、江西大成国有资产经营管理公司等省内军工单位领导参加会议。座谈会上，县长陈克龙汇报了全县经济社会发展情况、对口支援工作情况和恳请支持的事项。领导小组各成员单位汇报了 2015 年以来对口支援工作开展情况，研究讨论了下一步对口支援工作。领导小组组长杨贵平指出，对口支援工作是一项政治任务、经济任务、民生任务。各成员单位为吉水振兴发展做了大量工作，取得了重要进展，并卓有成效。下一步，要认清形势，增强做好对口支援工作的责任感和紧迫感。江西省国防科技工业全行业要把思想和行动统一到上级的部署和要求上来，做到组织到位，人员到位，方案到位，措施到位，落实到位，统筹做好对口支援吉水各项工作。推动产业发展，提供人才技术支撑，加强民生建设，助推吉水经济快速发展。重点帮助建好吉水产业基地和吉水国防科技工业文化公园。吉水县要主动对接，全力承接，创优环境，找准双方的结合点，落实相关扶持政策，加速苏区振兴发展。国家国防科工局发展计划司副司长任宏军代表国防科工局在会上作了发言。他指出，国家国防科工局高度重视对口支援吉水县各项工作，各军工单位千方百计在想办法抓好对口支援工作，也取得了比较好的成效。军工有光荣的传统，要牢记中央、国务院给的任务，思想高度重视、工作抓紧抓实，加快推动项目的落地，发挥省内单位的作用，加大支持力度，切实做好对口支援工作。会上，东华理工大学、南昌航空大学与吉水县签署了合作协议；江西省国防科工办、江西洪都航空工业集团公司、中国直升机设计研究所分别捐赠100万元、一架初教六飞机和直10武装直升机1∶1模型支持吉水县国防科技工业文化公园建设；江西大成国有资产经营管理有限责任公司捐赠吉水县金滩镇古塘村民生资金15万元。

（3）建立了县级对口支援领导小组会议制度。2015年5月20日下午，吉水县对接苏区对口支援工作领导小组第二次会议召开。会议由县委书记、领导小组组长刘兰芳主持召开。会议认为，苏区对口支援工作启动以来，在国防科技工业的倾情帮扶和省、市的正确领导下，吉水县坚持“长远与当前，输血与造血，本地基础与科工局优势，推动发展与改善民生”四结合的方针，高点谋划和紧贴实际开展对接，做到在全市向上沟通汇报、帮扶单位入吉调研、启动规划编制、落实项目和资金、省委主要领导批示“五个最早”，对口支援对接工作起步早、开局良好。会议强调，苏区对口支援工作既是发展机遇，更是政治任务、小康工程。要高度重视，主动融入对口支援工作。要突出重点，主动抓住机遇推动发展。重点推动工业突围、双向交流合作等工作。要明确责任，主动落实各项具体工作。县苏区办要牵头抓总、策划推进、协调衔接、组织实施好相关对接工作，协调做好政策、项目、指标争取等工作；县级领导要牵头推进各项重点工作、重点项目，全力抓好落实；责任单位要根据责任分工抓好工作落实。特别是在重点工作瓶颈突破方面，标准要高，速度要快。要加强调度，领导小组和各专项小组要定期不定期开展调度，抓紧推进。年底将对口支援对接工作单独考核，兑现奖惩。

2. 对口支援工作推进会

除了定期召开领导小组会外，还不时召开中央和省级层面的对口支援工作推进会。如2015年2月3日上午，国家国防科工局发展计划司主持召开国防科技工业对口支援江西省吉水县工作推进会议，详细了解各成员单位规划编制和项目对接、落户情况，研究部署下一步工作。为贯彻落实国防科工局领导与吉安市主要领导2017年3月2日工作会谈时明确的有关任务要求，3月15日下午，国防科工局发展计划司在北京组织召开国防科技工业对口支援吉水县工作推进会。发展计划司副司长任宏军主持会议；吉水县县长陈克龙在会上作汇报发言；各系统工程司、专项工程办、军品配套与监管司领导，12大军工集团部门负责人，吉水县委常委、副县长龙向阳及县发展改革委、工业园区负责同志等参加会议。任宏军表示，各军工集团要发挥自己的优势，尽快加强与吉水县开展深入对接，从产业、技术、人才等方面进一步推进对口支援工作，为近期将在吉水召开的现场推进会做好准备。各单位要确保在建项目尽快投产，签约项目尽快落地，意向项目尽快签约，务求现场推进会有成果、有实效。

2019年12月2~3日，2019年国防科技工业对口支援赣南等原中央苏区振兴发展工作现场推进会在吉水县召开，国防科工局总工程师葛小春出席会议并讲话，国防科工局发展计划司副司长张宝红主持会议。葛小春指出，国防科工局将一如既往支持吉水发展、支持赣南革命老区振兴、支持军工企业到赣南到吉水扎根创业。会后，举行了中国工程物理研究院和中国航天科技集团公司2019年对吉水县对口支援捐赠仪式，及中广核新能源投资（深圳）有限公司投资的风力发电二期项目，中电科51所投资的微波电路板二期项目等项目现场签约。

3. 产业招商会

吉水县积极举办产业招商会。

2019年5月24日，2019吉水（深圳）“三请三回”暨电子信息产业招商推介会在深圳举行。客商代表及与吉水有着深厚情感的乡友、校友、战友“三友”代表230余人参加。印刷线路板生产项目、PCB高密度印刷线路板生产项目、蓝牙耳机生产项目等23个项目现场签约，总投资额103.8亿元。

（二）集军工众智绘蓝图

国防科工局对对口支援吉水工作高度重视，建立健全对口支援工作领导小组，在前期6个军工集团参与对口支援的基础上，将另外6家军工集团公司统一纳入对口支援综合体系，形成合力，共同推进对口支援工作，壮大了支援力量，扩展了产业对接的资源空间。

第一，领导高位推动。国防科工局历任主要领导亲自部署推动对口支援工作，国防科工局高位推动，构建全行业、多层次、宽领域对口支援工作格局。

第二，加强政策引导。国防科工局在“十三五”国防科技工业固定资产投资政策中明确，符合条件的相关产业（军工高技术产业化）项目，可以给予20%~30%的资金补助，对于落户赣南等原中央苏区的此类项目，在此基础上增加5个百分点的中央财政资金支持。

第三，进一步完善对口支援机制。国防科工局将12家军工集团充实到对口支援综合体系，形成合力，共同推进对口支援工作，壮大了支援力量，拓展了产业对接的资源空间。为响应国防科工局号召，各军工集团公司、中国工程物理研究院及其所属企事业单位顺势而动，部局级领导亲自带队到吉安，实地指导推动对口支援工作开展，分别与吉水开展多轮次、多层面的深入对接。吉水县委、县政府始终以赶考的状态，以感恩的心态珍惜支持支援，担当实干，砥砺奋进，组建12个对接团队，实行“一个军工集团、一个县领导、一个乡镇”对接机制，主动与国防科工局、省科工办、各大军工集团及所属企业汇报对接，积极争取各方面的支持，达成了一大批合作意向。

第四，聚焦产业对接。国防科工局组织各军工集团公司、中国工程物理研究院及其所属企事业单位，分别与吉水县开展多轮次、多层面的深入对接，达成了一大批合作意向。2013年12月10日，国防科工局发展计划司组织吉水县与部分军工集团公司，在京举行电子信息产业发展对接会。与会各方表示，将坚决贯彻落实党中央、国务院的决策部署，全力做好对口支援吉水县有关工作。按照市场决定资源配置的总原则，发挥政府协调作用，引导和鼓励军工集团公司及其所属企事业单位与吉水县共商产业发展大计，务求实效，增强吉水县内生发展的造血功能，促进军工经济与地方经济融合发展、互利共赢。

（三）拓宽发展大视野

民生事业帮扶持续发力。在对口支援吉水县的进程中，国防科技工业系统注重因地制宜。几年里，国防科工局、省国防科工办等，先后捐资300余万元，帮助吉水县金滩镇五团村、金滩镇古塘村、盘谷镇同江村解决民生突出问题。江西省国防科工办持续开展“一对一帮扶”关爱留守儿童行动、送温暖等系列民心活动，为群众送来军工人的关爱和温暖。在他们的倾情支援下，盘谷镇同江村打造成为移民搬迁示范村。不仅如此，几年来，各军工集团也聚力支持改善民生，中国核工业集团同辐公司向吉水县医疗卫生系统捐赠6台总价值28万元的幽门螺杆菌检测医疗仪器，帮助提高有关疾病的诊疗水平；中船重工集团公司716所向吉水城东二小捐赠了30台电脑，改善了学校计算机教学设备条件，大力支持省国防科工办谢振宇同志挂任金滩镇古塘村第一书记的工作。支持古塘村完成了自来水工程建设，解决170户680人安全饮水问题；建成电商服务中心并顺利运行，帮助当地村组拓展农产品市场；协调东华理工大学教授指导古塘村食用菌菇种植试验取得成功。2019年10月24日，来自江西省吉水县的优质井冈蜜柚进入了国防科工局机关食堂，“挑逗”了机关干部职工的味蕾，获得了大家的好评。井冈蜜柚产业是吉水县现代农业的首位产业，井冈蜜橘具有果肉脆嫩、果汁多、化渣、回甘等特点，也是当地农民增收致富的“摇钱树”“金果果”。此次井冈蜜柚进入科工局食堂，将扩大吉水县产业的知名度，助推井冈蜜柚销售数量，国防科工局以实际行动帮扶吉水，支持吉水县产业发展。

加大智力扶持力度。长远的发展，深层次的发展，最终还是要靠人才队伍的智力支撑和科学技术的先导引领。为此，国防科工局积极为吉水提供人才技术支援，努力为吉水留下一支“带不走”的人才队伍。为推进对口支援工作务实深入开展，根据中央组织部统一部署，国防科工局选派三批挂职干部到吉水县挂职，在产业发展、人才培养、脱贫致富等方面给予了大力支持；省国防科工办与吉水县也实现双向交流挂职，架起军地沟通交流桥梁。挂职干部在项目对接、招商引资、招才引智、民生帮扶等方面想办法出实招，既当军工单位的“特派员”，又当吉水振兴发展的“指战员”，还当推介吉水的“宣传员”，倾情为吉水发展、苏区振兴贡献力量和智慧。

除选派优秀干部挂职外，在国防科工局的倾情支援和省国防科工办的精心帮助下，南昌航空大学、东华理工大学、中国兵器人才学院、兵器204所等分别与吉水县签署人才培养合作协议或科技研发合作协议，大力提供人力资源智力支持。同时，组织中国卫星导航工程中心、郑州航空工业管理学院、中国航空学会先后组织专家教授到吉水县开展科普讲座，举行航模表演，帮助干部职工或中小学生拓宽视野、增长知识。并协调中国兵器工业集团、兵器装备集团、电子科技集团分别接收吉水县干部参加集团公司举办的培训班，提升干部能力水平。此外，协调天宫二号搭载了吉水农作物种子，进行航天育种试验，助力农业现代化。

第五节　国家市场监督管理总局在泰和县的对口支援研究

一、泰和县基本县情

泰和地处赣中南吉泰盆地腹地，是江西省县域经济改革与发展试点县，

2012年被纳入原中央苏区振兴发展范围，2013年被列为国家可持续发展实验区。全县总面积2667平方千米，总人口58万，辖24个乡镇场、290个行政村。

历史悠久，底蕴深厚。泰和县古称西昌，东汉末年建县，距今已有1800年历史，因“地产嘉禾，和气所生”而得名，自古享有“声名文物之邦”美誉。泰和文化是庐陵文化的重要组成部分，古色文化、红色文化、抗战文化交相辉映。开科取士以来共产生状元3名、榜眼4名、探花4名、进士399名，孕育出明代内阁大学士杨士奇、明代状元宰相陈循、《永乐大典》代总撰梁潜等杰出人物。近现代代表人物有“江西三杰”之一袁玉冰、现代著名海洋学家唐世凤等。泰和是井冈山革命根据地的重要组成部分，全县有开国将军18位，有名有姓的革命烈士5749名。革命胜迹有白云山战斗指挥所、老营盘革命烈士纪念碑、马家洲集中营、三十都秋收暴动动员大会旧址等。抗战期间，泰和是江西省会临时所在地和“文军西征”的重要中转站，1938年竺可桢先生率浙大西迁泰和办学7个多月，1940年胡先骕先生在泰和杏岭村创办了国立中正大学。

物产丰饶，环境优美。泰和县是全国首批商品粮、商品牛基地县之一，也是世界珍禽——中国泰和乌鸡的发源地。主要盛产花生、红瓜子、百合、竹篙薯、车前子等经济作物，境内已发现钨、石灰石、瓷土、型砂和石膏等20余种矿种。全县气候温和，光照充足，雨量充沛，四季分明。森林覆盖率达61.6%，森林蓄积量达630万立方米，国家一、二级保护动植物30余种。境内旅游资源丰富，白口城春秋遗址是全国重点文物保护单位，槎滩陂被誉为南方“都江堰”，快阁因北宋黄庭坚的《登快阁》而闻名遐迩。乡村休闲游典范国家AAA级景区蜀口古村、群山环抱白鹭湖国家森林公园、万亩高山草甸天湖山、摄影创作基地金滩古林等熠熠生辉。

赶超崛起，活力无限。泰和县是开放包容的移民聚居地，现有11万广东籍移民在此居住。交通区位优势明显，千里赣江傍城而过，赣江石虎塘航电枢纽工程正式投入运行。京九、衡茶吉铁路，105、319国道，大广、泰井、泉南高速公路纵横交错，昌吉赣高铁客运专线已经通车。坐落在境内的井冈山机场距县城15千米，开通了至北京、上海、南京、广州、深圳、厦门、海口、成都等11条航线，目前正在进行二期扩建。泰和已然成为了江西省“水陆空”立体交通的枢纽。近年来，泰和县围绕建设“实力泰和、魅力泰和、活力泰和”目标，深化改革，扩大开放，赶超崛起势头强劲。

二、国家市场监督管理总局在泰和县的实地调研及对口支援政策分析

（一）政策出台前后国家市场监督管理总局在泰和县的实地调研

2013 年 11 月，原国家工商总局局长张茅赴江西调研期间，与省委、省政府主要领导同志就对口支援工作交换了意见。2013 年 12 月 13 日，原国家工商总局办公厅副主任方跃林率组来泰和县调研对口支援工作，此次调研是为贯彻落实《国务院关于支持赣南等原中央苏区振兴发展的若干意见》的精神，切实做好对口支援泰和县工作，调研主要关注泰和传统产业和战略新兴产业发展情况。调研组首先来到合力泰、新界机电公司，深入生产一线，察看公司生产规模和产品，并与公司负责人交谈，详细了解公司现状和未来规划，听取公司选择在泰和发展的信心和展望。调研组对公司的发展前景表示肯定，认同泰和交通便利，区位优势明显，是投资兴业的好地方。希望公司做大做强，大力发展的同时，为当地做出积极贡献。调研组还深入泰和正在建设的食品工业园区和乌鸡原种场，了解泰和以乌鸡产业为龙头的食品加工业的发展。泰和乌鸡历史悠久，驰名中外，是让泰和人引以为豪的地方特产物种，但在市场不断变化下，乌鸡产业起起落落，还没有形成完整的产业链，乌鸡产品也没有成为市场上叫得响的品牌。调研组认为，乌鸡产业潜力巨大，要认真分析制约乌鸡产业发展的“瓶颈”，加大政策和技术扶持力度，着力打造龙头企业。要做好基础科研工作，进一步提升乌鸡产品附加值，并统一产品标识和行业标准，真正实现乌鸡高度产业化和规模化发展。在随后召开的座谈会上，调研组听取了泰和县经济社会发展情况、泰和县财经运行情况的汇报。与会人员还就该县在招商引资、发展民营经济、做大做强工业等方面进行了全面分析，并提出建议和意见。方跃林说，泰和县区域优势明显，经济发展欣欣向荣，通过两天的实地调研，他更加全面地了解了泰和的经济社会发展情况。他还强调，为了贯彻落实《国务院关于支持赣南等原中央苏区振兴发展的若干意见》精神，切实做好对口支援泰和县工作，作为对口支援单位，他们将进一步发挥自身职能特点和广泛联系企业的优势，加大“输血”力度、增强“造血”功能，提升泰和县自我发展能力；将在政策、产业、项目、技术、人才等方面构建对口支援工作机制，特别是在泰和县引进大型企业、发展电子信息产业、促进乌鸡产业壮大、帮扶民营经济做大做强以及人才培养和培训等方面，加大政策帮扶力度，争取项目资金，推动泰和县全面振兴和跨越发展。

2014年3月29~30日，原国家工商总局副局长马正其率调研组到泰和县调研考察对口支援工作。调研组先后来到半边天药业、白凤酒业、泰和乌鸡原种场、汉君雄实业发展有限公司，重点了解该县乌鸡产业，现场感受苏区人民振兴发展乌鸡产业的激情，认真倾听广大人民群众发展乌鸡产业的诉求。调研组建议企业要从产品的特质出发，建立一套严格的产品标准、一种高效的管理模式，要以泰和乌鸡为龙头产品，进一步扩大产品销路、优化产业项目、创新产品管理、严格产品质量标准，通过做优品牌，创造更多经济和社会效益。工商部门将继续予以帮助扶持、指导品牌发展。在江西合力泰科技股份有限公司，调研组指出，作为全国具有影响力的上市企业，要建立起一套自己的产品质量、管理体系标准，增强企业的市场影响力和竞争力，工商部门将尽力帮助做大做强“合力泰”品牌，在行业内抢占先机。调研组还来到苏溪镇塘登村看望群众，与他们促膝长谈，详细了解他们在生产生活中存在的困难，为他们送上粮油和慰问金，调研组和困难户互相留下联系方式，希望以后开展长期结对帮扶。在座谈会上，马正其对该县苏区振兴发展工作给予了高度评价。他指出，《国务院关于支持赣南等原中央苏区振兴发展的若干意见》和《中央国家机关及有关单位对口支援赣南等原中央苏区实施方案》的出台，充分体现了党中央对赣南苏区的关心和支持；对口支援泰和县，是党中央交给他们的光荣而艰巨的政治任务。通过调查走访，既了解了泰和苏区发展的现状，也对加快泰和苏区振兴发展充满了信心。马正其表示，他们将结合党的群众路线教育活动，充分发挥职能作用，以开放和发展为重点，进一步完善工作方案，强化工作措施，明确责任分工。以实际行动落实中央要求，支援老区的发展建设。

2016年1月18~19日，原国家工商总局副局长马正其又一次率调研组到泰和调研考察对口支援工作并主持召开座谈会。马正其一行先后来到江西井冈山生力泰生物科技公司、倍得力生物工程有限公司，深入生产一线，察看公司生产规模和产品，并与公司负责人交谈，详细了解公司现状和未来规划，听取公司选择在泰和发展的信心和展望。马正其还来到国兴汽车农机产业城的一站式服务中心、国光超市，了解泰和县农机一站式服务和节日市场整治情况。他在调研中指出，近年来，泰和县经济社会发展取得了可喜成绩，希望泰和县委、县政府继续充分发挥工商部门广泛联系企业的优势，加强经济协作扶贫，帮助贫困地区搭建招商引资平台，增强自身“造血”机能，服务地方经济社会发展。马正其强调，他们将坚决贯彻党中央、国务院的部署，充分发挥工商职能作用，努力助推泰和县经济社会发展。充分发挥工商系统联系服务企业的优势，帮助泰和县招商引资，开展经贸合作，培育壮大乌鸡、电子等特色优势产业。积极协调国家有关部委和爱心企业，帮助泰和县发展社会事业，改善民生。调研中马正其一行还来到禾市镇看望慰问困难职工，与他们促膝长谈，详细了解他们在生产生活中存在的困难，并为他们送上粮油和慰问金。

2017 年 9 月 15 日，原国家工商总局副局长唐军一行就对口支援泰和工作进行了深入的调研。唐军一行首先来到苏溪旗山村、模山村、马市镇蜀口古村等地实地调研，他对泰和新农村建设给予了充分肯定。在苏溪旗山村农村电商参观点，他察看了当地农特产品，询问产品的销量及售价情况。了解到苏溪旗山村农村电商点年销售与日俱增的情况，唐军非常高兴，他强调，要因地制宜，科学谋划，积极发挥群众主体作用，扎实推进新农村建设。随后，唐军一行来到合力泰科技有限公司、倍得力、胜宝莱等企业调研，每到一家企业，唐军都详细了解企业生产情况，听取相关负责人的情况介绍，并就有关问题进行沟通交流。调研中，唐军详细了解企业在品牌建设、检验检测等方面的情况，并询问企业对质监部门的服务是否满意。同时，还就质监部门如何改进工作方式、提高服务水平、更好履行监管职责等方面征求企业的意见建议。唐军要求省、市质监部门，要充分发挥自身职能优势，大力支持企业发展，加强质量基础建设，在标准、检验检测和质量提升等方面提供帮助，扶持企业做大做强，切实为地方经济发展做出应有贡献。汇报会上，唐军充分肯定了该县近年来各项工作取得的成绩，并表示将继续大力支持泰和工作。他说，泰和在探索深化许可制度改革上，要在改革的目的上做文章，减少准入限制，通过改革真正让企业受益。要全面建设质量强县，保障产品质量安全，强化质量改革创新，巩固质量技术基础，不断推动质监工作取得新成效。唐军要求，要完善工作机制，建立帮扶工作小组，形成经常性对接机制。要提高造血能力，在工作中要变“输血式”扶贫为“造血式”扶贫，加强招商引资工作。要加强品牌建设，利用好泰和地理优势，加强有地理标志品牌的保护，促进泰和经济发展。

2017 年 10 月 11 日，原国家工商总局副局长甘霖到泰和县调研对口支援工作。甘霖一行先后来到县市场和质量监督管理局、京东泰和特产馆、泰和田教授创客聚部落、武山汉君雄实业公司、万佶物流园、螺溪镇普田村南岗古村进行调研。她说，近年来，泰和县积极对接电商龙头企业，借助对口支援优势，加强与阿里巴巴、京东集团等电商巨头的深度合作，推进网络人才培育计划，建立了电子商务人才培训、交流合作机制，助推了电商产业迅速发展。甘霖要求泰和县工商局要不断探索网络监管工作方式方法，进一步规范网络经营行为，深入推进执法工作在网络领域延伸，并围绕"以网管网、依法管网、信用管网、协同管网"的方针，以查处网络违法交易为核心，加大执法打击力度。同时，泰和的电商平台要本着"绿色、生态、健康、精品"理念，诚信经营，将泰和知名农特产品推向市场，特别向公众推荐泰和乌鸡系列产品。甘霖强调，要将电商产业园、物流园等网络经营聚集区纳入重点监管范围，对农村电商、微信电商等电商服务新业态实行常态化监测，严厉打击网络传销、网络售假、虚假宣传、虚假促销、刷单炒信等重点违法行为，并逐步建立健全网络经营者信用评价体系；要提升网络市场监管水平和服务，大力发展县域网络市场，积极打造泰和网货品牌，助推泰和绿色食品产业发展，打造"赣南苏区1+1"模式网络市场监管与服务示范区。

表 3–5 为市场监管系统各级领导在泰和县的实地调研简况（部分）。

表 3–5　市场监管系统各级领导在泰和县的实地调研简况（部分）

时间	概　况
2014 年 3 月 6 日	江西省原工商局局长邝小平到泰和县调研，实地察看了合力泰科技股份有限公司的运行情况，详细了解了公司的发展情况。邝小平说，作为泰和的龙头企业，合力泰为泰和的工业发展做出了巨大的贡献，特别是公司 2014 年产值将超过 30 亿元，必将迎来一个更加辉煌的未来。邝小平强调，企业在不断地发展壮大中，必须要注重科技创新和知识产权保护，及时跟踪国际科技发展新趋势，在发展中特别要注重品牌的运用和打造，要全力打造好"合力泰"品牌文化，为泰和的经济发展做出更大的贡献。在泰和乌鸡原种场，邝小平详细询问了泰和县乌鸡产业发展情况。邝小平说，泰和乌鸡是我国具有地理标志的产品，有着良好的品牌优势，泰和县要用好用活这个品牌优势。邝小平强调，要培育好泰和乌鸡这个品牌，在组织、管理、产品创新上多下功夫，打造乌鸡文化，全力提倡标准化养殖，真正把乌鸡产业做成富民产业
2015 年 4 月 9 日	江西省原工商局党组书记、局长吴治云到泰和调研。在倍得力生物有限公司，吴治云了解到该公司使用泰和乌鸡为原材料生产乌鸡精，全面投产后可以年消化乌鸡近千万羽，吴治云指出，泰和乌鸡是我国具有地理标志的产品，有着良好的品牌优势，泰和县要用好用活这个品牌优势。要培育好泰和乌鸡这个品牌，在组织、管理、产品创新上多下功夫，打造乌鸡文化，全力提倡标准化养殖，真正把乌鸡产业做成富民产业。在上市企业合力泰科技股份有限公司，吴治云实地察看了公司的运行情况，详细了解了公司的发展情况。吴治云说，作为泰和的龙头企业，合力泰为泰和的工业发展做出了巨大的贡献，必将迎来一个更加辉煌的未来。吴治云强调，企业在不断地发展壮大中，必须要注重科技创新和知识产权保护，及时跟踪国际科技发展新趋势，在发展中特别要注重品牌的运用和打造，要全力打造好"合力泰"品牌文化，为泰和的经济发展做出更大的贡献

续表

时间	概 况
2016年5月9日	原国家工商总局行政学院、商标局异议形审处等中央党校中央国家机关分校国家工商总局2016年春季班20余名处级干部到泰和县考察调研，主要调研泰和县经济社会发展及对口支援工作情况，了解吉安市、泰和县市场和质量监督管理局工作开展情况，与市场监管干部、企业家座谈交流，并现场解答部分企业家关于商标战略、市场监管、企业减负等问题
2017年7月12~13日	原国家工商总局调研组在泰和县调研“网络市场监管与服务示范区”创建工作。调研组一行先后视察了泰和县电商产业园、泰和万佶物流有限公司、风行电商、田教授e家电商平台和苏溪镇旗山村邮乐购电商服务站，实地了解泰和县网络市场发展情况及网监工作开展情况。7月13日上午，调研组一行在县工商局召开泰和县“创建网络市场监管与服务示范区”调研座谈会。县委常委、副县长贺艺娇代表县政府作了情况汇报。她指出：近年来，在国家的关心和支持下，泰和县主动适应和把握经济发展新常态，充分抓住振兴原中央苏区发展机遇，全县经济社会发展呈现稳中有进、稳中向好、稳中提质的良好态势，网络经济市场也蓬勃发展。从社会经济发展现状看，泰和县创建“网络市场监管与服务示范区”具有县域网络经济发展好、网络市场区位优势显、网络市场监管基础牢及总局和省市各级部门支持大四个方面优势。经过近几年的发展，泰和县的网络经济市场已形成规模，初步具备创建县级“网络市场监管与服务示范区”的条件。下一步，泰和县将按照“依法管网、以网管网、信用管网、协同管网”原则，进一步“出模式、出标准、出经验、出示范企业”，形成一批可复制、可推广的监管和服务经验。原省工商局网监处处长康淑兰就泰和县示范区创建工作提了三点意见：一是抓紧时间，完善创建方案；二是积极谋划，落实创建措施；三是凝聚力量，早出创建成效。原国家工商总局网监司网规处董广谦介绍了总局创建“网络市场监管与服务示范区”有关情况，详细了解赣南苏区“1+1”模式创建示范区等情况。他指出：在省、市局的指导下，泰和县高位推动，行动迅速，前期筹备工作高效。泰和县网络经济虽然起步较晚，但发展很快，干劲很足，县网络市场监管部门联席会议等制度也基本建立完善，具备示范区创建的基本条件，希望泰和能与赣州手牵手，按照赣南苏区“1+1”模式，在网络市场监管与服务工作中勇闯新路，打造出“泰和样板”。原国家工商总局办公厅调研员丁琳恒表示：泰和县是总局对口支援县，“网络市场监管与服务示范区”创建是总局对口支援泰和的又一有力举措，这对泰和来说是一件好事，原工商总局办公厅作为总局对口支援泰和县的牵头单位，将全力支持、配合、协调做好泰和县创建示范区工作。调研会上，原县工商局局长王建华代表示范区创建参与单位作了表态发言；电商企业代表进行了交流发言
2017年9月27日	原国家工商总局商标局副局长陈文彤到泰和县调研地理标志产品保护工作。调研组一行深入泰和县万合镇竹篙薯基地、吉安市井冈农业科技园，对地理标志证明商标产品保护进行现场调研。调研组一行详细了解了产地环境、质量特色、基地生产经营状况和种植户收入情况，指出要进一步加强宣传力度，充分利用网络媒体宣传，不断提升地理标志产品影响力，同时，要加强商标标志的使用和监管，让地理标志推动地方特色产业发展的作用得以充分发挥

续表

时间	概　况
2018年9月4日	省市场监督管理局网监处副处长黄苏率网络市场监管工作调研组莅临泰和县就“网络市场监管与服务示范区”创建工作进行调研指导。调研期间召开了关于示范区创建工作座谈会，县市监局、县商务局、县乌鸡办等有关单位负责人参加了会议。省局调研组在听取泰和县示范区创建情况、2018年度行动计划落实情况、2018年网络市场监管专项行动（网剑行动）开展情况及网上网下网格一体化市场监管试点工作推进情况汇报后，就泰和县网络市场监管工作提出三点要求：一是要按照国家级网络市场监管与服务示范区评估指南（征求意见修改稿）的要求及具体内容一一落实，在增长率上下功夫；二是要多争取政府支持，加强与有关部门的沟通及衔接，充分发挥县网络市场监管部门联席会议制度作用，协调各部门共同促进网络市场监管与服务示范区创建工作；三是要充分发挥余杭实训人员的带头作用，总结先进经验，以点带面，为本地网络市场监管与服务提供新思路
2019年6月20日	省市场监督管理局党组副书记、省药品监督管理局党组书记曹麒到泰和县药品生产经营企业进行调研。曹麒一行先后来到江西嘉禾药业有限公司、江西半边天药业有限公司及县市监局调研，实地查看生产车间、成品库，现场了解药品原料储存、质量控制措施等情况。调研期间在药品生产企业进行了座谈，详细了解企业生产经营和质量管理状况以及当前企业发展面临的困难和问题。在调研中，曹麒指出，企业是履行好药品质量安全第一责任人，要不断强化质量自律意识，主动寻找自身存在的问题和薄弱环节，加强药品生产各个环节的质量控制，不断完善质量保证体系，狠抓质量监控，确保药品质量安全。要坚持可持续发展，加大新产品研发力度，打造拳头产品，树立品牌意识，走高质量发展道路。监管部门要寓监管于服务之中，进一步加强精准服务，切实为企业解决难题，结合出台的相关政策，不断优化医药产业发展环境
2019年9月	国家市场监督管理总局信用监督管理司司长常宇一行到泰和调研信用监管和“双随机一公开”工作。调研组一行首先来到泰和县市场监管局禾市分局，就基层分局企业信用监管工作开展情况以及存在的困难进行专题调研，并就市场主体年度报告公示工作与基层干部进行了亲切的交流与解答。当听到分局干部是如何做好年报服务提升年报率的工作汇报后，常宇给予了充分肯定，并对基层干部业务素质进行表扬。常宇充分肯定了江西信用监管工作所取得的成绩，同时提出，要进一步提高信用监管手段，有效提升市场主体的活跃度，完善“双随机一公开”监管制度，发挥企业信用信息公示系统全国“一张网”功能作用，加强部门协同监管，让企业信用在市场经济行为中发挥重要的作用

资料来源：笔者收集整理。

泰和县积极加强与国家市场监督管理总局的沟通对接，多次前往北京当面汇报对口支援进展，请求解决对口支援事项。早在2013年10月28日，在吉安市委常委、副市长余阳春的带领下，泰和县委书记廖晓军、市工商局局长彭鹏、县委常委、常务副县长王玮一行赴原国家工商总局汇报原中央苏区对口支援工作，原国家工商总局副局长马正其、总局办公厅主任于法昌、中国个体劳动者协会秘书长刘敏、总局人事司副司长黄建成会见了余阳春一行。市委常委、副市长余阳春代表市委市政府汇报了吉安市的工作情况，县委书记廖晓军汇报了泰和县的经济社会发展情况。在会见中，马正其说，吉安老区有着悠久的革命传统，是革命摇篮井冈山所在地，毛泽东、朱德等老一辈革命家在吉安这块红土地创造了伟大的井冈山精神。根据国务院办公厅《关于中央国家机关对口支援赣南等原中央苏区有关县（市、区）实施方案》的文件精神，原国家工商总局对口支援泰和县。马正其在会见中表示，总局将充分发挥工商行政管理职能作用，在工商行政审批方面给予大力支持；积极发挥总局在联系企业方面的优势，在经济协作、扶贫开发上给予大力支持，帮助泰和工商业等实体经济发展，出台帮扶政策促进招商引资；并尽快安排总局干部到该县挂职锻炼。

2015 年 3 月 31 日下午，县委副书记、县长李军带领县发改委、商务局等有关县直部门负责同志专程赴原国家工商总局对接对口支援工作。李军县长代表县委、县政府向原国家工商总局汇报了该县 2014 年对口支援所做工作与取得的成效，并提出了 2015 年工作建议。原国家工商总局对 2014 年对口支援工作给予了充分肯定，并提出了将重点推进三项工作：一是认真总结第一届“知名企业泰和行”活动经验，创新举措，继续支持泰和县筹办第二届“知名企业泰和行”活动，争取有好项目落户泰和；二是由国家商标协会牵头，在泰和县召开“2015 年商标战略与县域经济发展”研讨会，针对泰和实际，组织有关专家结合商标品牌战略，就泰和县工业经济、美丽乡村建设、农业产业化发展等方面献计献策；三是在项目资金安排上重点帮助泰和县工商系统解决信息化平台建设问题。

2017 年 5 月 22~23 日，泰和县委副书记、县长邓永翔率队赴北京，与原国家工商总局进行了对接，就下一步联合举办电子信息产业招商推介会进行了洽谈沟通。

2019 年 2 月 28 日，泰和县政府一行赴国家市场监督管理总局对接汇报苏区振兴发展和对口支援工作。国家市场监督管理总局副局长唐军接见并专门召开座谈会，总局办公厅及相关司局负责人等出席会议。座谈会上，泰和县介绍了 2018 年苏区振兴发展等工作情况及 2019 年工作打算，对国家市场监督管理总局一直以来对泰和经济社会振兴发展的厚爱援助表示由衷感谢。唐军非常关心支持泰和县苏区振兴和对口支援工作，表示总局将继续坚决贯彻落实党中央、国务院支持苏区振兴发展决策部署，以更高的政治站位，持续加大对口支援力度，努力为泰和县经济社会发展提供支持。之后，泰和县一行还到国家知识产权局商标局汇报泰和县商标品牌建设情况，希望商标局继续加强对泰和县商标品牌战略的指导和支持，加快推进2018年泰和县申请注册的3件“泰和乌鸡”相关地理标志商标审核注册进度。商标局表示，将大力支持泰和县商标品牌建设，强化商标品牌促进特色产业高质量提升，使商标品牌效应成为推动原中央苏区产业发展的强劲动力。

（二）国家市场监督管理总局对口支援泰和县的主要政策

为贯彻《国务院关于支持赣南等原中央苏区振兴发展的若干意见》，2012年11月19日，《国家工商行政管理总局关于支持赣南等原中央苏区振兴发展的意见》正式下发，提出了三方面的支持措施。

第一，支持在振兴发展中先行先试。一是支持探索振兴发展的体制机制。支持在赣南等原中央苏区开展工商行政管理领域有关政策创新、先行先试。对赣南等原中央苏区工商行政管理工作在资金、项目、基础设施、人才培育和对口支援等方面加大扶持力度。二是支持创新市场监管执法机制。支持依法开展反垄断、反不正当竞争、打击合同欺诈、打击销售假冒伪劣商品、治理虚假违法广告和清理规范无证无照经营工作；支持建立运用现代化手段打击传销规范直销长效机制；支持“赣南脐橙”等驰名商标或地理标志商标侵权案件的查办，视情适时组织全国性或区域性的商标专项保护行动；支持开展网络商品交易、第三方电子商务平台及有关服务行为等电子商务市场监管体系建设。三是支持完善消费者权益保护机制。支持大力推进“12315”行政执法体系建设，畅通维权渠道，扩展维权网络，推动建立行政调解与人民调解、司法调解相衔接，多措并举化解消费纠纷的工作机制。

第二，支持产业结构战略性调整。一是支持承接东南沿海地区产业转移。支持赣州“三南”（龙南、定南、全南）和吉泰走廊建设加工贸易重点承接地。支持大型企业整体转移。二是支持特色优势产业发展。构建全国稀有金属产业基地、先进制造业基地和特色农产品深加工基地。推动优势产业企业资产整合、兼并重组。三是支持现代新兴产业、新型业态发展。对从事尚未纳入国民经济行业分类标准的新兴行业、新兴业态，可根据行业和经营特点，参照国民经济行业分类进行登记。积极引导各类社会资本利用股权出资等方式进入新材料、新能源、生物产业等战略性新兴产业。四是支持现代服务业发展。支持赣南等原中央苏区现代服务业企业以品牌经营、连锁经营、特许经营和新型物流经营等现代流通方式开展经营。鼓励境内外投资者在赣南等原中央苏区开展会展服务和投资文化体育产业，加强国际经贸文化交流合作，做大做强传统服务业，发展金融保险、科研开发、现代物流等生产型服务业，加快发展知识密集型服务业。五是支持广告会展产业发展。支持举办各类博览会、展销会、项目推荐会、广告节、商标节等经贸洽谈和展销活动，促进区域性经济发展。

第三，支持建立与经济发展相适应的现代企业登记注册和服务体系。一是支持赣南等原中央苏区符合条件的县级工商行政管理局申请外商投资企业核准登记权。二是放宽企业名称登记条件。对在赣南等原中央苏区投资设立的注册资本达到 5000 万元、企业经济活动性质分别属于国民经济行业 3 个以上大类的企业，同意其在企业名称中不使用国民经济行业类别用语表述企业所从事的行业。三是放宽企业登记场所条件。对产权人无法提交有关经营场地产权证明的，经当地政府或者派出机构、各类经济功能区管委会、居（村）委会出具同意该场所从事经营活动的相关证明，可以使用该场所办理注册登记。四是放宽企业集团登记条件。对赣南等原中央苏区企业组建集团，凡母公司注册资本达到 3000 万元、母子公司注册资本总额达到 5000 万元的，可以申请设立企业集团。五是支持农民专业合作社发展。本着依法自愿有偿和进退自由的原则，在不改变土地集体所有性质、不改变土地用途、不损害农民土地承包权益的前提下，依法允许农民以土地承包经营权出资成立农民专业合作社。探索享有林地承包经营权的农民以林地承包经营权和林木所有权出资，兴办林农专业合作社。支援探索农民专业合作社联合社登记管理工作。六是支持调整登记管辖权限。支持赣南等原中央苏区县级工商行政管理局委托有条件的工商行政管理所（分局）开展农民专业合作社、合伙企业、个人独资企业的登记注册。七是支持实施商标战略。支持赣南苏区企业在经济活动中使用自主商标，增加商标附加值，提高商标知名度。对符合驰名商标要求的，依法予以认定、保护。支持赣南苏区运用地理标志商标发展农村经济、提高农民收入，对符合条件的地理标志集体商标、证明商标申请，及时予以审查核准。

原国家工商总局经过对泰和县的深入调研后，出台了《国家工商行政管理总局对口支援泰和县振兴发展工作方案》《国家工商行政管理总局对口支援泰和县 2016–2017 年工作计划》，细化对口支援工作重点，在产业、资金、技术、人才等方面给予泰和县大力支持。在企业注册登记方面，支持泰和县先行先试，进一步激发市场主体活力；充分发挥工商广泛联系企业的优势，加大项目扶贫力度，组织开展经贸交流活动，组织民营企业到泰和县投资考察；在教育培训、干部挂职等方面积极开展智力支持；在资金上给予支持，总局尽可能争取一些资金，用于支持帮助泰和县建设重要迫切、事关民生的项目。

2017 年 8 月 30 日，原国家工商总局正式批复江西省工商局，同意泰和县开展“网络市场监管与服务示范区”创建工作，成为全国第一个也是唯一一个县级示范区创建点，与赣州市一道按照“赣南苏区 1+1 模式”开展“网络市场监管与服务示范区”创建工作。为了做好这项工作，泰和县政府出台《“赣南苏区 1+1”模式创建网络市场监管与服务示范区泰和片区的总体方案》《“赣南苏区 1+1”模式创建网络市场监管与服务示范区泰和县片区 2017—2018 年度行动计划》，该行动计划共分十个方面，具体如下。

第一，创新网络市场准入模式。持续推动商事制度改革，设立网络市场服务窗口，为网络市场主体提供政务审批、银行开户、在线财税、电子发票等便捷服务。积极探索“互联网 + 政务服务”，运用智慧城市等移动平台，全面实现线上线下电子化登记，优化网络市场主体注册流程。大力推行网络经营者身份标识制度，实行网店注册实名制，打击网络企业虚假注册行为，掌握监管主动权。

第二，提升网络市场监管水平。充分发挥网络市场监管部门联席会议作用，构建数据互通、衔接顺畅、齐抓共管的网络市场监管格局。探索“互联网 + 监管”，灵活运用原国家工商总局全国网络交易平台监管服务系统（江西专版），依托政府事中事后监管平台开展“大数据”监管，建立网络经营信息报送制度，发挥信息技术优势，提升监管执法效能。积极探索网络监管跨区域互联协作机制，以创建示范区为契机，加强与全国各示范区协调合作，共享网络经营主体相关信息，建立监管执法联动机制，提高执法效率。

第三，完善监管执法相关配套。进一步配齐网络市场监管设施配套，2017~2018 年重点建设电子取证室、网络商品快检室、网络维权办公室等监管设施，配备相应网络监管执法装备。加大监管人才培育力度，依托原国家工商总局、原省工商局和知名高校优势资源，定期与全国各示范区进行交流沟通，积极开展相关业务学习培训，培育一批素质高、业务精、年轻化的网络市场监管人才。

第四，整合县内检验检测资源。启动组建全县统一食品安全检测平台，通过整合市场监管、卫生、农业、园区等部门的食品检测机构，统筹县域检测资源，建立完善泰和乌鸡、泰和酱菜、泰和竹蒿薯等特色农产品质量检测标准和产品溯源体系，为县域网络产品监管提供强有力的支撑，助推全县绿色食品产业发展。

续表

第五，开展重点领域专项整治。将电商产业园、物流园等网络经营聚集区纳入重点监管范围，对农村电商、微信电商等电商服务新业态实行常态化监测，严厉打击网络传销、网络售假、虚假宣传、虚假促销、刷单炒信等重点违法行为。在2017~2018年具体开展4个重点领域专项整治：①针对侵犯泰和乌鸡等县域市场主体自有注册商标专用权行为的专项整治；②针对第三方网络订餐平台的专项整治；③针对网络食品交易主体备案的专项整治；④针对微信公众号虚假宣传及侵害消费者权利行为的专项整治，全力净化网络市场环境。

第六，保障网络市场消费权益。整合消费者维权渠道，积极发挥"12315"等投诉举报电话作用，引导群众通过微信等新媒体进行举报，为群众提供统一、高效、便民的消费维权通道。强化异地维权机制建设，积极对接全国网络市场投诉举报协查机制，做到侵权案件事事有落实、件件有反馈。加强县域网络消费维权能力建设，培养网络消费维权专职调解员，针对农村网络消费维权治理难题，试点设立2个乡镇网络监管服务点，切实保证消费者权益。

第七，健全网络市场信用体系。逐步建立健全网络经营者信用评价体系，探索引入第三方信用评价机构，以访问、销售、投诉等各类型数据为基础开展信用评级的前期工作，督促企业守信守法经营。建立网络行业诚信档案黑名单制度，定期公布失信网络经营者黑名单，推动侵害消费者权益失信行为认定和联合惩戒机制向网络市场延伸，逐步淘汰失信企业，形成优胜劣汰的市场竞争环境。

第八，强化市场主体自律建设。增强网络市场主体法律意识，定期组织电商企业进行网络交易法律法规培训。2017~2018年完成全县网络经营主体培训覆盖率80%以上。加强对电商协会的指导，探索在事中事后监管各环节建立参与机制，有效发挥协会在政策宣传、权益保护、纠纷处理和执法配合等方面的重要作用。同时，依托协会，在资格准入、质量管控、商标保护、行业标准、合同规范等方面，建立健全行业管理制度和道德标准，促进网络市场自治自律。

第九，大力发展县域网络市场。加快推动全县网络市场壮大，落实《泰和县电子商务产业发展实施意见》等相关政策，县财政每年安排不少于300万元扶持电子商务发展。积极对接电商龙头企业，借助原国家工商总局对口支援优势，加强与阿里巴巴、京东集团等电商巨头的深度合作，推进网络人才培育计划，建立电子商务人才培训、交流合作机制，助推电商产业加快发展。推进传统服务业与电商融合，培育本土网络市场。支持农村电商发展，鼓励农业经营主体自建电商平台或借助“农村e邮”“农村淘宝”等第三方电商平台，宣传、销售优质特色的农产品，促进农村电商发展。

第十，积极打造泰和网货品牌。深入实施商标品牌战略，鼓励支持企业通过网络加强品牌建设。提升现有品牌知名度，加快建设泰和乌鸡、泰和酱菜、井冈蜜柚、蜀口茶叶、苏溪百合、泰和竹篙薯等泰和特色农副产品网络供应链，通过线上市场推广泰和品牌，引领传统农业生产方式转变。探索制定质量标准、规范包装、产品检测、存储运输等行业规范。2017~2018年，重点完善泰和乌鸡养殖加工标准以及泰和乌鸡产品网络销售标准。支持指导和帮助企业创建和培育自有品牌，努力挖掘县域特色农产品、园区工业产品等资源，鼓励优势骨干企业以自主品牌为支撑，开发适合自身特点的网上交易平台。全力打造“赣南苏区1+1”集体商标。

三、国家市场监督管理总局对口支援政策在泰和县的实施状况及主要成效

（一）国家市场监督管理总局对口支援政策在泰和县的实施状况

1. 打造优良的营商环境

国家市场监督管理总局立足职能，为泰和县发展营造宽松平等的准入环境、公平竞争的市场环境、安全放心的消费环境。2017年8月30日，原国家工商总局正式批复江西省工商局，同意泰和县开展“网络市场监管与服务示范区”创建工作，成为全国第一个也是唯一一个县级示范区创建点，同年10月，省局明确该县为全省实行“网上网下网格一体化”市场监管工作试点。此举旨在充分发挥先行先试作用，积极探索县级“网络市场监管与服务示范区”经验，有效促进全县网络市场有序发展、助推地方经济创新转型和产业结构调整优化。

2017年以来，按照上级要求，泰和县大力推进基层监管信息化建设，全力打造“智慧监管”，创新监管方式，提高监管效能，目前，该县“网上网下网格一体化”系统已初步建设成形，从而实现了市场监管网络化、上下联动快、执行效率高。

“网上网下网格一体化”市场监管系统是通过建设一个中心、一个平台、一张地图、一套终端，建立工作闭环，由指挥中心统一调度，及时下达和反馈监管信息、投诉举报、重大事件处理、应急事故响应等工作，达到问题能发现、事态能控制、监管全程化的目标，能有效解决泰和县市场主体分布广、监管难度大、工作人员老龄化、执行效率低等现实问题。2020 年 1 月，人力资源和社会保障部与国家市场监督管理总局联合授予泰和县市场监督管理局“全国市场监管系统先进集体”称号。此次评选经地市（州）、省、国家市监部门层层严格筛选，江西省共产生了 6 个先进集体，泰和县市场监督管理局为全市唯一入选单位。

此外，还下拨经费支持泰和县改善办公条件。如 2014 年，泰和县就获得专项经费 180 万元，用于提高基层工商机关办公生活条件和信息化水平。

2. 推动项目落地

第一，高位推动。原国家工商总局多次召集办公厅、中国个体劳动者协会负责同志开会研究具体帮扶措施，明确了发挥工商职能作用、组织沿海知名企业赴泰和投资兴业为扶贫开发的治本举措。2015 年 4 月，原国家工商总局办公厅向北京、天津、河北、江苏、福建、广东 6 省（市）原工商局下发通知，会同中国个体劳动者协会派员赴各有关省（市）开展推介，与意向企业面对面沟通，并安排有投资意向的企业家实地考察当地特色优强产业，指导其明确定位投资产业及项目。

第二，通过推介会等各种形式，引进外部资金项目。原国家工商总局利用自身资源优势，组织发达地区的知名企业负责人到泰和县进行实地考察，促进该县招商引资工作快速发展。2014 年，在全国个私协会举办的“管理创新高级研修班”期间，成功举办了泰和县（北京）投资合作推介会，来自全国各地的 170 余位企业家参加了推介会。同年 6 月 25~27 日，原国家工商总局、中国个体劳动者协会组织北京、上海、广东、福建、江苏、江西 6 省（市）中国个体劳动者协会和中国私营企业协会（以下简称个私协会）负责人及有意向对外投资的 50 多家私营企业负责人参加“知名民企泰和行”活动，企业家们深入江西合力泰科技股份有限公司、新界机电、易路泰科技、和泰实业等 11 家企业以及市民公园、泰鑫台湾文化公园、国兴汽车农机产业城、佳和现代农业示范园等地，对泰和的工业、城市建设、农业产业化以及旅游项目进行了全面的考察，对泰和县的经济社会发展有了更深的了解。考察中，企业家们纷纷表示，泰和的工业发展已经初具规模，农业产业化做得有声有色，城市正处于大发展中，通过考察，对泰和有了更深的认识，愿意继续与泰和进行交流与合作，共同促进泰和的经济社会发展。泰和县委、县政府在活动中，组织由8个县领导领衔的招商团分别与每个省（市）考察团进行紧密对接，深入洽谈。由于活动准备充分，推介考察衔接到位，取得了满意效果，签约亿元以上投资项目2个，签约资金3.2亿元（江苏嘉禾燃气有限公司燃气壁挂炉项目、江西美庐乳业泰和乌鸡营养高档婴幼儿米粉加工项目，项目投资分别为2亿元和1.2亿元），达成意向投资项目5个。2015年11月4~6日，由原国家工商总局主办，中国个体劳动者协会与泰和县人民政府共同承办的第二届“知名民企泰和行”活动取得圆满成功。原国家工商总局、中国个体劳动者协会、江西省工商局等单位领导莅临指导活动。北京、天津、河北、江苏、广东、福建6个省（市）个私协会牵头，精心组织了60多家知名民营企业代表出席活动。通过各级工商部门、个私协会前期的对接沟通，各地知名企业代表现场参观考察，活动促进了江西派乐滋食品有限公司等7个项目成功现场意见签约，签约资金达132亿元，涉及光伏太阳能发电、新能源电动汽车、食品加工、木材加工等多个产业领域。2017年11月9日，泰和县与原国家工商总局联合在深圳召开原国家工商总局对口支援泰和县深圳重点产业招商推介会。深圳市嘉之宏电子有限公司、深圳同兴达科技股份有限公司、深圳市隆利科技股份有限公司、华润五丰农产品（深圳）有限公司、深圳嘉华金蛛教育有限公司、香港清华同方有限公司等纷纷表达了初步投资意向。

第三，加大品牌建设支持力度。大力推动商标富农工程，2014年成功指导申报了“西凤凤祥”等6件江西省著名商标。2017年，“泰和竹蒿薯”荣获国家工商总局商标局核准为地理标志证明商标，这是继泰和县“泰和乌鸡”“泰和酱菜”之后的第三件地理标志证明商标，将进一步推动特色产业的推广，促进县域经济发展。2019年7月5~8日，泰和县受邀参加了在宁夏银川举办的第十一届中国国际商标品牌节。泰和县委、县政府高度重视此次商标品牌节，由县委领导率队参展，县市场监督管理局积极组织泰和县乌鸡产业办公室、江西倍得力生物工程有限公司、泰和武山凤酒业等多家企业参展，带来了地理标志产品世界珍禽——“泰和乌鸡”相关产品，涵盖了酒类、保健品、药品、熟食制品、调味品等30多个品种。此次参展，进一步推动“泰和乌鸡”地理标志品牌优势转化为产品优势、产业优势和发展优势。

3. 提供智力支撑

国家市场监督管理总局不仅派出三批优秀干部到泰和挂职，支援苏区振兴发展，还协调选派优秀干部到瑞金干部教育培训基地参加振兴苏区的培训，积极协调有关部委和科研机构，为泰和县发展提供智力支撑和物质保障。如联系美国强生公司和中国儿童少年基金会在泰和成功开展了呵护革命老区和边疆地区留守儿童的爱心捐助活动，向留守儿童捐赠了市场价值达 36 万余元的物品。

第一，通过召开各种研讨会，汇集各方智慧助力泰和县发展。2014 年 12 月 10 日上午，泰和乌鸡产业发展研讨会在县接待中心召开。来自原国家工商总局以及县农业局、商务局、工业园区管委会等单位和县内乌鸡养殖、加工、销售企业代表、媒体记者共 60 多人参加了研讨会。与会人员首先观看了泰和县情宣传片，听取了泰和乌鸡产业项目推介。随后，泰和县西昌凤翔禽业有限公司、泰和县汪陂途禽业有限公司、江西风行电子商务有限公司的代表分别介绍了各自企业发展现状、主要做法和经验；很多与会人员就泰和乌鸡产业发展提出了各自的观点和建议。与会人员指出，享誉全球的中国泰和乌鸡，是泰和对外宣传的一张名片和宝贵的特色资源，但是目前泰和乌鸡产业发展存在以下制约因素：缺乏大型龙头企业带动、侵权严重、维权乏力、宣传力度不大、知名度偏低、投入不足、研发滞后。要做大做强乌鸡产业，必须挖掘泰和乌鸡的营养、药用价值，不断研发新产品，用科技振兴泰和乌鸡产业；适时组建泰和乌鸡产业发展集团，打造产业航母，培育壮大龙头企业，增强辐射带动功能；抓好现代农业示范区建设，大力发展专业化合作组织，提高泰和乌鸡产业规模化经营水平；加大宣传力度，保护并弘扬泰和乌鸡品牌优势。创新销售方式，充分利用互联网、物联网等新型媒体，开展电子商务，拓宽乌鸡产品销售市场，扩大泰和乌鸡在全国的影响力。会上，县商务局还与甘肃天玛生态食品公司签订泰和乌鸡产业化项目合作框架协议。

第二，加强培训，提升素质。2016 年原国家工商总局在深圳工商行政学院举办了定点支援三县市乡镇负责人培训班，泰和县组织各乡镇场等相关人员参加了培训班学习。国务院参事室、北京大学国学研究室以及原国家工商总局、东北财经大学、中国农科院等领域相关资深专家，从新时期工商行政管理职能任务、中国小城镇规划和美丽乡村建设、电商产业、乡村旅游等方面进行了精彩讲解。培训期间，培训人员还被安排到深圳阿里巴巴“双 11”现场和保宏出口现场进行实地考察调研。通过此次培训学习，极大开阔了参培人员的视野，使其对美丽乡村、农村电商等方面有了更深的理解，为深入推进扶贫增强了信心。据不完全统计，国家工商总局先后组织5期县工商局干部到深圳总局行政学院参加培训班。在原国家工商总局的衔接协助下，2016年阿里巴巴集团与泰和县签订电商合作框架协议。为推进协议工作加快落实，2017年2月7日，原国家工商总局助推阿里巴巴集团在泰和县举办农村淘宝试运营青橙班培训，从泰和县各乡镇近500名招募人员中通过考核和试运营挑选出60名农村淘宝合伙人，举办了为期7天的培训。此次培训主要开设了阿里巴巴企业文化、讲座、优秀合伙人分享、体验式拓展及团队建设等课程，通过培训，提高参训人员的农村淘宝专业知识和营销技能，使其增强竞争意识和责任意识，坚定创新创业的信心。

（二）国家市场监督管理总局对口支援泰和县的主要成效分析

得益于赣南等原中央苏区振兴发展战略的深入实施和国家市场监督管理总局的强力支援以及省、市各级政府的坚强领导，泰和县按照“主攻项目、决战两区，做大总量、加快集聚”发展战略，紧紧围绕“重振雄风、再创辉煌”的奋斗目标，大力推进重点项目建设，励精图治，务实担当，全县经济社会保持持续、健康、稳定的良好势头。2018年，泰和县生产总值达178.01亿元，较2012年增长77.16%，人均GDP为29668.3元，较2012年增加10218.3元；三次产业结构由2012年由21.8 ：54.6 ：23.6调整为14.5 ：44.8 ：40.7，产业结构进一步优化；财政总收入达23.32亿元，较2012年增长71.72%；固定资产投资完成额，2017年为154.54亿元，2018年因基数调整为92亿元，增长11.2%；城镇居民人均可支配收入29059元，较2012年净增12089.36元；农村居民人均可支配收入15067元，较2012年净增7403.44元。

1. 基础设施建设更加完善

一是加强交通基础设施建设。2012~2019年，泰和县完成农村公路危桥改造、渡改桥项目、县乡道改造和连通工程，总长达2147.5千米，累计完成投资83066.1万元，基本实现组组通水泥路。泰和县高速路网进一步完善，吉莲高速建成通车，广吉高速有序推进，昌吉赣客运专线已经通车，县域经济发展功能配套日趋完善，区位优势不断彰显。

二是全县能源实现从单一性来源到综合性配给局面。2017年泰和县电网最大用电负荷为13.66万千瓦，全县用电量7.9亿千瓦时，其中工业用电量4.2亿千瓦时，与“十二五”规划比，年均分别增长11.18%、10.56%。装机容量96兆瓦的泰和天湖山风电项目已并网发电，130兆瓦的浪川风电正在实施，光伏能源规模达91兆瓦。县城天然气管网铺设100多千米，通气管网覆盖用户20000多户，吉泰走廊形成了南北双向双气源（西二、三线）联网供气格局。另外，生物质发电、小水电项目年发电约2亿千瓦时，实现能源结构不断改善。

三是水利基础设施建设初有成效。2012~2018年，泰和县水利局共实施了五河治理、中小河流治理、农村饮水安全、小型农田水利重点县确定、大型灌区续建配套与节水改造、抗旱应急水源、中小型病险水库除险加固等一批重点水利工程项目27个，改善、新增、恢复灌溉总面积21.15万亩，病险水库除险加固新增或改善灌溉面积0.26万亩，实施中小河流治理及小型农田水利重点县建设项目，在24个乡镇场已完成安装自动雨量监测站54个。

2. 助推产业发展

原国家工商总局积极牵线搭桥，围绕电子信息、机械制造、绿色食品等主导产业帮助泰和县开展产业招商，促成20余家企业到泰和进行考察投资。大力支持泰和县实施商标战略和“商标富农工程”，打造农副产品金字招牌，提升产品附加值。促成阿里巴巴、京东两大电商巨头入驻泰和县。全县有电商企业156家。自2012年以来，泰和县全县共招引重点项目179个，累计实际利用省外项目资金309.34亿元，年均增长12%以上，实际利用外资从2012年的5800万美元到2018年的10139万美元，年均增长约8.5%。大力实施工业强县核心战略，聚焦电子信息、装备制造、绿色食品三大主导产业。相比2012年，2018年全县规模以上工业企业102户，增加33户，实现主营业务收入282.8亿元，增加81.5亿元，增长40.5%。主营业务收入过亿元的工业企业27家，其中过百亿元企业1家（合力泰科技）。电子信息、装备制造、绿色食品三大主导产业中规模工业实现主营业务收入245亿元，其中规模以上电子信息工业企业30户，实现主营业务收入214亿元。龙头企业江西合力泰科技有限公司主营业务收入由2012年的22.6亿元提高到2018年的189亿元，成为全市首个百亿元企业，成功入选全国电子信息百强企业。县工业园区晋升省级高新技术产业园区，全县现有省级以上高新技术企业12家，合力泰成立的江西省工程研究中心（液晶显示）、技术中心已获批国家技术中心。全县智能装备制造产业现有企业43家，其中规模以上装备制造企业9家。以泰和乌鸡、粮食加工为特色的绿色食品产业有规模企业21家。深入开展“大众创业　万众创新”，截至目前，县工业园区返乡创业214人，创办企业152个，年产值达195.27亿元，占全部规上企业总产值的69.35%。园区返乡创业累计带动就业29654人，同比增加3627人。编制完成了《绿色食品产业发展规划》等多项传统产业发展规划。

3. 城乡协调发展稳步推进

在原国家工商总局的帮扶下，泰和县一是加强与吉泰走廊城镇群的规划衔接，全面完成县城总规、乡镇总体规划和2201个20户以上自然村庄规划编制。有序推进农业转移人口市民化，推进全县的城镇化率加速发展，2018年全县城镇化率达53.15%。二是促进城乡统筹发展。“十三五”规划以来，全县919个新农村建设点已建设成形，涉及农户数37865户，25个贫困村实现新农村建设全覆盖。推进户籍管理制度改革，全县共解决无户口人员落户328人，解决率达100%。三是加快现代农业发展。2018年，泰和县农林牧渔业总产值47.82亿元，较2012年增长29.02%，年均增长5.80%。全县高标准农田面积达33.4万亩，占耕地面积的57.4%。全县农机总动力59.5万千瓦，水稻耕种收综合机械化水平达79%。农业保险实现全县297个行政村全覆盖。拥有省级以上农产品品牌32个。2018年粮食总产53.16万吨，实现“十五连丰”。特色农业、林业成效明显。井冈蜜柚、绿色蔬菜、茶叶、泰和乌鸡、畜禽水等产业逐步发展壮大，2017年被列为“全国生猪调出大县”。2018，年全县规模以上农业产业化龙头企业184家，其中省级龙头企业8家，先后被评为全国粮食生产先进县、全国平安农机示范县。大力发展休闲农业、乡村旅游。

4. 智力支持，注重人才培养

争取到原国家工商总局干部挂职对口支援苏区振兴发展，选派优秀干部到瑞金干部教育培训基地参加振兴苏区的培训。积极落实国家重大人才工程和引智项目向原中央苏区倾斜的政策，目前正在推进园区企业与中科院、浙江大学等洽谈建立院（校）企联盟，做大做强人才之间的相互培养，加快科研技术成果的转化。继续实施“三支一扶”“大学生村官”基层服务计划。还先后组织县市监局干部到深圳总局行政学院参加培训班5期。分别在深圳的总局行政学院组织了对口帮扶县（市）乡镇干部和村干部培训班，提高了干部的综合素质。

第四章 国家部委在吉安其他苏区县的对口支援研究

第一节　国家林业和草原局在万安县的对口支援研究

一、万安县基本县情

万安县地处江西省中南部，吉安市南缘，与泰和、遂川、兴国、赣县四县毗邻。全县总面积 2051 平方千米，辖 9 镇 7 乡 1 个垦殖场，总人口 32.1 万，是原中央苏区县、罗霄山特困片区县、国家扶贫开发重点县、西部大开发政策延伸县。

历史久、底蕴深。东汉建安四年（199 年）为遂兴县之一部分，三国吴嘉禾四年（235 年）改称新兴县，西晋太康元年（280 年）复名遂兴县。隋开皇十年（590 年）废遂兴县，万安属地并入泰和县。南唐保大元年（943 年）设万安镇，宋熙宁四年（1071 年）改镇设县，县治芙蓉镇，素有“五云呈祥，万民以安”之美誉。自古文风鼎盛，人才辈出，自宋代至清末，全县有进士 132 人，举人 470 余名。辛弃疾、文天祥、杨万里、解缙、苏轼等历代文人留下了许多脍炙人口的诗词，形成了丰富的十八滩文化。万安是井冈山革命根据地的重要组成部分，是时任全国政协副主席康克清和“江西三杰”之一曾天宇的故乡，养育了原空军政委王辉球、原炮兵司令员匡裕民、原装甲兵政委钟汉华等 7 位开国将军。自井冈山斗争到全国解放，全县记录在册的革命烈士达 5000 余人。

生态美、山水秀。万安是国家重点生态功能区、国家生态保护与建设示范区、国家主体功能区建设试点示范县、国家生态文明示范工程试点县。赣江由南向北纵贯全县，总长90千米。境内地势南高北低，由南向北依次为山地、丘陵、平原，属典型的江南丘陵地貌。全县有林地224万亩，森林覆盖率达71.79%，是省级森林城市；赣江万安段断面水质稳定在三类以上，生活饮用水源水质达标率达100%，县中心城区空气质量优于二级标准。县城位于赣江之滨，建成区面积10.98平方千米，城区人口10.5万，新老城区隔江相望，山环水绕，是一座宜居宜业的滨江旅游县城。

风景好、旅游兴。宋代县级古城墙全省仅存，“千里赣江第一坝”万安水电站拥有亚洲最高单级船闸，百里万安湖烟波浩渺，万安湖国家森林公园被评为首届百姓喜爱的“江西百景”；万安被命名为“中国农民画之乡”，高陂田北画村成功创建国家AAAA级旅游景区和省AAAAA级乡村旅游点，先后举办三届全国农民画展，被新华社半月谈杂志社评为“中国乡村旅游最佳目的地”，目前正在建设田北画村旅游集聚区；城南老城区改造修旧如旧，朱家巷、古城墙街区入选第二批省级历史文化街区名单；围绕建设方圆6平方千米的万花世界旅游集聚区，花花世界观光园打造了目前江西省面积最大的丘陵多彩“花海”，夏木塘“中华民间传统游戏村”举办第三届国际高校建造大赛，“民宿+”文化旅游业态蓬勃兴起，花花世界和夏木塘景区均成功创建国家AAA旅游景区；先后承办了全国排钓大赛和全省钓鱼锦标赛，举办了四届万安生态鱼烹饪大赛，新建了鱼文化展示馆、生态鱼美食公园，万安鱼头、鱼宴、鱼席和赣江鹅王、窑头豆腐等特色餐饮闻名遐迩。“文化万安、花海万安、美食万安”旅游品牌形象日益彰显。

环境优、前景广。万安县工业园为省级工业园区，被命名为“全国贸易梯度转移承接基地”“全国台资企业转移承接基地”“省级承接产业转移示范区”和“电子信息省级战略性新兴产业基地”。目前，工业园区已落户企业140余家，形成电子信息首位产业，智能装备制造、生物医药、绿色食品等主导产业多点支撑的产业格局，已跨入百亿元园区行列。拥有首次公开募股（IPO）政策，可享受国家证监会“即报即审、审过即发”的绿色通道便利。被评为全省首批“最佳优化民营经济发展环境县之一”。万安民风淳朴，社会安定，是市级文明城市。

二、国家林业和草原局在万安县的实地调研及对口支援政策研究

(一)帮扶政策出台前后国家林业和草原局在万安县的实地调研

2014年9月15日，原国家林业局党组副书记、副局长张建龙一行专程到万安县调研对口支援工作，先后察看了万安湖国家森林公园和该县农民画村，听取了该县原国家林业局、原省林业厅对口支援万安县工作情况汇报。张建龙对万安县在生态建设方面采取的有力措施和对口支援工作取得的成效给予了充分肯定。他指出，在国家森林公园建设中，要注重保护生物多样化，在园内建设林木种质资源库，通过引种、繁育，保护稀有林木种质资源；要建立生物防火林带，强化森林消防专业队伍建设，保护森林资源安全；要大力发展生物医药等林下经济，帮助当地农民致富。张建龙对原省林业厅对口支援工作取得的成效和万安县在生态建设方面采取的有力措施给予了充分肯定。通过原省林业厅积极衔接协调，有效形成国家、省、对口支援县三方联动谋发展的格局，着力增强了对口支援万安县振兴发展的合力，提升了对口支援工作的效能。

2015年4月16日，原国家林业局党组书记、局长赵树丛在江西省副省长李炳军，原省林业厅厅长阎钢军等的陪同下到万安县调研对口支援工作。市委副书记肖洪波、市政府副市长肖玉兰，原市林业局局长黄春，万安县委书记李伟平、县长刘军芳等领导参加活动。赵树丛一行深入百嘉镇高产油茶基地、国家森林公园实地考察，听取了万安县对口支援、高产油茶发展等工作情况汇报。赵树丛一行十分关心万安县的林业发展。在万安县绿韵农业开发有限公司高产油茶基地，十几位村民正在山头忙碌着。“土地流转成本多少？”“今年挂果情况怎样？”“劳动力够不够？”赵树丛问得仔细，听得认真。得知2015年该基地茶树挂果形势喜人，赵树丛很是高兴。他指出，油茶产业既是绿色产业、富民产业，又关乎国家粮油安全，要充分发挥吉安油茶产业的独特优势，坚持科技兴林，不断提高产量和效益，把油茶产业做大做强；要强化质量管理，加强质量检测，尽快制定质量标准体系，把油茶产业打造成为真正利国利民的生态林业产业。他对万安在生态建设方面采取的有力措施和对口支援工作取得的积极成效给予了充分的肯定，并表示将对万安县申报纳入国家重点生态功能区给予极大的支持。

2016年5月28~29日，原国家林业局总工程师封加平率原国家林业局林改司巡视员付贵，林改司木行处处长周泽峰、林下经济处处长李斌、中国林业

产业联合会副秘书长陈圣林等一行到万安县调研对口支援及林业产业发展工作。封加平一行考察了该县潞田红豆杉养生谷基地及枧头花花世界观光基地，认真听取和详细了解了基地建设、长期规划及产业发展后对当地生态保护及绿色经济助农民致富等情况。随后，万安县委、政府向封加平总工程师汇报了原国家林业局对口支援相关工作。封加平指出，发展经济要注重保护原生态，打造休闲城市、绿色城市。对该县结合乡村旅游、生态体验打造林业产业休闲基地的做法表示赞同，并强调在发展观光休闲旅游业的同时，要兼顾发展商品花卉、绿化苗木、蜂蜜等林业经济产业，带动周边农户增收致富。封加平表示，原国家林业局对口支援万安县，将合力支持万安经济发展，帮助万安县协调解决在经济发展中遇到的困难和难题。

2017 年 6 月 1~2 日，原国家林业局副局长李春良、原国家林业局计财司副司长张艳红一行到万安调研对口支援工作，调研期间，李春良副局长听取了万安县委、县政府关于原国家林业局对口支援工作情况汇报，亲切看望慰问了原国家林业局下派挂职锻炼干部。实地考察了万安县观澜门片区改造工程、杉木大径材培育基地、服务国家林下经济及绿色产业示范基地等现场。李春良对原国家林业局对口支援工作进展表示肯定，对万安近年来经济社会发展变化给予高度评价，对万安县恳请原国家林业局支持的有关事项作了答复说明。他指出，原国家林业局对口支援万安县，是党中央、国务院赋予的重要政治任务，原国家林业局将结合自身职能优势，切实加大结对帮扶力度，除了继续推进落实 2016~2017 年工作分工明确的主要任务外，重点在生态保护扶贫、森林旅游、湿地公园建设、产业发展等方面予以支持，积极助推万安县开展脱贫攻坚，为实现中央苏区全面振兴和跨越式发展发挥积极作用。

2017 年 6 月 28~29 日，原国家林业局党组成员谭光明、计财司区域开发处处长陆诗雷一行到万安县调研对口支援工作。谭光明一行亲切看望了挂职干部，听取了原国家林业局对口支援万安县工作情况汇报及万安县恳请原国家林业局支持的主要事项。谭光明对原国家林业局对口支援万安县工作成效表示肯定。他表示，原国家林业局将进一步加大对口支援支持力度，对万安提出需要解决的主要事项，将提交给有关司局研究解决，力争对口支援工作取得新的更大成效。随后，谭光明一行来到万安“花花世界”观光园调研。谭光明对万安县把美丽乡村和文化产业旅游发展有机结合，打造成旅游扶贫示范点表示了充分肯定，希望万安充分利用好这一平台，把旅游产业做强做大，带动更多的人走上致富道路。

表 4-1 为国家林业和草原局系统各级领导在万安县的实地调研简况

（部分）。

表 4-1　国家林业和草原局系统各级领导在万安县的实地调研简况（部分）

时间	概　况
2014 年 5 月 5 日	江西省原林业厅党组书记、厅长阎钢军率省厅有关处、站（局）负责人到万安县调研国有林场改革、林权制度改革、生态公益林管理及对口林业支援工作。5 日上午，调研组在万安县就完善林权制度改革及对口支援工作召开了座谈会。调研组首先听取了万安县林改后的林地流转和原国家林业局对口支援的情况汇报，并向部分乡镇负责人和林业基层干部深入了解林改后分山到户率、生态公益林管护有关情况。阎钢军要求，万安县要进一步深化林业产权制度配套改革，推进林权流转规范化、集约化运行；要把森林资源培育作为当前林业发展的重点任务，为引进林产龙头企业打下良好基础；要抓住原国家林业局对口支援万安县的机遇，做好顶层设计，加强向原国家林业局领导、各司局的请示汇报与双方沟通交流，争取更多政策、项目支持，为万安县经济社会发展提供强大动力
2015 年 3 月 15 日	原国家林业局计财司副司长杨冬一行到万安县调研高产油茶富民产业发展现状及对口支援工作，听取了万安县高产油茶发展及对口支援帮扶情况，并指出万安县委、县政府要牢牢把握原国家林业局对口帮扶的重要契机，用活、用足、用好林业政策，探索出一条有利于万安县域经济发展的新路子
2016 年 11 月 20~21 日	原国家林业局造林司司长王祝雄一行到万安县调研对口支援工作。座谈会上，万安县汇报了原国家林业局对口支援工作进展情况，并提出了恳请造林司支持解决的有关事项，市、县林业部门就有关问题进行了汇报交流。王祝雄对原国家林业局对口支援万安县工作成效表示肯定。王祝雄表示，感谢市、县党委和政府对原国家林业局挂职锻炼干部的关心和支持，原国家林业局将按照对口支援分工方案，立足万安实际，细化责任，在项目、资金和政策等方面加大支持力度，力争对口支援工作取得新的更大实效
2017 年 6 月 7 日	原国家林业局驻福州专员办监督二处江正铨处长、省林业厅工作总站王庆红书记、省森林公安局直属一分局刘飞副调研员、省人民检察院侦查一处陈侃调研员组成联合调研组对万安县进行专题调研。在座谈会上，调研组先听取了万安县涉林案件查处情况专题汇报，然后与会人员就林地、野生动植物等森林资源保护管理，现行法律法规或有关政策是否存在不合理之处、在林业行政执法和刑事侦查中存在哪些难点和疑点等问题进行了深入探讨。调研组还对查处涉林案件工作中遇到的其他疑问做出了详细的解释说明。调研组充分肯定了该县涉林案件查处的工作成果，并指出：要继续加大力度打击违法犯罪，同时要加大林业法律法规宣传力度，确保涉林案件少发生
2017 年 6 月 23~24 日	原国家林业局湿地保护管理中心主任王志高等到万安县调研国家湿地公园（试点）建设。23 日下午，调研组前往万安湖国家湿地公园水域进行了实地调研，现场察看了万安湖国家湿地公园规划，听取了万安湖国家湿地公园（试点）建设进展情况和建设中遇到的困难和问题。王志高肯定了万安湖国家湿地公园（试点）建设工作进展情况，对湿地公园建设中遇到的困难和问题给予了关注，特别是在湿地公园有关规划、下一步工作建设、办公选址方面提出了宝贵意见和建议。王志高一行还参观考察了万安“花花世界”观光园和田北农民画村

续表

时间	概　况
2017年12月20日	省天然林保护管理中心姚小华一行到万安对天然林保护工作进行调研。首先在县原林业局四楼会议室召开了座谈会，会上原林业局对天然林保护工程工作情况进行了汇报。随后，省天然林保护中心姚小华对万安县天然林保护工作给予了充分的肯定并提出几点要求：一要加强人才队伍建设管理，确保天保工程顺利推进；二要将万安水库水域周围、湿地公园、森林公园等生态区位重要的天然商品林，以及天然林阔叶树等优先纳入天保工程补助范围；三要将天然商品林小班中含有一点经济林的小班在2018年林地变更中体现为天然林；四要加强停伐协议和管护协议的推进工作，争取在春节前完成所有的协议签订工作。会后，姚小华一行到万安县国家森林公园、万安湖湿地公园进行了实地考察
2018年6月1日	国家林业和草原局计财司副司长张健民、计财司区域开发处处长陆诗雷一行到万安县调研对口支援工作。张健民一行亲切看望了挂职干部，听取了原国家林业局对口支援万安县工作情况汇报及该县恳请国家林业和草原局支持的主要事项。张健民对国家林业和草原局对口支援万安县工作成效表示肯定。他表示，国家林业和草原局将进一步加大对口支援支持力度，对万安提出需要解决的主要事项予以研究，力争对口支援工作取得新的更大成效。随后，张健民一行来到万安县高陂镇旅游扶贫示范点（田北农民画村）调研。他对万安县把美丽乡村和文化产业旅游发展有机结合，打造成旅游扶贫示范点表示了充分肯定，希望万安充分利用好这一平台，结合乡村振兴战略，带动更多的人走上脱贫致富道路
2019年4月17~18日	省人大常委会副秘书长任江南、省林业和草原局原巡视员、省林学会常务副理事长魏运华，中国林科院华北林业实验中心主任章尧想、省林科院院长俞东波一行到万安县调研林业科技工作。任江南一行听取了万安县林业基本情况及恳请支持的主要事项。随后，中国林科院、省林业和草原局和省林业科学研究院的领导专家对万安发展野生动物养殖业、中药材种植业、森林康养产业和林防工作等提出宝贵意见，并就如何利用林业科技发展林业产业指明了方向。最后，任江南强调，要加快促进林业科技与地方生态、经济建设相结合，推进万安县林业科技和林业产业发展，做好科技扶贫，增强造血功能，为贯彻落实乡村振兴工作做出林业部门的新贡献
2019年7月11日	江西省林业和草原局天保办主任姚小华，省规划院傅雪罡副院长、省规划院资源室刘晓勇主任，市林业和草原局总工程师吴福贵、市监测中心彭诗涛主任、段学涛副主任一行，到万安县督导森林资源二类调查工作。督导组一行听取了万安县林业和草原局二调工作进展情况汇报，并在座谈会现场逐一解答了万安县二调质检组人员提出的技术疑惑。对万安县在大力推进二调工作过程中取得的成效及大家善学肯钻、吃苦耐劳的精神给予了充分肯定。督导组指出：做好十年一次的森林资源二类调查工作是当前林业一切工作的基础，圆满完成好二类调查任务，为上级决策林业工作提供科学依据。并提出几点要求：一是务必要以守土有责、守土尽责的担当精神，按照质量优先的理念，把好质量关，有序推进二调进度；二是加强组织管理，科学抓好调度，做好有效沟通，发现问题，及时汇报和反馈；三是统筹兼顾各项工作，突出工作重点，强化资金落实，切实保障二类调查正常运行；四是全体调查人员要牢固树立安全第一的意识，落实安全措施，确保安全作业

资料来源：笔者收集整理。

江西省原林业厅高度重视原国家林业局对口支援万安县的工作，先后十余次专门召开会议，研究对口支援万安县事宜，厅局领导数十次赴万安县调研林业发展，就当前万安林业工作中存在的“瓶颈”和急需解决的难题进行调研，与万安县县委、县政府一道研究解决之策。厅主要领导多次带队赴原国家林业局进行沟通协调，专题汇报对口支援万安县相关工作，并盛情邀请原国家林业局领导以及相关司局领导先后10批次带队赴万安县调研。万安县委县政府主动作为，多次到北京汇报，争取支持。2016年7月13~14日，万安县委书记李伟平率工作组赴原国家林业局汇报衔接苏区振兴发展对口支援工作。县委副书记、副县长彭继平（挂职），县发改委、县原林业局主要负责同志等陪同。原国家林业局党组书记、局长张建龙，原国家林业局党组成员兼人事司司长谭光明，封加平总工程师，张鸿文总经济师等领导先后接见工作组，并听取万安县关于对口支援工作情况汇报。工作组还与原国家林业局计财司、造林司、林改司、宣传办、湿地办等机关司局和直属单位进行了逐一沟通对接，在政策、项目、资金和技术等方面寻求支持帮扶。李伟平书记汇报了对口支援工作进展情况、存在的困难与问题以及下一步需要支持帮扶和协调解决的主要事项。原国家林业局领导在听取汇报后，对近年来万安县经济社会发展所取得的成绩给予了充分肯定，并就进一步做好对口支援工作提出了要求，相关司局负责人对万安县提出的有关请求事项逐一进行了回应。原国家林业局表示，对口支援万安是党中央、国务院赋予的一项重大政治任务，关心、支持、帮助万安发展是职责所在，义不容辞。原国家林业局将根据自身职能，结合万安需求情况，尽快制订出台2016~2017年对口支援帮扶工作方案，在政策、项目、资金和技术等方面将积极向万安县倾斜。在原国家林业局，万安县先后与计财司、林改司、造林司等8个司局单位衔接汇报，对接了对口支援各项任务具体需求。各司局单位均表示，全力支持万安林业发展工作，将帮助万安县解决森林防火装备，支持万安创建国家湿地公园，加大林业产业智力扶持，指导发展森林旅游等。

2019年3月18日，万安县委副书记、县长刘军芳，县委副书记、副县长汤志敏等一行到国家林业和草原局汇报对口支援工作。国家林草局副局长李春良、规划财务司司长闫振、生态保护修复司司长赵良平、湿地管理司司长王志高、副司长鲍达明、计财司区域处处长陆诗雷等出席了座谈会。在座谈会上，刘军芳代表县委、县政府向国家林业和草原局长期以来给予万安的大力帮扶表示衷心感谢，详细汇报了对口支援等工作进展情况以及下一步需要支持的主要事项，并诚挚邀请国家林业和草原局领导与相关司局领导到万安调研和指导工作。刘军芳表示，万安县将坚决把国家林业和草原局的支持化为自身发展的强大动力，切实把国家林业和草原局支援的资金使用好、项目落实好，真诚希望国家林业和草原局一如既往地关心支持万安的工作，在赣江两岸林相改造、林下经济建设、湿地公园试点建设、森林病虫害防治、强化智力支持等方面进一步加大支援力度。在听取了汇报后，国家林业和草原局领导对万安县各项工作表示充分的肯定，相关司局负责人对万安县提出的有关请求事项逐一进行了答复。最后，副局长李春良表示，国家林业和草原局将认真贯彻落实《国务院关于支持赣南等原中央苏区振兴发展的若干意见》，充分发挥职能优势，继续一如既往支持万安县对口支援等工作，协调推动解决提出的需要支持的主要事项，助力万安县经济巩固提升。会后，刘军芳还与前两批国家林业和草原局挂职干部彭继平处长和李斌处长亲切交谈，对他们为万安所做出的贡献表示感谢，并希望他们能够继续关心和支持万安的发展事业。

（二）国家林业和草原局对口支援万安县的主要政策分析

2014年6月，原国家林业局出台了《国家林业局对口支援万安县振兴发展工作方案》（以下简称《工作方案》），提出了对口支援万安县的目标、原则和重点以及具体举措。

《工作方案》提出了对口支援万安的目标是：不断增强万安县发展内生动力、体制活力、发展能力，实现科学发展、跨越式发展。到2020年，力争万安县森林覆盖率达到70.3%，森林蓄积量达到680万立方米以上，自然保护区、森林公园、湿地公园面积占县域总面积比例达到9%以上。原则是两个坚持：一是坚持“统筹兼顾、突出重点，立足当前、着眼长远，加快发展、推进转型，改革创新、开放合作，国家扶持、自力更生”五项原则。二是坚持“输血”与“造血”并重。帮扶重点是，牢固树立生态文明理念，以生态保护和恢复为重点，建立和完善生态补偿机制，构筑绿色生态屏障，促进生态系统良性循环，推进先进适用科技成果转化，提高生态建设成效，巩固和发展生态成果，促进万安县经济社会全面协调可持续发展。

《工作方案》提出了帮扶举措，具体如下：

第一，推进人才技术支援。推进干部交流，万安县与原国家林业局有关司局和直属单位适时开展人才“双向挂职”，原国家林业局将定期选派政治素质高、综合协调能力强、能干实事、有奉献精神的干部到万安县挂职。强化对万安县发展的智力支持，在实施国家层面专业技术培训和知识更新工程、西部地区干部培训等项目时，将万安县纳入培训范围。

第二，加快万安县绿色生态屏障建设。支持林业重点工程建设，提高森林质量，确保林业“双增”目标如期实现。继续推进长江流域防护林工程建设，加大植树造林、封山育林力度，切实巩固退耕还林成果，着力提高森林生态防护功能；加大湿地保护和恢复力度，加快自然保护区能力建设，全面有效地保护和恢复植被生态系统、湿地生态系统和生物多样性，支持建设湿地公园。指导帮助万安县实施万安湖库区生态公益林改造工程，通过中幼林抚育、针叶树疏伐、补植阔叶树、封山管护等多种措施，改善林分树种结构，提高森林涵养水源、保持水土等生态功能；加大对森林抚育和公益林建设扶持力度，逐步提高国家级公益林补偿标准。

第三，积极发展特色优势林业产业。着力推进油茶、毛竹、木材战略储备、野生动物驯养等特色林业产业发展。支持油茶产业发展重点县和油茶示范基地建设，通过新造和低产林改造方式，扩大高产油茶林基地种植面积；充分利用万安县毛竹资源优势，改造培育毛竹丰产林，提高毛竹林的产出，将万安县建成毛竹生产和利用大县；支持建立国家木材储备基地，培育珍稀树种和大径级用材林；扶持做强做大万安县野生动物繁育基地，大力发展林下经济，扶持万安县培育林下经济示范基地，积极推动中药材种植，支持万安县发展生物制药产业。

第四，加强林业基础能力建设。支持万安县加强林木良种繁育、林业科技、森林防火、林业有害生物防治、森林资源与生态状况监测等方面的基础能力建设，提高林业保护和建设的能力。支持建设森林火险预警、防火通信和信息指挥、重点火险区综合治理工程等项目，提高森林火灾综合防控能力；支持林业有害生物防治基础设施建设，提高防控检疫性和危险性林业有害生物的能力；加大对国有林场、林业工作站、木材检查站等单位能力建设，充分发挥基层站所在森林资源保护中的重要作用；加强林业信息化政策支持和技术指导，支持林业电子政务标准体系和业务应用体系建设，完善信息化基础设施建设。

第五，支持发展森林旅游。充分依托万安县丰富的森林景观资源和优美的生态环境，积极支持创建国家森林旅游示范区，指导万安县加强生态文化建设，支持创建全国生态文化村。

第六，深化集体林权制度改革。积极支持万安县进一步完善集体林权制度改革，稳定和落实农村林地家庭承包经营制度，积极培育林业合作社、家庭林场等新型经营主体，加大指导、扶持和服务力度，建立健全林权管理服务机构，推动林权流转交易公开、公正、规范运行，为维护林农合法权益，促进林地科学经营营造良好环境。

第七，加强沟通协调。沟通协调国家相关部门，支持万安县在实施《赣闽粤原中央苏区振兴发展规划》中落实符合国家政策的项目资金。协调国家有关部门支持万安水库环境与保护治理工程建设，将万安县列入国家主体功能区建设试点示范范围、国家生态文明示范工程试点范围等。

为确保上述举措得到确实执行，《工作方案》提出了四个方面的保障措施：

第一，加强组织领导。将对口支援万安县工作纳入原国家林业局工作机制中，具体任务落实到原国家林业局相关司局和直属单位，确保对口支援工作有牵头、有落实、有督查。

第二，加大政策支持。在政策制定、项目建设、资金投入等方面给予积极支持，对万安县符合国家投资政策的工程项目，及时纳入投资计划予以支持。

第三，精心组织实施。按照本工作方案，明确年度工作目标和任务，力争每年都有实质性进展。加强对各项工作推进情况的督促检查，确保实效。定期进行工作总结和效果评估，密切关注出现的新情况新问题，积极研究解决方法，完善配套政策。

第四，注重机制创新。支持万安县探索林业生态建设和产业发展投融资新模式，创新林业经营模式，调动社会各界投资林业的积极性，多渠道筹措建设资金，提高林业的生态、经济和社会效益。

江西省林业厅及时制定出台了《江西省林业厅对口支援万安县工作方案》，加强对口支援工作的针对性。省林业厅还专门抽调专人具体负责对口支援事宜，建立定期督查调度推进机制，实时掌握厅机关各处室和厅属各单位对口支援工作进展情况，加大对万安县政策、资金等支援情况的监督检查，确保各项工作顺利推进。在2016年9月，原国家林业局在全面调研的基础上，结合万安实际需求，同步出台了《对口支援万安县2016–2017年工作分工方案》，明确提出了造林绿化、森林公园建设、森林防火、林业有害生物防治、智力扶持等15项具体帮扶任务，逐项落实牵头司局单位，明确了对口支援的具体方向和工作举措。

三、国家林业和草原局对口支援万安县的政策实施状况及成效分析

（一）国家林业和草原局对口支援政策在万安县的实施状况分析

国家林业和草原局对口支援万安县工作特点明显，一是助力“四个突出”：突出林业产业、突出生态护林员、突出林业科技、突出生态效益；二是支持林业改革“四个推进”：推进国有林场改革、推进林权制度改革、推进万安湖国家湿地公园建设、推进森林重点火险区综合治理工程建设；三是推动造林绿化“四个提升”：提升营造林示范点建设水平、提升造林质量水平、提升科技推广水平、提升全民共建共享水平；四是助力生态保护“四个强化”：强化生物多样性保护、强化森林资源和林地管理、强化天然林保护、强化松材线虫病等重大林业有害生物防控。

1. 强化智力支持

国家林业和草原局先后派出三批优秀干部到万安挂职，为万安振兴发展提供智力支持。挂职干部始终把万安当作自己的“第二故乡”，在挂职期间，不做旁观者，不当局外人，而是以主人翁的姿态，积极主动地参与到工作中去，潜下心来做深入的调查研究，结合万安县产业发展特征，切实做好对口支援工作。为了使原国家林业局对口帮扶切入主题，落到实处，挂职干部先后数次向原国家林业局、省林业厅汇报工作，邀请上级领导前往万安调研，在政策、人才、项目、信息沟通等方面对万安县的经济社会发展存在的困难给予全面的支持。通过努力，万安县成功入选“国家主体功能区建设试点示范县”和“第二批全国生态文明工程试点县”。

为了推动万安发展竹编工艺产业，在原国家林业局的全力支持下，依托国际竹藤中心，2016 年 10 月 29 日至 12 月 12 日，万安县选派各乡镇的 27 名学员赴四川省青神县参加竹编工艺技术培训，分班学习了平面竹编、立体竹编、瓷胎、竹家具、竹编模具设计、销售、装裱等课程。这次培训班针对性强、内容丰富，为期 45 天，是原国家林业局为万安县举办的第三期竹编工艺技术培训班，由原国家林业局计财司提供专项经费支持，国际竹藤中心给予了悉心指导。这次培训是国家林业局对口支援万安县、推动竹编产业支援中的重要措施，强化了对万安县生活困难群众的智力扶持，提升了生活困难群众的劳动

技能。为积极推进万安县毛竹产业发展，充分发挥毛竹产业在扶贫中的作用，2019年10月26日，中国林学会竹子分会副理事长、浙江丽水市政协副主席、丽水市农林科学研究院院长金爱武和中国林学会竹子分会秘书长、中国林科院亚热带林业研究所竹类专家、博士、研究员、硕士生导师谢锦忠对万安县竹产业提升发展进行培训。万安县林业技术人员，毛竹种植大户，相关村支部书记主任和竹农代表等共计260余人参加了培训会。培训会上，金爱武教授和谢锦忠教授分别就毛竹产业发展方向和前景及中国竹产业发展现状和毛竹大径材培育技术方面进行了详细讲解，同时，剖析了万安县竹产业发展中的问题。此次培训，不仅解决了万安县竹产业提升发展中的技术难题，还明确了竹产业提升发展方向，为该县下一步开展提升发展竹产业工作奠定了坚实的基础。

2016年7月1日，原国家林业局华东院教授级高级工程师陈文灿到万安县指导全国第九次森林资源连续清查工作。指导组冒着高温酷暑来到万安县高陂镇1956号省固样地，看望正在进行外业调查的工作人员，在山上现场检查指导万安县第九次连清工作。省林业调查设计规划院、吉安市森林资源监测中心及万安县原林业局负责人随行陪同。

2018年4月17~19日，国家林业和草原局森林旅游管理办公室在南昌举办2018年全国森林旅游管理培训班（第一期）。来自全国29个省市的森林旅游主管处室、国家森林公园森林体验基地、森林养生基地、国家森林步道沿线市县政府和林业和草原局等单位相关负责人，共计160多人参加了此次培训。吉安市第一批国家森林步道沿线县和市林业和草原局派员参加了此次培训。国家林业和草原局森林旅游管理办公室副主任杨连清参加了此次培训，10位特邀专家分别就全国森林旅游发展与管理、国家森林步道的建设、森林体验与森林养生发展与建设、国家森林公园保护设施建设项目管理等内容进行了授课。通过专题培训，打开了新时代森林旅游的新思路，厘清了森林旅游行业管理的新要点，为更积极、稳妥、科学推动全国森林旅游规范、健康、有序发展提供了指导。

为深入学习新形势下的林业方针政策，进一步提高全市林业工作站队伍的业务技能和管理水平，根据国家林业和草原局林业工作站管理总站2018年培训计划，2018年10月18~19日，江西省林业工作总站在吉安举办乡镇林业工作站站长（吉安市片区）能力测试培训班。国家总站云天昊副处长、省总站王庆红书记，管铁军副站长、市林业和草原局吴福贵总工程师出席开班仪式并讲话，各县（市、区）林业和草原局120余名乡镇林业工作站长参加培训并参加测试。培训班邀请了省林业工作总站施凤生科长解读了《生态公益林管理政策》、万剑云科长讲解《林地征占用管理流程》、宋荣科长讲解《林业工作站本底数据统计事项》、吉安市推广站曾广腾站长讲解《油茶栽培知识》、中国人民保险公司江西省分公司业务主管王晓丹讲解《森林保险政策》。

2. 加快绿色生态屏障建设

为推进万安县生态文明建设，自 2013 年对口支援万安县以来，原国家林业局启动了万安湖国家森林公园林相改造、国家湿地公园、林木种质资源库、森林火险区综合治理工程等项目前期规划设计工作。2016 年 11 月 13~14 日，原国家林业局湿地保护管理中心副主任李琰、东北林业大学教授于洪贤、中国农科院研究员姜文来、省林业厅湿地办主任周承东等组成的国家湿地公园考察评估组莅临万安考察评估江西万安湖国家湿地公园申报工作。原国家林业局华东设计院副院长刘道平、楼毅处长、聂详永处长莅临万安指导。11 月 14 日上午，考察评估组一行组织召开了江西万安湖国家湿地公园考察评估会。万安湖国家湿地公园编制单位原国家林业局华东设计院就《江西万安湖国家湿地公园总体规划（2016–2021）》及前期专家考察提出的整改意见落实情况进行了汇报。考察评估组对万安县委、县政府的高度重视、编制单位的精心准备给予了充分肯定。同时，对万安湖国家湿地公园的总体规划，提出了一些意见建议：一是要明确湿地公园的定位，确定好湿地公园的类型，划分好准确的区域范围，并且突出湿地公园的文化特色。二是要完善生态功能区规划，确保生态功能区内无任何破坏生态体系的活动。三是要成立湿地公园保护管理机构，配备专门人员，对整个湿地公园进行保护管理。下午，考察评估组对江西万安湖国家湿地公园进行了实地考察。考察评估组专家对万安湖国家湿地公园的水质、沿岸生态保护给予了充分肯定，认为万安湖国家湿地公园是千里赣江最美的一段，具备了申报国家级湿地公园的条件。2016 年 12 月，经原国家林业局批准，万安湖湿地公园成为国家湿地公园（试点）。万安湖国家湿地公园（试点）位于万安国家森林公园（上游森林公园南界）至赣县段水库，建设面积 4075.88 公顷，其中湿地面积 2052.98 公顷，湿地率达 50.37%。湿地公园分为 5 大功能区，即生态保育区、恢复重建区、合理利用区、管理服务区、宣教展示区。将来，万安湖国家湿地公园将建设成为集湿地保护、科普宣教、科研监测等于一体的国家级湿地公园。为完善万安湖国家湿地公园管理保护，2018 年 4 月 4 日，万安湖国家湿地公园管理局正式挂牌成立，标志着万安湖国家湿地公园试点建设工作步入正规化、专业化和常态化轨道。根据县机构编制委员会的批复，万安湖国家湿地公园管理局为万安县原林业局下属副科级财政全额拨款事业单位。主要职责是贯彻执行公园规划、生态保护、开发管理以及水利方面的法律法规、方针政策，参与编制湿地公园总体规划、发展战略、中长期规划和年度计划并组织实施，承担公园的水体、水位、水文、水质、风景、土地、文化遗产、生物多样性、湿地地形地貌及其自然生态环境监测、培育、保护和管理工作，承担辖区水土保持、水资源保护、开发和合理利用等工作。湿地公园管理局的成立将进一步加强万安湖湿地的保护管理，促进万安湖生态环境保护、推动万安旅游经济可持续发展。

国务院制定下发的《赣闽粤原中央苏区振兴发展规划》中列入低质低效林改造试点范围；成功入选了"国家主体功能区建设试点示范县""第二批国家生态文明示范工程试点县"。2017年，原国家林业局对《吉安市利用国家开发银行贷款国家储备林基地建设方案（2017–2024年）》进行批复，同意将吉安市纳入国家储备林基地规划建设范围，并支持吉安市利用国家开发银行贷款建设国家储备林基地项目。2018年1月5日，江西省首个国家储备林67亿元开发性贷款建设项目在吉安市正式落地生根。吉安市国家储备林基地建设总规模240万亩，项目涉及全市12县，其中：新造杉木人工林80万亩、高产脂湿地松40万亩、杉木和珍贵用材树种（楠木、香樟等）混交林15万亩、珍贵用材树种（楠木、香樟等）10万亩、现有杉木林间伐后套种珍贵用材树种（楠木等）10万亩、现有杉木林改培杉木大径材10万亩、森林抚育75万亩。预计总投资83亿元，其中利用银行贷款67亿元、自筹18亿元。项目建设为期8年，即2017~2024年；运营期（还款期）25年，即2024~2049年。项目完成后，预计吉安市森林覆盖率提高1个百分点，即2024年森林覆盖率达到69.6%以上。天更蓝、水更清、山更绿、景更美的生态基础更加夯实。

长期以来，吉安市国家储备林基地建设虽然得到了一定程度的发展，但作为革命老区，资金投入一直是制约吉安林业发展的最大"瓶颈"，项目建设标准不高、基地规模不大的问题依然存在。为扎实推进生态文明建设，维护国家木材安全，全面提升全市森林质量，吉安市委、市政府对国家储备林基地项目建设高度重视，2017年6月以来，先后多次召开会议进行安排部署，要求市原林业局等部门务必将国储林贷款项目争取到位。为落实这一决策部署，牢牢抓住国开行启动国家储备林基地贷款项目这一契机，市原林业局、市绿庐陵林业投资公司等部门积极研究相关政策，市县两级林业主管部门多次深入实地勘察调研，多次与省林业厅、原国家林业局对接，汇报吉安市国储林基地建设进展情况，在省林厅的积极协调下，吉安市确定利用国家开发银行贷款，以33个国有林场为项目实施主体来建设国家储备林基地。原国家林业局和国家开发银行总行将吉安市作为全省唯一设区市建立战略关系，提供专项贷款支持国家储备林基地建设，必将为吉安建设现代林业强市、助力老区脱贫攻坚、实现“打造美丽中国江西样板上走在前列”注入强大动力。

3. 支持发展特色优势林业产业

为推动万安竹产业进一步发展，在原国家林业局支持下，万安出台《万安县竹产业提升发展三年（2019–2021）行动实施方案》及多项措施鼓励竹产业发展。利用广播、报刊、电视等主要媒体，多形式、全方位宣传竹产业发展政策和前景，发放《竹产业提升发展知识问答》小册子3500多份，营造浓厚的氛围。派出林业高级工程师深入乡村开展技术培训和实地指导20多场，并实地指导种植大户和林农砍杂抚育竹林17000多亩。万安县原林业局逐步建立起以基层林业技术人员为依托的服务推广体系，对林农在毛竹培育、管理等方面强化指导，大力培育优势毛竹资源，促进全县竹产业发展提升。

2016年，原国家林业局公布的全国林业专业合作社示范社名单中，吉安市5家林业专业合作社榜上有名，分别是遂川县华云仙蜂蜜产业化专业合作社、万安县井冈野猪豪猪养殖专业合作社、遂川县上芫毛竹专业合作社、青原区东固畲族乡江口食用菌专业合作社、遂川县碧洲镇丰林毛竹产业专业合作社。

援县促市。2014年11月19日，由中国林产工业协会主办，吉安市人民政府协办的第二十届全国松香年会在吉安市召开，国内松香行业领军人物、知名专家学者齐聚一堂，共同探寻松香产业转型升级发展之路。原国家林业局计财司副司长孙健出席，并作了《林业化工宏观政策导向探析》的主题发言，副市长肖玉兰出席并致辞。肖玉兰简要介绍了吉安市的林业及松香产业状况，她希望全市林业部门和松香行业的广大人员充分珍惜这次难得的学习交流机会，加大与各重点企业的沟通、交流与合作，加快编制《吉安市林脂板一体化产业规划》，大力推进林脂板一体化，延伸松脂行业链，努力把吉安打造成为国家“林脂板一体化”产业示范基地、循环经济示范基地。经原国家林业局批准，吉安市林科所樟树、黄樟良种基地2017年入选第三批国家重点林木良种基地。该基地始建于2007年，主要树种为樟树（龙脑樟）、黄樟（大叶芳樟），基地总面积为2956亩。市林科所国家樟树、黄樟良种基地的建成，丰富了樟树、黄樟品种资源，发挥了良好示范带动作用，对全市壮大龙脑樟产业、大叶芳樟产业发展将产生重要的促进作用。2018年，国家林业和草原局印发《关于推进集体林业综合改革试验区工作的通知》（以下简称《通知》），确定33个新一轮集体林业综合改革试验区，吉安市是其中之一，也是江西省唯一的一个试验区。《通知》要求，各试验区要坚持积极探索，创新制度；坚持问题导向，提实举措；坚持重点突破，配套推进；坚持先行先试，风险可控的原则，力争用3年左右的时间，在重点领域和关键环节开展探索试验和制度创新，形成一批可复制、可推广的经验做法。吉安市这次主要承担建立集体林地“三权分置”运行机制，完善集体林权保护制度，培育新型林业经营主体，推动一二三产业融合，创新集体林业发展模式五项改革任务。吉安市原林业局将制定切实可行的实施方案，把各项试验任务落到实处。

4. 支持发展旅游业

结合万安县生态环境优越这一优势，紧扣保护生态公益林、改造低质低效林、建设水源涵养林、打造乡村生态风景林和推进林业平台“五条主线”，全力推进生态屏障建设，筑强绿色崛起根基。目前，全县森林公园和自然保护区占县域总面积的9%，生物多样性网络不断完善。同时，万安县结合本地实际，围绕着争取到的相关政策，强力推进井冈山水电站、万安水库环境治理以及生态旅游业等一批示范带动性强、社会效益好、符合万安县产业特点的优势项目，着力培养造血干细胞，把“输血”和“造血”相结合，极力推动万安县苏区振兴发展。

以“生态文明建设”为突破点，充分利用万安县灵山秀水、山水交融的生态资源优势和历史文化底蕴，突出打造红色旅游、生态旅游区、美丽乡村游等特色旅游业。进一步借助“中国农民画之乡”的品牌，将农民画作为特色富民产业和文化支柱产业予以重点打造，着力打造一个集农民画创作、展示、培训、写生、交易和休闲旅游“六位一体”的全省独一无二的农民画村，把万安县建设成江西省具有较高知名度的“文化·生态”型山水旅游目的地。同时，万安县积极探索“农业产业园、农民美丽家园、乡村休闲观光园”多园结合的新农村建设路子，打造了杨万线、韶高线美丽乡村综合示范带。继续抓好中药材、有机茶叶、井冈蜜柚、特种水产、高产油茶和毛竹六大富民产业，大力推进绿色生态经济增长，帮助广大群众增产增收。

5. 加强林业基础能力建设

2014 年以来，原国家林业局连续三年为万安县无偿调拨了风力灭火机 200 台、油锯 200 台、单兵装备 300 套、便携式可拆卸扑火工具 500 把、防护大衣 50 件、扑火服五件 50 套、高分子凝胶灭火剂 20 公斤、高压水泵 3 台等，为万安县做好森林防火工作奠定了坚实的物资基础。2016 年，万安县森林防火指挥部荣获“2013~2015 年度全国森林防火工作先进单位”。2017 年 1 月 19 日，在万安县实验小学操场举行原国家林业局对口支援万安森林防火物质发放仪式。此次发放的器材有：水枪、油锯、砍刀、消防铲、头灯、手电筒、高压贮能水枪、风（水）力灭火机等，共计发放森林防火物资 1800 余套。2018 年 2 月 11 日，国家森林防火指挥部办公室向万安县调拨了一批扑火物资和装备。此次调拨的物资和装备主要有：防护大衣 80 件、背负式风力灭火机 60 台、扑火服 100 件、防护套装 100 套、油锯 40 台，价值约 60 万元。这是原国家林业局对口支援万安县以来，第三次由国家森林防火指挥部办公室向万安县调拨扑火物资和装备，为提高万安县扑救火灾能力和水平提供了坚实的物资保障。

（二）国家林业和草原局对口支援万安县的主要成效分析

万安县紧紧抓住原国家林业局对口支援这一重大历史机遇，大力推进苏区振兴发展，全区经济社会呈现发展“加速度”，百姓幸福感日益提升，全县苏区振兴发展工作取得显著成效。

1. 建立了双向沟通桥梁

万安县委、县政府牢牢把握原国家林业局对口支援的重大历史机遇，全面加强与国家林草局的对接、沟通和汇报。一方面，全力邀请国家林草局领导到万安调研指导。万安县委书记李伟平、县长刘军芳等领导先后多次专程赴原国家林业局汇报对接工作，邀请原国家林业局领导莅临万安视察指导工作。自对口支援以来，原国家林业局相关司局负责人先后深入万安县实地考察调研，了解支援工作进展情况，现场解决对口支援工作遇到的困难和问题。另一方面，加强干部双向交流。为更好对接帮扶万安县开展工作，原国家林业局于 2014 年、2016 年和 2018 年各选派了一位优秀干部到万安县挂职锻炼，具体负责对口支援各项工作。同时，万安县加大对挂职干部工作和生活上的保障力度，切实解决其“后顾之忧”。此外，为学习中央国家机关的先进理念和工作方法，全面了解国家的林业政策，推动对口支援工作精准到位，2014 年万安县从发改委、原林业局选派了两名干部到原国家林业局挂职锻炼，跟班学习，成效明显，两名干部已经成长为单位骨干。

2. 产业“造血”功能不断增强

在原国家林业局的悉心指导下，万安县委、县政府积极作为，主动对接，全力争取对口支援各项措施落地见效。一方面，全力争取政策帮扶。积极策应原国家林业局对口支援工作思路，充分利用万安县域生态环境优美、旅游资源丰富和文化底蕴深厚的优势，主打“生态”牌。2014 年，原国家林业局推动协调国家相关部门将万安县纳入“国家主体功能区建设试点示范县”“第二批全国生态文明工程试点县”。2016 年，国务院正式批复将万安县列为国家重点生态功能区新增县；将万安湖湿地公园纳入建设试点范围；授予万安县“2013~2015 年度全国森林防火工作先进单位”；指导万安县成功创建江西省森林城市；为进一步增强内生发展动力，原国家林业局大力推进产业“造血”，安排专项经费，支持万安县开展竹编工艺技术培训。在原国家林业局的支持下，2016 年万安县选送 27 名农村妇女赴四川省青神县培训 45 天，帮助贫困妇女走上了“家门口就业增收致富”的路子；将万安县两家民营企业——江西鑫海花木、福鑫生态农业纳入“服务精准扶贫国家林下经济及绿色产业示范基地”，给予系列政策扶持。如今，江西鑫海花木有限公司在枧头镇打造的“花花世界观光园”获评国家 AAA 级旅游景区，吸引近百生活困难群众在园区内务工。福鑫生态农业有限公司在潞田镇打造的“红豆杉”养生谷，帮助当地农民组建了合作社，实现了“公司 + 合作社 + 农户”生产共赢的模式。《对口支援万安县 2016–2017 年工作分工方案》的大部分任务已得到解决和落实。退耕还林、封山育林、天然林保护、植树造林面积逐年扩大，森林采伐量和森林火灾受灾率不断下降，林业投资力度加大，林业产业加快发展，生态旅游方兴未艾，富硒生态农业蓬勃发展。2017 年，批复了万安湖国家森林公园经营范围调规问题，有力支持了高山嶂风电场的建设；支持万安县建设抗旱应急水源工程枫树坪水库项目，及时批复项目占用林地报批手续；批准了赣江井冈山航电枢纽工程项目（坝址）使用林地。这些政策的落地，为万安打造美丽中国“江西样板”奠定了坚实的基础。

另一方面，全力争取项目帮扶。原国家林业局无偿调拨了一批重要森林防火物资，万安湖国家湿地公园试点建设稳步推进，万安县森林重点火险治理工程已开始启动。同时，在原国家林业局下派挂职干部积极协调下，帮助万安县向国家相关部门顺利申报了万安水库流域区间河流水污染防治项目，已落实项目资金约3000万元。指导万安县推进了国有林场改革步伐，加大棚户区改造力度，林场职工全部纳入财政预算。随着一个个项目的落地生根、开花结果，随着一批批资金的源源注入，发挥效应，原国家林业局为万安县跨越式发展注入了强劲的动力。

第二节　中国人民银行在新干县的对口支援研究

一、新干县基本县情

新干县是吉安市的“北大门”，全县辖7镇6乡和2个国有农林场，134个行政村，20个居委会，总面积1248平方千米，人口35万。县治金川镇，北距南昌127千米，南距吉安94千米。

历史悠久。新干县于公元前221年建县，至今已有2000多年的历史，是江西十八古县之一。境内古迹众多，共有风景名胜古迹30余处。商周牛头城遗址、战国粮仓、岳飞点将台等较有名。1989年9月在境内大洋洲镇发掘出商墓遗址，出土480件青铜器，其中有5件列为国宝，为中华出土文物所罕见，新干商代青铜器的挖掘，列入了“七五”期间全国十大考古发现，改写了江南文明史，被专家称为“长江中游的青铜王国”。

交通便利。京九铁路、105国道、赣江水道呈“川”字形纵贯县境南北，县城到赣粤高速公路通车里程仅为10千米。京九铁路在新干县境内设有一个货站和一个县级客站，新干港河西综合码头为国家交通部重点建设项目。境内乡乡镇镇通（水泥）油路，形成了县内“半小时经济圈”；与周边城市形成了“一小时经济圈”；在全省境内形成了“三小时经济圈”，与“长珠闽”地区主要城市形成了“八小时经济圈”。

资源丰富。素有“粮仓、橘乡、林海、盐田、药邑”之美称。

粮仓。新干县自古为赣中粮仓，至今仍存有界埠战国粮仓遗址。全县现有耕地43.3万亩，其中水田39.5万亩，旱地3.8万亩，有效灌溉面积37.4万亩。粮食作物以水稻为主，粮食总产量基本稳定在6亿斤左右，油料作物年总产量在2600万斤左右，是全国商品粮基地县。

橘乡。新干县是江西省柑橘主要产区，1978年被国家定为全国红橘生产基地，其中三湖“大红袍”红橘是橘中珍品，至今已有1700多年的栽培历史，自宋朝开始，历朝都将之列为朝廷贡品。解放后，三湖红橘一直是江西省外贸出口的主要水果产品。全县果园面积15万余亩，最好年景全县水果产量达1亿斤以上；其中三湖红橘2.75万亩，最好年景产量3000万斤左右。

林海。新干县林地面积109.5万亩，森林覆盖率达60.05%，现有活立木总蓄积量389.7万立方米。树种资源丰富，有树种550余种，其中面积最大、蓄积量最多的主要是杉树、马尾松、湿地松、阔叶树、毛竹，经济林有油茶、油桐、茶叶等，全县珍贵树种主要有银杏、水杉、罗汉松和艻林等。树木年采伐量可达2.6万立方米。

盐田。矿产资源较为丰富，已发现金属矿藏12种，非金属矿藏10种，尤以岩盐和黑色花岗岩为最。全县已探明岩盐总储量2.37亿吨，E级（远景）储量达23亿吨，黑色花岗岩储量1500万立方米，萤石储量100万吨，高岭土储量137万吨。

药邑。药业源远流长。种植、加工、经营中药材已有1700多年的历史，出产的商洲枳壳、三湖陈皮闻名全国，草珊瑚、银杏开发被列为国家“星火”计划项目。商洲枳壳在宋朝以后被列为贡品，被明朝医药家李时珍载入《本草纲目》，2006年获得国家地理标志产品保护。目前，全县种植中药材面积达15万亩，药材品种达40多个。

二、中国人民银行在新干县的实地调研及对口支援政策分析

（一）帮扶政策出台前后中国人民银行在新干县的实地调研

2013年11月5日，中国人民银行研究局副局长易诚率领工作组来到新干县开展对口支援调研。当天上午，工作组在县经济服务中心五楼常委会议室召开中国人民银行对口支援新干县调研座谈会。调研组指出，2013年8月国务院确定中国人民银行对口支援新干县后，总行领导高度重视，积极建立了对口支援机构和对接机制，并落实了对口支援人员，在委托人民银行南昌中心支行到新干县开展对口支援调研的基础上，提出了开展对口支援的相关措施和想法。调研组充分肯定了新干县经济社会发展所取得的成绩，认为新干县产业势头发展良好，城乡建设互融并进，发展潜力日显强劲，扶贫攻坚初见成效，金

融环境不断优化。就如何做好下一步对口支援工作，调研组指出，双方要及时建立对接协调机制，并落实相关责任人员，加强沟通联系，互相了解情况，为高效开展对口支援工作奠定基础；要研究制定对口支援工作方案和年度对口支援工作计划，做到长期工作有规划、短期工作有计划；要结合新干县发展实际和中国人民银行职能优势，科学制定对口支援的具体项目和任务，力争做到定位准确，以提高对口支援工作成效。调研组表示，中国人民银行将全力做好对口支援新干县这一光荣任务，在放活信贷政策、建立多元融资平台、金融发展先行先试、金融科技和人才支持、重大项目争取等方面给予帮助，全力推进新干县发展升级、小康提速、绿色崛起，力求新干县与全国同步实现全面建成小康社会目标。当天下午，调研组一行还深入箱包皮具城、大洋洲镇新市村、大洋洲镇、中盐新干盐化有限公司等地调研指导，实地了解新干县工业产业发展、农业产业发展、城乡建设、工业运行等情况。

2014 年 4 月 23 日上午，中国人民银行副行长潘功胜率调研组一行到新干县调研苏区振兴对口支援工作。调研组一行先后来到华城门刁家村、人民银行新干支行实地视察指导，并就对口支援新干工作召开专题座谈会，听取新干县经济社会发展情况汇报以及相关部门单位对金融机构的意见建议。潘功胜对新干县经济社会发展保持良好态势表示赞赏，对新干县在对口支援工作方面提出的意见建议给予了积极回应。他指出，人民银行就对口支援新干工作十分重视，前期做了周密调研，并设立了工作小组，出台了工作方案。他要求各金融机构要大力支持对口支援新干工作，切实加强沟通联系，确保对口支援工作扎实有效推进。潘功胜强调，要大力提升农村金融服务水平，推动农村信用体系建设，创新农村金融产品、金融服务；夯实农村金融服务平台，加强农村支付体系建设，确保金融服务真正惠及于民。各金融机构要加强金融风险防范，推动金融机构与实体经济相互促进，营造良好的金融关系；要强化沟通协作，搭建银企对接平台，树立正确的经营思想和行为，兼顾经济效益与社会责任，既考虑短期目标，又顾及长远打算。潘功胜希望，各级政府能进一步拓宽融资渠道，引导民间融资，同时加大打击非法集资、骗贷、骗保等行为的力度，守住金融风险底线，营造良好的金融环境。

2016 年 12 月 20~21 日，中国人民银行副行长陈雨露率调研组到新干县调研对口支援工作。在座谈会上，陈雨露指出，中国人民银行对口支援新干县三年来，先后开展了县域金融服务创新、农村信用体系建设、“两权”抵押贷款、农村金融教育等八个金融普惠服务的先行先试，取得了显著的成效，双方在感情上变成了一家人，在工作上也更加默契。陈雨露说，赣南等原中央苏区是我们共同的精神家园，中国人民银行对口支援吉安这片红土地，是一份光荣责任。在“十三五”期间，中国人民银行将继续加大金融支持力度，将普惠金融服务进行到底，以先行先试为抓手，按照中央经济工作会议所提出的要求，坚持问题导向，深化普惠金融服务改革创新；要提高支持实体经济的效率，解决融资难、融资贵的问题，促进实体经济更加有效地实现产业重组。陈雨露指出，对口支援工作，绝不只是一个帮扶的过程，更是一个金融探索的过程，希望在中国人民银行及南昌中支和吉安市、新干县的共同努力下，“十三五”期间的对口支援工作能上一个新台阶。在调研期间，陈雨露一行还来到位于县委党校内的赣南等原中央苏区金融教育培训基地，现场调研金融培训基地的建设及金融培训开展情况。

表4–2为人民银行系统各级领导在新干县的实地调研简况（部分）。

表4–2 人民银行系统各级领导在新干县的实地调研简况（部分）

时间	概 况
2014年5月5~6日	中国人民银行南昌中心支行党委委员、副行长易寿生赴新干县开展农村信用体系试验区建设工作专题调研。在调研座谈会上，人民银行吉安市中心支行汇报了在开展农村信用体系建设工作的基本情况、采取的有效措施和取得的显著成绩及下一步工作打算。易寿生副行长在听取汇报后，肯定了吉安市在开展农村信用体系建设工作上的好做法、好经验，并针对当前农村信用体系建设试验区工作存在的主要问题，就进一步做好遂川县、新干县两个全国农村信用体系建设试验区工作提出了意见
2014年7月17~18日	中国人民银行南昌中心支行党委委员、副行长吴豪声赴中国人民银行吉安市中心支行、宜春市中心支行、新干县支行调研指导工作。调研期间，吴豪声副行长分别围绕金融稳定工作履职、农业银行“三农金融事业部”等内容召开专题座谈会，听取相关部门意见，并实地察看了吉安市中心支行、新干县支行办公场所
2014年7月31日	根据南昌中支办公室的工作要求，中国人民银行吉安市中心支行副行长陈贤佳带领中支办公室相关人员赴新干县支行调研总结对口支援阶段性工作成效。调研座谈会上，新干县支行主要负责人汇报了一年来中国人民银行对口支援新干县工作的进展情况和主要成效、存在的主要困难以及下一步的工作打算。县农信联社理事长就中国人民银行对口支援新干县以来县农信联社服务“三农”、支持小微、创新“支农信贷通”等金融产品的工作进行了简要介绍
2014年11月23日	中国人民银行调研局局长陆磊率调研组一行到新干县，就中国人民银行对口支援工作进行调研。调研组一行先后实地调研了新干县箱包皮具城、灯饰照明交易市场、华城门习家村，并组织召开调研座谈会，与各相关单位互动，听取各方意见建议。在听取新干县情况汇报后，陆磊对该县提出的意见建议进行了逐一回应。他表示，中国人民银行对口支援工作开展一年多来，双方务实工作，各项工作扎实有效、稳步推进。他要求，对口支援工作要进一步做实做细，要立足长远，同时，要积极调动各方力量参与到金融改革当中，主动探索一些有利于当地经济社会发展的好做法、好路子，通过对口支援工作，为新干县经济社会发展添加动力，推动新干县经济社会更好更快发展

续表

时间	概 况
2016 年 3 月 17 日	中国人民银行金融研究所副所长孙玉琦率调研组一行来到新干县，就中国人民银行对口支援工作进行调研。调研组一行先后实地调研了县委党校培训基地、城北电商产业园、城南市民广场、华城门习家村、城东湿地公园、灯饰照明交易市场、新干县华兴箱包有限公司，并组织召开调研座谈会，与各相关单位互动，听取各方意见建议。座谈会上，调研组观看了新干县情片，听取了该县近年来经济社会发展主要指标完成情况以及所做特色工作、对口支援工作，并与在座的有关部门和企业代表进行了互动交流。对该县提出的意见建议进行了逐一回应。孙玉琦指出，通过实地考察和互动交流，为金融研究所落实国务院支持赣南等原中央苏区振兴发展政策，丰富了实践经验，奠定了理论基础。同时，深入了解到了金融和实体经济协调发展的重要性，为下一步研究如何加强金融与实体经济的结合等课题，提供了借鉴。金融研究所对口支援新干的工作，总体是贯彻落实国务院支持赣南等原中央苏区振兴发展的若干意见和中国人民银行对口支援江西省新干县工作方案等文件精神，牢固树立创新、协调、绿色、开放、共享的发展理念，以踏石留印、抓铁有痕的作风，实实在在地开展金融教育、研究咨询、人才交流、宣传推广等工作，为深入推动对口支援开创新的局面
2016 年 11 月 1 日	中国人民银行南昌中心支行金融研究处处长朱锦率省督察组到新干县调研原中央苏区振兴发展工作情况。督察组一行先后来到赣南等原中央苏区金融教育培训基地（县委党校）、城北电商产业园、溧江镇溪边村，实地调研新干县原中央苏区振兴发展工作情况。调研中，督察组高度赞扬了新干县在贯彻落实原中央苏区振兴发展工作中取得的可喜成绩。一致认为新干县高位推动，抢抓机遇，在推进产业发展中有新变化，在统筹城乡建设中有新亮点，在落实民生幸福上取得新进步；并表示对于振兴发展中遇到的困难和问题，将认真梳理汇总向省苏区办反映，同时配合好地方做好具体衔接工作，为原中央苏区振兴发展做出应有贡献
2017 年 8 月 29 日	中国人民银行吉安市中心支行党委书记、行长江万友在中支相关部门负责同志的陪同下，到人民银行新干县支行调研指导工作，并主持召开了调研座谈会。在调研座谈会上，江万友认真听取了新干县支行负责人的情况汇报，充分肯定了该支行取得的工作成绩，并对进一步提升履职质效、协调推进总行对口支援新干县等工作提出了相关要求。会后，江万友仔细察看了支行的办公环境、党员活动室、职工之家等场所，看望了在岗工作的一线员工。调研期间，江万友还参加了人民银行南昌中支金融研究处葛正灿同志挂职担任新干县支行党组成员、副行长宣布会，并与前来参加宣布会的金融研究处贾健调研员进行了工作沟通。此外，江万友还赴新干县政府拜会了县委常委、副县长岳栋同志，重点就进一步做好总行对口支援工作作了深入交谈

资料来源：笔者收集整理。

为争取对口支援工作尽早落到实处，2013 年 10 月 25~29 日，新干县委书记刘毓名率队前往中国人民银行开展对接工作。刘毓名一行拜访了中国人民银行金融研究局副局长易诚等领导，介绍了新干县经济社会发展情况，对中国人民银行高度重视对口支援新干县工作表示感谢，并诚挚邀请中国人民银行领导来新干县调研指导。易诚充分肯定了新干县经济社会发展所取得的成就，认为该县产业势头发展良好，城乡建设互融并进，发展潜力日显强劲，扶贫攻坚初见成效，金融环境不断优化。对做好下一步对口支援工作，易诚表示，中国人民银行将派出工作组于11月初来新干县考察调研，研究制定2013~2020年帮扶工作方案和年度帮扶工作计划，同时将积极建立帮扶对接机制，落实对口支援机构和人员，并争取在金融政策、重大项目等方面给予大力支持，让新干县尽可能多地享受扶持政策，加快促进新干县经济社会持续健康快速发展，力求与全国同步实现小康目标。2015年3月，新干县委副书记、县长包静一行走访了中国人民银行，与中国人民银行研究局局长陆磊就加大新干县对口支援、县域金融改革试点、信贷政策支持、支持政府融资等事宜进行了深入细致的洽谈。2018年6月25日，新干县委书记包静率队前往中国人民银行，就该县原中央苏区对口支援工作情况进行汇报。包静一行拜访了中国人民银行金融研究局副局长周诚君等领导，介绍了2014年以来新干县原中央苏区对口支援工作情况，对中国人民银行对口支援新干县取得的成绩表示感谢，并就下一步在支持新干县打造赣南等原中央苏区金融教育培训示范基地、支持开展央企"联姻"活动、给予更多的金融政策支持等方面提出了请求。对做好下一步对口支援工作，周诚君表示，中国人民银行将一如既往地重视对口支援工作，将尽快派出工作组到新干县考察调研，在原有金融政策支持的基础上，尽快推动绿色金融以及一些地方试点比较成功的金融政策投入新干去，同时加大央企"联姻"力度，多推荐一些有社会责任感的国企到新干去投资，推动新干经济调整升级，可持续发展，做到在对口支援工作上既有"增量"，又有"质量"。

（二）中国人民银行对口支援新干县的主要政策分析

2014年初，中国人民银行印发了《中国人民银行对口支援新干县工作方案》(以下简称《方案》)。《方案》提出在对口支援期内，中国人民银行将以提升新干自我发展能力为重点，帮助提升干部队伍金融业务水平，夯实县域金融基础设施，推动诚信建设，优化金融环境，加大金融支持实体经济力度，有效缓解"三农"和小微企业融资难题，切实防范金融风险，为新干县全面建成小康社会奠定基础。

在工作思路制定上，《方案》科学提出要充分发挥市场在资源配置中的决定性作用，通过多方合作，支持和鼓励新干县根据县域经济特色和区域比较优势，提升自我发展的内在动力和能力。

《方案》重点制定了对口支援四大工作任务：一是推动深化金融改革；二是鼓励开展金融创新；三是夯实县域金融基础设施；四是加强人才交流培养和智力支援。具体举措共计22项，如调动金融机构积极性、拓宽融资渠道、增设金融试点区等。

为加强与中国人民银行对口支援工作的沟通衔接，新干县成立了由县委书记任组长，县长任常务副组长的中央苏区振兴发展帮扶对接领导小组，并指定一名县领导负责日常工作，确保对口支援各项工作落到实处；新干县研究制定了相关工作方案，既有总体规划，又有年度实施计划。

三、中国人民银行对口支援政策在新干县的实施状况及成效分析

（一）中国人民银行对口支援政策在新干县的实施状况分析

中国人民银行对口支援新干工作，从推动鼓励开展金融创新、夯实县域金融基础设施、加强人才交流培育和智力支援等方面积极开展帮扶，取得明显成效。

1. 大力支持金融改革创新

2013年8月中国人民银行对口支援新干县以来，中国人民银行积极推动新干县的金融改革，开展先行先试，创办了多块金融改革“试验田”，归纳起来，主要体现在七个方面。

一是支持新干开展全国农村信用体系试验区建设。2014年，新干县成功纳入全国仅有的32个农村信用体系试验区计划。中国人民银行南昌中心支行将新干县列为小微企业信用体系建设试点，健全了新干县信用机制，优化了该县招商引资环境。2015年7月8日，新干县召开了农村信用体系建设试验区推进大会。农村信用体系建设是促进农村经济发展、构建和谐社会的基础，是市场经济发展的内在要求，是推进社会主义新农村建设的重要举措，是破解农村信贷资金不足的重要手段，是将民间借贷等非正规金融需求引向正规金融需求的重要途径。

二是支持新干开展“金惠工程”农村金融教育培训试点。在中国人民银行南昌中心支行协调下，中国金融教育发展基金会同意新干县开展农村金融教育培训试点工作。

三是支持农行新干支行列为“三农金融事业部”试点行，将享受低2个百分点的优惠存款准备金率政策。

四是支持县域金融服务创新。深入开展创建金融生态达标、示范乡镇活动，成功创建市级金融生态示范县，从而获得优先安排再贷款、再贴现、增设支行等12项优惠政策。

五是支持设立县外汇管理与服务中心，开展跨境人民币业务试点。中国人民银行南昌中心支行把跨境人民币业务管理权限下放到人民银行新干县支行，授权新干县可自主开展跨境人民币业务管理工作。2014年10月16日，中国人民银行新干县支行根据国家外汇管理局江西省分局关于委托支行受理资本项下外汇业务实施办法的要求，成功办理了首笔资本项下外汇登记类业务。此次受理的外汇业务为外商投资企业新设登记。在业务受理过程中，人民银行新干县支行工作人员按照政策要求认真履行审核职责，建立业务登记台账，对业务进行及时登记，做好档案归类保管，做到“分门别类，整理成册”。2014年12月25日，新干县外汇管理与服务中心正式挂牌成立。该服务中心的成立，将承接办理省、市外汇管理部门授权下放的外资外贸企业名录登记、变更及注销、外商直接投资、境内企业境外直接投资、企业外债、银行结售汇准入、国际收支申报等12项具体外汇管理和服务业务，进一步简化了外资外贸业务办理审批流程，实行就近就地服务，优化提升了新干县投资环境，将形成对外招商服务优势平台，有效促进新干县开放型经济发展升级。

六是支持开展县域支付体系建设试点。主要是推动农行村村通工程，指导农行在全县134个行政村全部实现了“智付通”村村通目标，促进农村支付体系上一个新台阶，全县农村支付实现全覆盖，农村支付环境有质的提升，基础金融服务网络延伸到最基层。

七是新干县开展全国农村承包土地的经营权抵押贷款试点。江西邮储银行新干县支行率先在全省邮储银行试点土地经营权抵押贷款，既推动了新干县“两权”规范化管理，又“盘活”土地资源让农民分享了土地“红利”，仅2017年就发放“两权”抵押贷款超2000万元。

2. 加大智力支持

第一，人才支持。中国人民银行各级行高度重视对口支援工作，中国人民银行陈雨露副行长、潘功胜副行长等领导密集赴新干县调研指导工作，高位协调推动工作开展，建立了工作机制。建立了对口支援新干县的分管领导及责任单位，总行先后选派3批次人员挂职新干县，负责协调搞好对口支援工作等事宜。

第二，强化金融教育培训工作。一是安排中国金融教育基金会将新干县列入全国农村金融教育基地县，实施全国农村金融教育项目，创建赣南等原中央苏区金融教育培训基地。2014年8月19日在新干县农村信用联社正式启动农村金融教育“金惠工程”培训试点项目。新干县委宣传部等10个农村金融教育“金惠工程”[①]项目实施领导小组成员单位、9家驻县金融机构的主要负责人和信贷营销部门负责人、“金惠工程”志愿者代表80余人参加了启动仪式。中国人民银行南昌中心支行、吉安市中心支行，县委县政府有关领导出席启动仪式。启动仪式结束后，“金惠工程”在新干县开展的第一期志愿者培训班开始授课。“金惠工程”当天还在华城门习家村创办新干县首家“农村金融书屋”，此后陆续在各乡镇建设“农村金融书屋”、与农村中小学共建“农村金融教育培训基地”，面向全县群众开展金融知识讲座，打造面向更广大农民的农村金融教育宣传阵地，努力提升全县农民信用观念、增强理财能力。

二是在华城门习家村设立了首家农村金融书屋，在三湖等乡镇建立了农村金融教育基地。2014年9月17日，中国人民银行南昌中心支行、江西省农村金融教育培训领导小组在新干县联合开展“金融知识普及月”农村金融教育培训宣传活动。在新干县三湖镇，人民银行南昌中心支行的青年志愿者与当地的市、县各金融机构员工采取散发资料、现场答疑等方式向过往群众重点普及了支付结算、征信、人民币反假、国债知识、反洗钱知识及金融消费维权等业务知识，活动摆放宣传海报20余张，发放各类宣传资料3000余份，接受群众咨询200余次。2017年3月7日下午，中国人民银行金融研究所所长孙国峰

---

① “金惠工程”是由中国金融教育发展基金会组织发起，致力于在我国中西部农村地区开展的金融知识普及教育与培训。目的是提高农村金融机构从业人员的素质，提高广大农民和基层干部的金融知识水平，推动农村金融组织创新及金融产品和服务创新，发展小额信贷，构建普惠金融体系，解决“三农”贷款难问题。截至2017年，在中国金融教育发展基金会指导下，中国人民银行南昌中心支行上下主动对接，积极创新思路，把“金惠工程”作为中国人民银行高效履职、服务地方经济的有效载体，与金融扶贫工作相结合，开展了大量、细致、富有成效的工作，较好地推进了辖内普惠金融建设。江西省已在遂川等8个县开展了“金惠工程”试点，2018年又新增“金惠工程”实施县19个，试点进度走在全国前列，并结出了丰硕成果。遂川县被中国人民银行授予全国农村信用体系建设试验区，还被评为“江西省农村金融创新示范县”；新干县成功创建成了“吉安市金融生态示范县”；兴国县多次被评为赣州市、兴国县“金融精准扶贫工作先进单位”；2015年6月，吉安县被国务院扶贫开发领导小组授予“扶贫开发先进单位”称号。遂川县、吉安县和兴国县先后被中国金融教育发展基金会授予“金惠工程优秀奖”。

一行还深入习家村，为金融书屋捐赠了一大批金融书籍，进一步丰富了图书资源，为提升当地百姓金融知识奠定了基础。

三是与县委县政府合作创办了“金融大讲堂”，每季邀请金融界领导和专家面向全县党政机关干部、乡村干部、企事业单位负责人授课。新干县抓住中国人民银行总行对口支援的机遇，组织开展新干“金融大讲堂”活动，通过邀请金融界的领导、专家、学者授课讲座，普及推广金融知识，进一步增强新干县领导干部对金融知识的了解与运用，切实提高科学合理运用金融的水平和能力，提升广大干部群众的金融知识和理论水平，更好地利用金融促进新干县经济社会又好又快发展。2014 年 7 月 21 日，“新干大讲堂”第十六讲暨新干“金融大讲堂”第一讲在县经济服务中心 C 区第一会议室开讲。中国人民银行南昌中心支行党委副书记、副行长张智富应邀主讲。新干县在家的县四套班子领导、县人武部县级领导、县法检两长、县公安局政委、县消防大队县级领导等共 500 余人到场聆听。在两个多小时的讲座中，张智富从全面理解金融的内涵与外延、金融资源配置的主要渠道、有效利用金融资源和金融市场的热点问题思考、金融支持新干经济发展的工作重点四个方面进行了系统的阐述。2015 年 7 月 8 日，新干大讲堂第二十四讲暨金融大讲堂第二讲开讲。中国人民银行南昌中心支行党委书记、行长王信应邀作了《支持实体经济与防范金融风险》的讲座。新干县在家的县四套班子领导、县人民法院院长，县公安局政委，县消防大队县级领导到场聆听了讲座。王信从宏观的理论高度出发，结合新干县经济发展实际，用通俗易懂的语言，深入浅出的方法，图文并茂的形式，重点从货币政策取向与工具、金融发展与改革、防范金融风险三个方面进行了讲授。

2015 年 8 月 12 日，新干县举办大学生村官金融教育知识培训班。此次培训由县委组织部、中国人民银行新干支行联合组织，邀请了省、市、县相关金融专家，针对农村金融信贷知识、金融理财知识、农村信贷政策及产品介绍等内容进行授课，共有来自全县的 40 多名大学生村官参加了培训。大学生村官直接服务基层、服务农村，参加金融知识教育培训可以提高自身金融知识水平和基层工作能力，有助于发挥其在基层的示范引导作用，促进农村金融知识普及和农村金融健康发展。

第三，建立培训基地。2015 年 5 月 5 日，中国人民银行金融研究所、中国金融学会“赣南等原中央苏区金融教育培训基地”暨首堂讲座在新干县委党校举行。江西省赣州市等 8 个苏区覆盖设区市，吉安辖内各县的苏区办、金融办、中国人民银行的有关同志，以及新干县当地政府部门、金融机构代表共计300余人参加了揭牌仪式。中国人民银行研究局局长陆磊，省苏区办副主任谢宝河，中国人民银行机关党委副书记齐小东，市政府副市长冯增炜，县委副书记、县长包静，县委副书记杜方平，县委常委、副县长岳栋出席会议。仪式由中国人民银行南昌中心支行行长王信主持。仪式结束后，陆磊及齐小东现场进行金融知识专题授课。2017年3月8日上午，中国人民银行金融研究所所长孙国峰为“赣南等原中央苏区金融教育培训基地”2017年第一期培训班开班授课。孙国峰就“当前宏观经济形势与中国货币政策”进行了分析，并对存在的问题提出了相应对策。傅国文围绕习近平总书记在六中全会上的讲话，与培训班学员们一起探讨了“向核心看齐，怎么‘看’”的问题。

3. 金融支持助力产业发展

第一，加大信贷政策倾斜扶持力度。中国人民银行提出对新干县的信贷工作做到三个“高于”，一是新干县各家银行贷款的增幅、增量高于上年水平；二是贷款的增幅高于全行系统的全市平均水平；三是新增存贷款比高于全市本行平均水平。另外，中国人民银行恢复了新干县普通商户刷卡手续费县乡优惠政策，在让利于民的基础上推进现代支付体系建设。指导驻县金融机构根据新干县农村农业特点，开发出家庭农场、公司+农户、保证保险等创新型信贷产品，逐步解决农民农户贷款难问题。

第二，建立了金融工作联席协调机制和政银企融资对接机制，并按季召集县内经济口单位负责人和金融机构负责人共同分析金融统计数据，研判宏观经济走势，提升政府决策科学性。2014年3月18日，由中国人民银行吉安市中心支行、新干县人民政府联合举办的2014年第一次政银企融资对接推进会召开。会议通报了全县经济社会发展情况、发展思路及对金融部门加大信贷投放的恳求。此次对接会共有20个项目成功签约，签约金额10.27亿元，为新干县近年来规模最大、规格最高的一次对接会。

第三，充实金融机构力量。为了帮助解决资金难题，支持新干县全力打造专业投融资平台，推进县农业银行“三农金融事业部”和新干县农村信用联社改革，加快完善金融机构体系，先后引进九江银行、赣州银行、中国银行、中银富登新干村镇银行和中亿百联民间借贷服务中心，设立了全市首家农村资金互助合作社——界埠镇农民资金互助合作社，设立了两家小额贷款公司。平台的建设为新干企业提供了更广泛的信贷资金支持。

第四，不断畅通投融资渠道，加大金融产品创新力度。创新了支农再贷款信贷产品模式，推出了“支农再贷款+涉农金融机构+保险+新型农业经营主体”四位一体的“支农信贷通”业务，较好满足了涉农信贷需求。新干县农商银行创新推出“支农致富通”信贷产品，采取“公司+农户”方式，加大“三农”信贷支持；县邮政储蓄银行先后推出了家庭农场、农民专业合作社、保证保险等信贷产品；大力推广“财园信贷通”，制定了相应的企业贷款发放审批办法、评审办法、贷后管理办法。

中国人民银行通过发放支农再贷款、最大限度给予合意贷款规模容忍度、协调解决银行间市场融资、搭建政银企对接平台、与政策联合调度重点信贷项目、强化金融机构窗口指导等有效措施，积极运用金融资源支持新干县县域经济发展。2016年，中国人民银行不断加大对口支援力度，给予该县支农再贷款支持，先后发放支农再贷款45笔，总计1.95亿元。在助力中国人民银行对口支持新干县工作中，江西邮储银行提高站位，健全省、市、县三级联动机制，持续做好“三个高于”工作的监测、调度，部署吉安市分行和新干县支行充分依托县域特色，推进产品和服务创新，主动融入新干经济社会发展大局，全力服务“三农”、小微企业和经济发展薄弱环节，得到了新干县政府、企业和百姓的一致点赞，获得人民银行等监管部门的高度认可。其中，2017年，江西邮储银行向新干县投放贷款超15亿元，各类贷款结余达10.27亿元，当年新增贷款2.42亿元，增长30.8%，同比多增超8000万元。新干县支行“三农”类贷款净增列吉安市分行第一位，净增完成比高居全省邮储银行县支行第一位，同时个人商务贷款以3.7亿元结余跨进全省邮储银行县支行前三位。

（二）中国人民银行对口支援新干县的主要成效分析

中国人民银行以协调推进金融改革、金融创新和金融基础环境建设为突破口，围绕农村信用体系建设试验区、普惠金融改革试验区、全国农村承包土地的经营权抵押贷款试点等重点任务攻坚克难，持续加大对口支援力度，推动新干县实现全面振兴和跨越式发展，取得了显著成效，主要体现五个“最”。

第一，金融信贷支持在当地县（市）中“最强”。至2019年5月末，新干县银行机构各项贷款余额154.39亿元，比2013年末增加102.06亿元，增幅达195%；余额存贷比67.58%，比2013年末上升20.13个百分点，余额存贷比居全市第一。信贷投放工作当年新增贷款、贷款增速、增量存贷比均居当地县（市）前茅。共向全县六大重点产业群累计发放贷款近80亿元；向两家法人金融机构发放支农扶贫再贷款近4亿元，发放支小再贷款1亿元，有效降低了支农和支小融资成本；小微企业贷款余额50.9亿元，占比32.97%；涉农贷款余额109亿元，占比70.78%。连续三年全面完成“三个高于”信贷投放目标。

第二，金融创新产品在当地县级市中“最丰”。“支农信贷通”“财园信贷通”“农村承包土地经营权抵押贷款”等试点业务全面启动，累计发放各类金融创新产品贷款近40亿元；推动新干县政府设立5000万元财政资金风险缓释基金，为中小企业提供财政资金担保及倒贷资金支持；农业政策保险全面推开，2016年便实现了“应保尽保”，保费规模近2103万元，居全市第一。

第三，金融组织类型在当地县级市中“最全”。目前，全县有银行金融机构达11家，保险业机构16家，证券期货营业部2家，小额贷款公司2家，担保公司2家。中银富登村镇银行、江西银行先后入驻新干。2014年成功设立了全市首家农民资金互助合作社——界埠镇农民资金互助合作社，引进了中亿佰联民间借贷服务中心、民间融资管理服务中心，全市首家新干县外汇管理与服务中心成功挂牌运行。目前新干县是全省、全市金融机构种类最全、机构最多的县市。

第四，金融生态环境在当地县市“最优”。小微企业和农村信用体系试验区建设有序推进，共评定信用乡镇7个，对13个乡镇近3000户农户评定“文明信用户”，推行信用、低息优惠贷款政策支持。全县不良贷款率仅为1.11%，“两通”业务不良率为零，连续三届成功创建吉安市金融生态示范县。南昌中支每年给予20万元专项资金用于支持新干农村信用体系试验区建设，为试验区建设提供了关键的资金保障。

第五，金融服务体系“最密”。借助赣南等原中央苏区金融培训基地平台，先后开展三期教育宣传活动，为近1000名赣南苏区县干部开展金融培训；运用“新干金融大讲堂”重要载体，为全县党政干部开展金融形势政策宣讲；建立“南昌中支处长进新干”机制，为全县机关干部进行金融知识宣传；依托“乡镇＋银行＋学校”宣传组合，畅通“金惠工程”普及至乡镇最远一公里，实现金融知识进课堂、入农户。全面推进农村金融服务站等支农助农网点建设并实现乡镇、行政村全覆盖，全县农村地区营业网点294个，农村普惠金融服务站17个，工业园区金融服务站1个，布放POS机、ATM、“智付通”、

"农商通"等1310台；中国人民银行研究局党总支向神政桥学校捐赠20000元，用以改善学校教育条件；上海资金清算所向三湖中心小学捐赠83万元，用于建设书法和心理健康教室，极大改善学校教学设施。

第三节　国家铁路局在永丰县的对口支援研究

一、永丰县基本县情

永丰县位于江西省中部、吉泰盆地东沿，东邻乐安、宁都县，南接兴国县，西与吉水、青原区毗连，北和峡江、新干县接壤。县域总面积2695平方千米，辖8个镇、13个乡（其中1个民族乡）、3个国有场，总人口48万。

历史悠久，人才辈出。素有"文章节义之邦"的美誉。北宋至和元年（1054年）建县，900多年来，其秀丽的山水和淳朴的民风，孕育了"唐宋八大家"之一欧阳修，北宋天文学家曾民瞻，元朝文学家刘鹗，明朝状元曾棨、罗伦，兵部尚书聂豹，清朝状元刘绎，有以聂豹为代表的理学家，有以郭汝霖为代表的外交家，有以曾民瞻为代表的天文学家，有以罗开礼、宋仪望为代表的民族英雄。第二次国内革命战争时期，永丰是中央苏区的全红县，原中央军委纪委书记郭林祥上将等9位共和国将军在这里诞生，是"庐陵文化"的发源地之一。

山清水秀，风光独特。永丰属亚热带季风气候，四季分明，雨量充沛，日照充足。自然景观优美宜人，特色天成，素称"名胜之区"。县内具有较高旅游品位和开发价值的景区（点）58处。灵华山位于三市（吉安、赣州、抚州）交界点，海拔1455米，山清水秀，而且充满传奇色彩；以深、幽、奇、险著称的陶唐大仙岩溶洞，洞口高10米，宽9米，主洞全长约3千米，为江西省最大溶洞之一。天台山的兰若寺风光旖旎，如有蓬莱仙境。人文景观别具一格，宋代的建筑群——沙溪西阳宫、欧阳修父母墓，中国工农红军第一次反"围剿"龙冈指挥所，活捉敌军师长张辉瓒所在地万功山等革命旧址，被列为国家重点文物保护单位。

资源丰富，物产丰饶。精美的石头"唱响"国内外，已探明的矿产有38

种，其中石灰石、萤石质地优良，储量分别达110亿吨和400万吨，碳酸钙系列粉体材料品种齐全，被评为“全国碳酸钙产业基地县”，萤石精选粉出口美国、日本、加拿大等国家；天然菊花石为石中珍品，被誉为“仙人花石”，列为全国历代收藏石精品摆件之一，储量达2500万吨；还有酸、甜、麻、辣、涩五味俱全，日流量达144吨的天然矿泉水，国内罕见，可与法国的维希矿泉水媲美。“药业强县”誉满江南，拥有美媛春、诚志、地威、京通等11家制药企业，创造了“美媛春”等闻名遐迩的品牌。绿色蔬菜“绿”遍全国，是全国绿色食品（蔬菜）标准化生产基地县、全国首批“无公害蔬菜生产示范基地县”之一，全县商品蔬菜总面积达23万亩，被农业部命名为“中国辣椒之乡”“中国鲜活农产品定点批发市场”和“中国菜篮子工程信息采集点”。茫茫林海绿波荡漾，入选“全国林业百佳县”，森林覆盖率达71.4%，林地面积304万亩，活立木蓄积量达780万立方米。

二、国家铁路局在永丰县的实地调研及对口支援政策分析

（一）帮扶政策出台前后国家铁路局在永丰县的实地调研

按照《国务院办公厅关于印发中央国家机关及有关单位对口支援赣南等原中央苏区实施方案的通知》要求，国家铁路局对口支援江西省吉安市永丰县。2013年10月28日，国家铁路局党组成员、副局长朱望瑜与吉安市政府市长胡世忠、永丰县委书记肖志华、吉安市发改委主任彭学凯一行举行会谈，共商对口支援永丰县事宜。双方商定，共同建立对口支援日常协调机制，每年定期协商制定工作方案，共同抓好方案实施的组织协调。

2014年3月26~30日，以国家铁路局工程监管司巡视员米隆为组长的调研组一行6人，赴永丰县开展对口支援调研工作。调研组听取了永丰县委、县政府经济社会发展情况介绍，召开座谈会征求乡镇、部门对苏区振兴对口支援工作意见、建议，深入农村、学校、工业园区厂矿企业、项目现场掌握第一手资料。调研组对永丰县开展苏区振兴工作以来，大力弘扬井冈山精神，艰苦奋斗、实干兴县，经济社会发生的深刻变化及所取得的成绩给予充分肯定。调研组表示，国家铁路局将紧紧围绕对口支援永丰县的目标任务，充分发挥国家铁路局的职能优势，加大对口支援力度，帮助解决永丰县发展中的突出困难和问题，以协调推进铁路等基础设施建设为突破口，推动永丰县实现全面振兴和跨

越式发展。

2015 年 10 月 27~28 日，国家铁路局党组成员、副局长、直属机关党委书记朱望瑜等一行到永丰县就近两年来对口支援的成效展开调研。在国家铁路局对口支援永丰县工作座谈会上，朱望瑜表示，永丰人杰地灵，有深厚的文化底蕴和光荣的革命传统，有优良的生态环境和巨大的发展潜力。此次调研过程中所见所闻，非常震撼，没有想到永丰的城市规划发展如此迅速，城市建设呈现一派欣欣向荣的景象；没有想到项目招商发展如此立竿见影，筑巢招凤处处开花结果。在县委县政府的领导下，永丰全县风清气正，政治生态良好，经济发展强劲有力，社会和谐稳定，百姓安居乐业。回顾过去两年的对口支援工作，朱望瑜指出，做好对口支援工作，是国家铁路局应尽的职责，这不仅是一项政治任务，也是作为国家机关应该有的一种担当，对口支援工作取得了很好的成效。在下一阶段的对口支援工作中，国家铁路局要进一步提高认识，增强对口支援工作的使命感和责任感；要进一步加大力度，推动对口支援项目落到实处：继续推动吉抚武铁路项目，争取在“十三五”期间早日动工建设，继续为铁路央企和永丰县牵线搭桥，促成产业项目合作。加快赣南等原中央苏区振兴发展，寄托着习近平总书记的殷切期望，承载着广大群众的热切期盼，国家铁路局会尽最大的努力，和永丰县委、县政府一起，共同推动永丰振兴发展，实现 2020 年与全国同步全面建成小康社会的目标。在龙冈第一次反“围剿”陈列馆，朱望瑜等为爱国主义教育基地举行揭牌仪式，该陈列馆已成为国家铁路局和永丰县的爱国主义教育基地。朱望瑜一行还参观调研了沙溪西阳宫、龙冈畲族大门、秤砣寨战斗遗址、第一次反“围剿”陈列馆、红色主题广场，龙冈圩镇民俗一条街、永丰县棚户区改造安居工程、恩江小学、桥南九年一贯制学校、农副产品商贸物流中心、江西广源化工有限公司、永丰县生物医药产业园及永丰家具建材市场等地。

2015 年 10 月 29~30 日，国家铁路局设备司副司长周伟、中国铁建电气化局集团有限公司副总经理孟宪浩一行到永丰县开展项目对接考察活动。考察团一行先后来到该县宏瑞装饰有限公司、广源化工有限公司、源丰金属有限公司、龙天勇有色金属有限公司、惠丰农业科技示范园等处，考察该县经济社会发展情况，研究相关项目对接事宜。通过参观考察，考察团成员了解了该县社会发展、产业规划、交通布局、城市建设、投资环境等基本情况，认为该县山清水秀，人杰地灵，资源十分丰富，发展潜力巨大，是一方开明开放的投资热土，蕴含着无限商机。他们纷纷表示，通过此次考察，对永丰有了全新的印象，也对投资永丰有了更加强烈的意向，将认真梳理考察成果，寻找合作项目，实现发展共赢。

2015 年 12 月 8 日，国家铁路局人事司副巡视员霍兰萍到永丰县调研对口支援工作。霍兰萍先后实地察看了恩江小学、桥南九年一贯制学校、县生物医药产业园、雁背岭民办九年一贯制学校、“四位一体”职工之家、沙溪西阳宫和龙冈畲族乡，详细了解近两年来永丰县的经济社会发展和铁路局下派挂职干部的工作情况。在龙冈畲族乡，霍兰萍还到国家铁路局爱国主义教育基地，中央苏区第一次反“围剿”陈列馆，聆听先辈故事，观看图片影像，接受革命传统教育。调研中，霍兰萍对永丰县近两年来的经济社会发展和挂职干部的工作情况给予了充分肯定。她表示，国家铁路局会一如既往地关心支持老区的发展，在基础设施、人才交流、项目合作等方面为改善永丰的交通条件和推进永丰经济社会发展添砖加瓦。她希望永丰县抓住机遇，乘势而上，奋发有为，加大扶贫攻坚力度，加快城乡统筹发展，努力实现到 2020 年与全国同步全面建成小康社会的目标。

2016 年 3 月 27~30 日，国家铁路局工程监管司巡视员米隆带领调研组到永丰县调研对口支援工作。调研组一行实地察看了恩江老桥、恩江防洪堤工程以及一江两岸开发建设情况，详细了解了该县新老城区统筹发展规划，并前往南部山区乡镇调研，先后参观了西阳宫、君埠黄竹岭红军第一次反围剿前线指挥所、红一方面军总司令部旧址万寿宫、万功山毛泽东旧居、毛家坪等革命旧址，对永丰县在第二次国内战争中所做出的贡献以及现在南部山区群众生产生活等情况有了较真实的了解，对如何开发利用南部山区优势旅游资源、带动群众致富掌握了基本情况。调研期间，调研组一行还深入该县桥南工业园区、永吉线现代农业发展产业带等地调研，先后察看了江西广源化工公司、永丰生物医药产业园、永丰农业科技示范园等代表性企业，了解了该县新型工业化、现代农业产业化等发展情况。为切实落实国家铁路局对口帮扶该县工作，提高帮扶效果，调研组一行工作深入细致，访农家，进工厂，与工人、群众面对面交流，全面了解了永丰的经济社会发展情况，切实掌握到第一手的资料。调研组表示将原原本本把永丰人民的期盼带回去，有针对性地提出帮扶发展建议。

2017 年 9 月 1 日，交通运输部副部长、国家铁路局局长杨宇栋率国家铁路局党组成员钟华、交通运输部综合规划司巡视员任锦雄等一行到永丰县调研对口支援工作。杨宇栋首先代表交通运输部、国家铁路局向老区人民致敬。他说，没有中央苏区就没有国家的今天，原中央苏区为中国革命和建设做出了巨大贡献，在我国即将建成全面小康社会、实现第一个百年奋斗目标的关键时期，苏区建设更应引起各级党委和有关部门的高度重视。杨宇栋指出，这次调研的目的，主要是听取大家的意见，把意见最大限度地吸收、采纳，同时多想办法解决这些问题，特别是一些迫切需要国家部委支持的事项。他说，按照中央的政策和任务，国家铁路局有机会与吉安市、永丰县结对帮扶，在原中央苏区的建设中共同承担责任，为老区人民服务，他们感到幸福，更体会到习近平总书记提出“不忘初心”的本意。国家铁路局自对口支援永丰县以来，开展了一系列工作，但对照中央交给的任务和习近平总书记的重要要求，做得还不够，能够在原中央苏区多做一些工作，是交通运输部、国家铁路局重要的政治责任。对下一阶段的对口支援工作，杨宇栋强调，国家铁路局要进一步提高认识，增强对口支援工作的责任感和使命感；要让对口支援项目尽快开工，早日竣工；要帮助协调争取交通运输部在吉安市、永丰县公路建设上给予政策和资金倾斜，加大当地基础设施投入力度；要尽快落实永丰县干部到国家铁路局或下属局挂职锻炼有关工作；要通过合作办校的模式，把吉安打造成铁路工作人员的培养基地；要加强与铁路企业和央企对接，让更多项目落户吉安、落户永丰，让吉安、永丰的老百姓收入增长、生活更好。同时，吉安市和永丰县要按照生态文明建设要求，牢固树立“绿水青山就是金山银山”的发展理念，不破坏自然环境，推动经济绿色健康快速发展。杨宇栋最后表示，国家铁路局将和永丰县委、县政府一道，努力把对口支援工作做得更好，共同推动永丰振兴发展，向党中央和国务院交上一份满意的答卷。会上，任锦雄就市、县请求解决的有关事项作了现场解答。期间，杨宇栋一行还来到江西广源化工有限责任公司进行实地调研。

2017 年 12 月 18 日，出席国家铁路局对口支援永丰县暨援县促市产业推进会的国家铁路局领导和铁路央企代表在吉安市及永丰县考察，国家铁路局党组成员、副局长苏全利参加。苏全利一行先后考察了吉安市城市规划展示馆及井开区工业项目，和永丰县铁路产业园、生物医药产业园、江西狼和医疗器械股份有限公司等重点项目。每到一处，苏全利都认真听取情况介绍，与企业负责人亲切交谈，详细了解项目运行情况，以及该县经济社会发展情况。苏全利对永丰县经济社会发展所取得的成就给予了充分肯定，他希望永丰县以国家铁路局对口支援为契机，高效对接、精准发力，推动永丰经济更上一个台阶。永丰县铁路产业园是为承接涉铁企业落户而专门规划建设的专业产业园，总面积达5500亩，涉及两个区块，分别位于昌宁高速藤田出口的新材料产业园和抚吉高速永丰出口的中心工业园。苏全利认为该县铁路产业园规划合理科学，前期工作准备充分，国家铁路局将全力协调，争取让更多项目落户永丰。

2019年4月10日，国家铁路局党组成员、副局长苏全利率调研组又一次来到永丰县调研指导国家铁路局对口支援永丰及支持苏区振兴工作。调研中，苏全利一行先后察看了该县新城区中轴线慢行系统、江西和明集团、永丰航盛电子有限公司、恩江古城保护项目。每到一处，他都认真听取相关情况介绍，同该县干部和企业负责人深入交流，详细了解该县近年来经济社会发展和国家铁路局对口支援永丰及支持苏区振兴工作情况。在随后召开的座谈会上，苏全利充分肯定了永丰县经济社会发展和国家铁路局对口支援永丰工作所取得的成绩。他指出，对口支援苏区是国家的重大战略部署，是党对老区人民做出的庄严承诺，花多大的精力、多大的投入都不为过。国家铁路局及相关铁路企业要进一步提高政治站位，切实增强对口支援苏区工作的责任感和使命感；要按照对口支援的目标任务要求，进一步加大对口支援力度，采取切实有效的措施，协调推进有关项目；要进一步加强联系沟通，掌握各个项目的进展情况和存在的问题，履职尽责，携手同行，全力以赴支持老区发展，把对口支援工作推向新台阶。

永丰县积极加强与国家铁路局、铁路企业的沟通对接。2014年9月1~4日，永丰县县委书记朱新堂一行到访国家铁路局，商谈对口支援工作。几天来，朱新堂一行走访了国家铁路局综合（外事）司、工程监督管理司、设备监督司等9个司局部门，向各司局全面介绍了永丰干部群众改革发展的主要工作和国家路网过境永丰县铁路项目规划建设的请求，同时与国家铁路局设备监督司就铁路设备制造企业、与中国中铁物资集团总经理王涛就铁路工程物料生产与供应等铁路央企产业转移等事宜进行了交流沟通。9月4日，国家铁路局专门举行了对口支援永丰座谈会，国家铁路局党组成员、副局长朱望瑜主持座谈会，国家铁路局综合（外事）司司长刘克强、科技与法制司副巡视员齐向阳、工程监督管理司巡视员米隆、设备监督管理司司长褚飞跃、人事司司长李东、机关党委负责人吴奉、信息中心副主任陈国忠、综合（外事）司局长办公室主任陈永庆、综合（外事）司局长办公室副调研员芦锋，永丰县委书记朱新堂，县委常委、副县长李久平参加座谈会。交通运输部副部长、国家铁路局党组书记、局长陆东福，局党组成员、副局长朱望瑜及相关部门负责人与永丰县领导深入交流座谈，共同协商落实对口支援方案，积极推动永丰县振兴发展。

国家铁路局党组成员、副局长朱望瑜首先就国家铁路局对口支援永丰以来的工作部署作了介绍。他说，对口支援永丰，既是国家战略，也是国家铁路局的责任，陆东福副部长就对口支援永丰工作多次过问和批示，2014年初国家铁路局还派出调研组到永丰调研，并在认真研究调研报告的基础上，出台了以解决永丰突出的民生问题和制约发展的薄弱环节、改善基本生活生产条件、加快特色优势产业发展等为目标的《对口支援江西永丰县实施方案》。对方案中列出的5个方面的问题，逐一进行了认真研究和精心安排。各司按照各自分工已经先后开始了相关支援工作。在开展对口支援工作期间，国家铁路局将以“抓铁有印、踏石留痕”的工作作风，一步一步抓好工作落实。县委书记朱新堂在座谈会上，全面介绍了永丰县经济社会发展情况，重点就永丰县承接国家铁路局对口支援工作进行了汇报。座谈会上，国家铁路局各司负责人先后就对口支援永丰工作作了发言。他们纷纷表示，要把永丰的事业作为自己的事业，按照局党组的统一部署和分工，全力配合，全力支持，尽心尽力，全心全意，认真负责，充分协调，稳步推进，逐步实施，早日促成吉抚武铁路、吉永泉铁路纳入“十三五”规划，早日促成这两条铁路开工建设，早日促成这两条铁路朝着有利于充分利用当地资源和快速促进区域经济发展的目标选型选向。同时，发挥路局优势，积极推动当地科教文化、红色旅游、电子商务等对口支援工作，为永丰的经济社会发展尽绵薄之力。

2017年3月1日，永丰县政府主要负责同志率有关单位赴国家铁路局汇报对接苏区振兴发展对口支援工作，国家铁路局党组成员钟华会见了永丰县政府主要负责同志等一行，并组织召开了座谈会，国家铁路局机关党委、科法司、人事司、设备监管司等有关负责同志参加会议。永丰县政府主要负责同志等向国家铁路局汇报了近年来苏区振兴发展和对口支援有关工作情况，提交了恳请国家铁路局对口支援有关事项的请示，主要包括吉武温铁路、交通项目、石头经济产业、扶贫等7个事项。国家铁路局对永丰县提出的相关恳请事项做出了积极回应，明确了相关支持措施，并确定将于近期赴永丰县实地调研，协调推动相关工作。

（二）国家铁路局对口支援永丰县的主要政策分析

2014年初，国家铁路局领导带队到永丰开展了扎实有效的深入调研，在此基础上，国家铁路局出台了《国家铁路局对口支援江西永丰县振兴实施方案》（以下简称《方案》），明确了国家铁路局对口支援永丰县的工作目标：通过共同努力，使永丰县有效解决突出的民生问题和制约发展的薄弱环节，干部人才队伍素质全面提升，基本生产生活条件明显改善，公共文化服务体系切实加强，为实现永丰县与全国同步全面建成小康社会目标提供重要支撑。具体举措包括五个方面。

第一，积极协调推进相关铁路项目。配合协调有关部门，帮助推进吉安—抚州—武夷山铁路建设项目纳入国家铁路“十三五”建设规划，及早促成铁路开工建设，实现当地人民群众拥有铁路的期盼，进一步加快永丰县的经济振兴步伐。

第二，安排干部与永丰县交流挂职。每年从国家铁路局机关或上海铁路监督管理局选派优秀干部到永丰县进行挂职锻炼，同时安排永丰县部分优秀干部到国家铁路局机关或上海铁路监督管理局进行交流培训。

第三，参与红色旅游开发、加大推介力度。帮助开发永丰县红色旅游资源，建立国家铁路局爱国主义教育基地，树立国家铁路局良好形象，以红色旅游推进当地区域发展。国家铁路局网站增设对口支援永丰县窗口，进一步扩大对外宣传的影响力。

第四，协调企业赴永丰县开展技术培训、项目合作等活动。不定期组织铁路企业赴当地开展咨询服务、科技讲座、技术合作、务工人员培训等活动，吸纳当地剩余劳动力就业。开展投资项目合作，帮助促成企业与当地联姻，让企业扎根落户、投资获利，让当地老百姓就近就业、增加收入。

第五，积极帮助永丰县联系协调推进公路建设项目。帮助协调争取交通运输部在永丰县公路建设上给予政策和资金倾斜，加大当地基础设施投入力度，升级改造当地省道建设，完善同乡、同村公路建设，提升当地基础设施发展水平。

根据永丰县发展新情况，国家铁路局梳理急需解决的民生问题和发展瓶颈，先后制定了《国家铁路局对口支援永丰县 2014–2015 年工作方案》《国家铁路局对口支援永丰县 2016–2017 年工作方案》等文件。为支持永丰县经济社会发展，国家铁路局在 2016 年又出台了四项支持举措：一是将吉抚武铁路纳入国家“十三五”铁路建设规划；二是对永丰县采用铁路方式外运的货物给予运费 20%~30% 的下浮；三是将永丰县纳入铁路客票“乡镇代办、区域集中售票、免费送票上门”全省先行试点单位（邮路通达的地方均可免费送票）；四是计划在永丰县建立铁路后勤基地，将永丰县绿色有机农副产品纳入铁路后勤、站车食品配餐范围内。

三、国家铁路局对口支援政策在永丰县的实施状况及成效分析

（一）国家铁路局对口支援政策在永丰县的实施状况分析

国家铁路局一直以来心系老区人民，关心老区建设发展，特别是自确定对口支援永丰后，行动迅速，采取了一系列有力措施扎实推动对口支援工作，充分体现出国家铁路局对支援永丰建设发展的高度重视、对老区人民致富奔小康的真切关怀。

第一，人才支持。国家铁路局积极组织开展对口支援江西永丰县工作，专门成立了对口支援江西永丰县工作领导小组，制定并认真落实《国家铁路局对口支援江西省永丰县实施方案》，及时明确各司局帮扶职责，及时督促检查帮扶项目进展情况。2014 年初，在中国铁路改革转型的特殊情况下，国家铁路局及时派出了久平同志到永丰县挂职，同时选派专家赴永丰县开展咨询和技术合作，积极帮助永丰县联系协调推进其他支援项目。

为贯彻落实国家铁路局党组书记杨宇栋关于支持革命老区江西吉安创办铁道职业技术院校培养铁路人才的要求，2017 年 11 月 7 日下午，国家铁路局党组成员、机关党委书记钟华主持召开了关于在江西吉安联合筹建铁道职业技术学院的协调会。吉安市副市长朱新堂，华东交通大学党委书记万明、副校长黄稚龙及相关人员参加会议。会议讨论了吉安市和华东交通大学在前期沟通的基础上提出的联合办学初步方案和涉及的相关问题，达成了一些共识，提出了下一步工作思路。吉安市与华东交通大学达成共建铁路高等职业学院的“两步走”合作协议，第一步是“合作办专业”，2018 年华东交通大学与吉安市职业技术学院合办“机车”和“动车组”两个专业，由吉安职业学院招生，由华东交通大学培养，由国家铁路帮助协调解决毕业生就业问题。第二步是“合作办学校”，由吉安市和华东交通大学在吉安市合作共建一所轨道交通职业技术学院，由吉安市负责将学校建成，交由华东交通大学运营管理，国家铁路局帮助协调解决毕业生就业。同时，吉安市和华东交通大学还签订了战略合作框架协议，从决策咨询、科技成果转化、人才培养、教育管理等方面开展全面的战略合作。

职业教育一直以来是永丰教育的短板，职校毕业的学生普遍存在竞争力不强，就业困难的现状。在国家铁路局帮助和支持下，2017 年 11 月 21 日，衡水铁路电气化学校与永丰职业中等专业学校联合办学签约仪式在县行政中心

举行，国家铁路局设备监管司综合监管处处长赵恩江，县委副书记、县长娄致文，县委常委、宣传部长李冬根，县委常委、副县长王晓华参加签约仪式。仪式上，衡水铁路电气化学校张旭亮校长与永丰职业中等专业学校朱村华校长代表双方在联合办学协议书上签字。此次联合办学模式为，2017 年永丰职业中专负责在永丰区域招生 60 人直接进入衡水铁路电气化学校就读，2018~2019 年，永丰职业中专负责区域招生，第一学年，学生在永丰职业中专注册、学习，第二年学年转至（包括学籍）衡水铁路电气化学校，进行后两年的专业课、实训课、顶岗实习等学习。毕业后由衡水铁路电气化学校颁发衡水铁路电气化学校普通中专毕业证书，并负责组织学生职业资格证、电工操作等级证等证件的辅导考试和推荐就业。2020 年及以后，衡水铁路电气化学校在永丰职业中专建立分校。此次联合办学是国家铁路局和中铁电气化局贯彻支持原中央苏区建设的重大举措，深刻体现了国家铁路局和中铁电气化局领导对老区建设的支持与厚爱。2017 年 12 月，永丰县又与中国中铁股份有限公司郑州铁路技师学院签署合作办学项目，进一步补足永丰职业教育短板。项目落地后，永丰县职业教育水平有望大幅提升，铁路电气化、铁道工程等专业将被打造成永丰县职业教育的优势专业。

第二，加强对永丰的形象宣传。通过协调中国中铁、中国铁通、中国铁建等相关单位开展宣传推介活动，营造了全局上下大力支持对口支援工作的浓厚氛围。国家铁路局政府网站还开辟了“对口支援·江西永丰”专栏，直接与永丰县人民政府网相链接，为宣传永丰、推介永丰提供了一个很好的窗口，方便更多网民了解江西永丰发展情况，宣传发展成就，有效地提高了永丰县的知名度和影响力。

第三，组织推动铁路央企到永丰考察合作项目，主推产业发展。2014 年 9 月 24 日，国家铁路局在国家铁路局 11 楼会议室专门召开对口支援永丰县产业项目对接座谈会，国家铁路局党组成员、副局长朱望瑜出席会议并讲话。国家铁路局人事司司长李东主持会议。国家铁路局工程监督管理司巡视员米隆，设备监督管理司司长褚飞跃，县领导钟义山、孙纪新、谭晓艳、李久平、曾锋，以及国家铁路局下属有关部门负责人和铁路央企代表共 60 余人参加座谈会。朱望瑜说，永丰县具有丰富的资源、优惠的政策、良好的发展环境，是企业进行产业转移和拓展业务的良好选择。他希望各铁路央企本着互惠互利、合作共赢的原则到永丰去考察投资，开展项目合作，多为老区人民做贡献。永丰县委副书记、县长钟义山说，乘借国家支持原中央苏区振兴发展的东风，永丰县与国家铁路局成了名副其实的“亲戚”，今天通过国家铁路局搭建的这个平台，又同各家铁路央企攀上了“亲戚”。迫切希望各位领导和企业老总多到永丰来“走亲访友”、投资兴业。同时，钟义山表示，县委县政府将尽心尽力为企业做好帮扶工作，按照“内外兼修、主动作为”的要求，一步一个脚印推动永丰的振兴发展，决不辜负各位领导和人民的期望。会上，国家铁路局各司、局负责人和铁路央企代表先后就对口支援永丰和开展项目合作对接作了发言。他们纷纷表示，要把加快永丰老区发展作为自己部门和企业的工作内容，全力配合，大力支持，尽心尽力，在城市基础设施建设和产业的转型升级、发展提速上加强交流与合作，充分协调，稳步推进，逐步实施，早日促成吉抚武铁路、吉永泉铁路开工建设，助推永丰经济社会更好更快发展。会上，与会人员还观看了永丰县情宣传片《永丰印象》和产业项目推介幻灯片。

2017 年 12 月 17 日到 19 日，国家铁路局对口支援永丰县暨援县促市产业推进会在吉安和永丰举行。国家铁路局及中国中铁股份有限公司、中国铁建股份有限公司、中国中车股份有限公司等 9 家央企与会人员走企业、看项目、做考察，实地了解吉安和永丰经济社会发展情况，并在会场签订了 7 个投资项目，合同总金额 32 亿元。其中，江西省火电建设公司与永丰县工业园管委会签订永丰县工业园区天然气分布式能源站项目投资框架协议，该项目是国家倡导的低碳排放和能源综合高效利用的环保节能项目，以天然气为燃料，通过燃气发电、余热利用等技术，向园区用户就近提供冷、热、电等能源产品。这种供能方式具有高效、环保、安全、灵活等特点，可大幅度提高能源转换效率和减少能源输送损失，其能源综合利用效率达 70% 以上，是欧美发达国家普遍采用的供能方式。

第四，完善基础设施建设。作为无铁路过境的县，多年来永丰的经济发展受到交通因素的制约，人民群众对于铁路的盼望非常迫切，目前吉抚武铁路已列入国家铁路中长期规划和“十三五”规划项目。2019 年 12 月 26 日，永丰县高铁无轨站开通试运行仪式在县长运客运总站举行，标志着永丰县成为全省首个未通高铁却成功融入高铁路网的县份。高铁无轨站是指在没有高铁线路经过的城市开设的具有“购票、取票、候车”功能的专门站点，通过开通专线接驳车辆与就近高铁火车站无缝相连，让没有高铁或铁路的边远地区群众也能快捷出行。高铁无轨站是铁路系统扶贫工作的一大创新，永丰县高铁无轨站是江西省首个高铁无轨站。永丰县高铁无轨站开通运营后，每天有 20 多个接驳班次直通吉安火车站和吉安西站，实现了公路和铁路站点间的无缝衔接，极大地方便了山区群众出行。通过协调各级交通运输部门，永丰至藤田公路“二改一”工程列入了“十三五”国省道改造规划和2017~2018年改造计划。2018~2020年，永丰县每年增加县道升级改造里程达30千米，并可享受160万元/千米的高标准补助。

第五，支持文化旅游事业发展。国家铁路局多方筹集资金300万元帮扶龙冈反“第一次”围剿陈列馆完善布展，2015年10月将该馆正式确定为国家铁路局爱国主义教育基地和中国井冈山干部学院现场教学点。在此基础上，国家铁路局帮助永丰县成功申请到国家发改委专项基金7300万元，推进创建沙溪西阳宫AAAA级景区，进一步提升了当地旅游影响力。国家铁路局还争取民政部民间社会组织管理局支持，推动永丰县与上海“真爱梦想”基金会达成合作意向，2017~2019年，基金会分三年共捐助500万元建设50个梦想教室。

第六，永丰县积极跟进。永丰县紧紧抓住苏区振兴这一历史性机遇，珍惜国家铁路局对口支援机会，成立了由县委主要领导为组长，县政府主要领导为第一副组长，分管县领导为副组长，县有关部门单位主要负责人为成员的领导小组，全面负责对口支援工作。县委县政府根据经济发展出现的新情况、新实际、新需求，积极向国家铁路局请示对口支援有关事项，县委县政府主要领导还多次赴北京向国家铁路局领导当面汇报，使得争取对口支援工作更具针对性、操作性和高效性。为使对口支援项目早日落地，永丰县建立定期调度、监督检查和跟踪问效的机制，确保各项工作高效对接、快速落实、整体推进，取得实效。在9月1日交通运输部党组成员、副部长，国家铁路局党组书记、局长杨宇栋到永丰调研后，永丰县迅速召开党政班子成员会议，专题传达和学习杨宇栋的重要指示精神，并对抓好贯彻落实进行研究部署。9月4日，县委、县政府向国家铁路局报送了《关于贯彻落实杨宇栋副部长在永丰调研时重要指示精神的情况汇报》，对杨宇栋相关指示做出积极回应。11月10日对口支援产业对接会后，永丰县成立了对接铁路央企工作领导小组、三个对接工作组，从11月22日起，主动对接参加见面会的9家铁路央企和其子公司、分公司等下属企业及与铁路相关联的民营企业。乘着国家铁路局对口支援永丰的东风，永丰县高效对接，精准发力，经济社会发展实现借力展翅腾飞。

（二）国家铁路局对口支援永丰县的主要成效分析

自2013年国家铁路局对口支援永丰县以来，国家铁路局高度重视，高屋建瓴谋划对口支援工作，高位推动各项工作落实，倾情帮扶，全力以赴助力苏区振兴。四年来，国家铁路局根据永丰县的实际情况和发展需求，结合自身职能，出台了《对口支援江西永丰县实施方案》，从铁路建设、项目合作、资金支持、宣传推介、人才技术、旅游开发等多个方面，给予了倾心的支持，效果显著。

1. 铁路事业取得长远发展

在国家铁路局的全力协调下，吉武温铁路纳入国家铁路网中长期规划，2018 年开展预可研工作，“十三五”期间能早日开工建设。永丰人民期盼多年的铁路出行梦即将圆梦。通过协调各级交通运输部门，永丰至藤田公路“二改一”工程列入了“十三五”国省道改造规划和 2017~2018 年改造计划。2018~2020 年，该县每年增加县道升级改造里程达 30 公里，并可享受 160 万元 / 千米的高标准补助。在国家铁路局的协调下，中国中铁衡水铁路电气化学校和郑州铁路技师学院与该县达成合作办学协议，将铁路电气化、铁道工程等专业打造成永丰县职业中专的优势专业。

2. 产业发展后劲足

国家铁路局多方筹集资金 300 万元帮扶龙冈反“第一次”围剿陈列馆完善布展，2015 年 10 月将该馆正式确定为国家铁路局爱国主义教育基地和中国井冈山干部学院现场教学点。在此基础上，国家铁路局帮助该县成功申请到国家发改委专项基金 7300 万元，推进创建沙溪西阳宫 AAAA 级景区，进一步提升了当地旅游影响力。国家铁路局还争取民政部民间社会组织管理局支持，推动该县与上海“真爱梦想”基金会达成合作意向，2017~2019 年，基金会分三年共捐助 500 万元建设 50 个梦想教室。同时，国家铁路局还先后选派三名政治过硬、作风扎实的同志到新干县挂职。三名挂职干部在自己分管工作领域作出突出业绩的同时，积极为当地争取对口支援项目、政策、资金。